本书系黑龙江省属本科高校中央支持地方高校改革
项目（14011202101）、黑龙江省属本科高校基本科研业
专项（15071202304）、黑龙江省哲学社会科学研究规划项

"双碳"目标下城市社区治理创新研究
——基于互动式治理视角

姜郸 颜冰 著

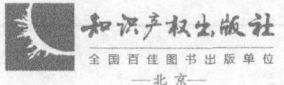

全国百佳图书出版单位
——北京——

图书在版编目（CIP）数据

"双碳"目标下城市社区治理创新研究：基于互动式治理视角 / 姜郸，颜冰著. —北京：知识产权出版社，2024.7

ISBN 978-7-5130-9384-2

Ⅰ.①双… Ⅱ.①姜…②颜… Ⅲ.①城市—社区管理—研究—中国 Ⅳ.①D669.3

中国国家版本馆CIP数据核字（2024）第110641号

内容提要

本书基于中国式现代化语境，回应国家重大发展战略，尝试深入解读互动式治理的内涵、特点、基本要素、互动逻辑、精神内核和治理目标等内容，建构起"双碳"目标下中国特色城市社区互动式治理的理论与机制，具有较大现实意义和理论价值。本书旨在通过提出如何在社区层面实现碳减排和碳中和，包括如何制定和实施碳减排计划、如何推广低碳生活方式等，推动城市社区绿色更新和低碳转型。

本书可为基层治理研究学者和基层工作者提供理论和实践指导，为进一步创新中国城市社区治理助力。

责任编辑：刘晓庆　　　　　　责任印制：孙婷婷

"双碳"目标下城市社区治理创新研究——基于互动式治理视角
姜　郸　颜　冰　著

出版发行：知识产权出版社 有限责任公司	网　　址：http://www.ipph.cn
电　　话：010-82004826	http://www.laichushu.com
社　　址：北京市海淀区气象路50号院	邮　　编：100081
责编电话：010-82000860转8073	责编邮箱：laichushu@cnipr.com
发行电话：010-82000860转8101	发行传真：010-82000893
印　　刷：北京中献拓方科技发展有限公司	经　　销：新华书店、各大网上书店及相关专业书店
开　　本：787mm×1000mm　1/16	印　　张：17
版　　次：2024年7月第1版	印　　次：2024年7月第1次印刷
字　　数：235千字	定　　价：88.00元

ISBN 978-7-5130-9384-2

出版权专有　侵权必究
如有印装质量问题，本社负责调换。

前　言

2020年9月22日，习近平总书记在第七十五届联合国大会一般性辩论中提出："中国将提高国家自主贡献力度，采取更加有力的政策和措施，二氧化碳排放力争于2030年前达到峰值，努力争取2060年前实现碳中和。""碳达峰"与"碳中和"目标（简称"双碳"）的提出，是为了回应全球气候变化与环境问题的重大挑战，是我国彰显大国责任担当的战略举措，也能够为国际气候治理贡献中国力量。"十四五"规划要求我国生态文明建设要以降碳为重点方向，并促进我国经济社会发展的全面绿色转型与高质量发展。在"双碳"背景下，各地政府相继出台行动方案，统筹规划实现部署，城市社区治理也需要实现理念与行动机制创新，以此达成"碳达峰"的目标、"碳中和"的愿景。

城市社区是人们生产、生活的主要场所，实现社区绿色更新与低碳转型，是实现"双碳"目标的基本任务之一。我们当下所处的历史时期是在以中国式现代化全面推进中华民族伟大复兴的道路上，准备经受"风高浪急"，甚至"惊涛骇浪"重大考验的关键时期；当然也是在中国共产党坚强领导下，紧紧依靠人民发扬斗争精神，从而在挑战中抓机遇、在风险中寻先机的重要阶段。近年来，我国城市规模不断扩大。截至2022年年末，我国城镇常住人口为92071万人，常住人口城镇化率为65.22%，比2021年提高0.5个百分点。[1]与此同时，

---

[1] 国家统计局. 人口总量略有下降，城镇化继续提高 [EB/OL].（2023-01-18）[2023-03-18]. http：//www.ce.cn/xwzx/gnsz/gdxw/202301/18/t20230118_38353400.shtml.

"双碳"目标下城市社区治理创新研究——基于互动式治理视角

在党中央和国务院的高度重视下,城市面貌也焕然一新。从城镇化建设的探索发展到改革开放的高速发展,再到2012年新型城镇化建设推行以来的提质发展,中国城镇化建设水平和城市发展取得了举世瞩目的成就。但伴随我国城镇化进程加快,城市人口急剧膨胀,城市规模大幅度扩张,一些社会性问题也逐步凸显,城市也成为二氧化碳排放和能源消耗的主要空间,给生态环境带来了巨大压力。在这种情境下,社区在城市空间里的重要地位及其促进社会发展、降低社会风险、保护生态环境方面的作用越来越重要。

正如吉登斯(Giddens)说的那样,"社区是新兴政治的根本所在"❶。作为城市的基础单元和城市系统的基本工作细胞,社区是人们社会生活的主要空间,也是解决城市基层治理问题、协调社会经济发展、推进民生工作、供给基层公共服务的重要载体。党中央、各级政府和学术界都开始高度重视城市社区治理在社会治理乃至国家治理中的基础性作用和关键性作用,追求"社区善治"的实现。党的十八大作出了全面深化改革的战略部署,并首次将"城乡社区治理"写进党的纲领性文件,社区治理成为我国基层社会治理体系创新的重要部分。"基础不牢,地动山摇"❷,习近平总书记也曾多次强调城乡社区是我国社会治理的重心,需要"加强社区治理体系建设,推动社会治理重心向基层下移,发挥社会组织作用,实现政府治理和社会调节、居民自治良性互动"❸。

那么如何实现政府治理与社区治理的良性互动,有效协调城市社区中政府、市场和社会间的关系,实现社区绿色低碳治理,最终达到城市社区治理的善治之态?源于复杂的历史发展与现实因素,我国城市社区治理长期处于一元化治

---

❶ 安东尼·吉登斯.第三条道路:社会民主主义的复兴[M].郑戈,译.北京:北京大学出版社,2000:83.
❷ 基础不牢,地动山摇——提高基层服务和管理能力[EB/OL].(2014-11-25)[2019-04-15]. http://theory.people.com.cn/n/2014/1125/c390916-26090657.html.
❸ 习近平.决胜全面建成小康社会 夺取新时代中国特色社会主义伟大胜利——在中国共产党第十九次全国代表大会上的报告[EB/OL].(2017-10-18)[2019-05-16] http://www.12371.cn/2017/10/27/ARTI1509103656574313.shtml.

—ii—

理的基本状态。自20世纪70年代末实行改革开放以来,从经济领域到政治、社会领域开始进行总体性结构转型,自由流动资源和自由活动空间得以释放,极大地改变了原有体制的资源配置方式。近年来,改革日渐纵深发展,经济高速增长。根据世界银行2022年国内生产总值(GDP)统计数据,中国GDP总量坐稳世界排行榜第二位,并且成为全球经济增长最大的贡献者。但原来计划经济下的单位制解体,让社区承担了更多的行政职能,城市社区治理长期呈现一元化和行政化态势。一方面国家行政力量过度介入社区行动,另一方面社区呈现国家依赖、自治疲软等困境。经济飞速发展与社会结构转型,给社区治理带来了极大的复杂性和不确定性,因此需要更加有弹性、灵敏性的治理结构与治理方式。新时代的中国城市社区处于急剧变革的时期,社区治理类型繁多,我们看到了许多城市社区在治理现代化中的努力与创新。但是城市社区面临的问题也较为棘手:社区治理现代化创新实践的城市社区内往往新旧体制交叠,欠缺创新可行性,所获结果不佳;智慧社区建立在应对阻慢社区衰落和重建社区共同体方面极具挑战性;市场力量无序介入可能带来社区冲突和矛盾升级,社区绿色低碳转型等众多问题。这表明,以行政力完全主导的传统社区治理模式已不适应新时代社区发展现状,必须探索更为科学化、现代化的治理手段和治理机制,破除社区治理困境。

自20世纪90年代开始,新公共管理理论和治理理论开始风靡全球,也为我国社区治理创新带来更多理论参考。特别是作为新公共管理运动的第三次浪潮兴起的标志——互动式治理,为当下我国城市社区治理创新和现代化建设提供了全新范式和思路。互动式治理重构"国家—市场—社会"关系,重点关注治理机制中主体间的协同性和制度化互动,高度重视治理过程中行政力量、市场力量和社会力量的互嵌与互补。这种治理新范式为我国社区治理现代化建设

---

❶ 孙立平. 国家与社会结构的分化——改革以来中国社会结构的变迁研究之一 [J]. 中国社会科学季刊(香港). 1992,创刊号.

提供了更有力的理论支撑,也为社区治理体系建设和完善、实现"政府—社会"间的良性互动展现了更广阔的可能性空间。但是,任何一种西方理论都不是完美的,我们不可简单奉行"拿来主义",西方理论话语也不可能真正适用中国社区治理的实际。因此,将这种理论新范式引入中国城市社区治理的理论与实践中,需要在符合中国国情和中国特色的前提下,探寻其理论逻辑与实践逻辑。

1. 研究意义

本书基于田野调查经验,以个案分析为基础,以社区治理中的行动者的互动关系为主线,试图回答以下重点问题:一是以我国城市社区治理发展和转型为切入点,探讨社区治理的行动者间存在何种互动关系,以及这种互动关系是如何推进城市社区治理发展的;二是在"行动者—制度—行动"的理论分析框架之中,中国城市社区的互动式治理应当有怎样的内涵、价值内核、目标与特性;三是互动式治理在我国社区绿色低碳治理中是否有发展的可能性。探讨建构互动式治理的理论框架,能够为我国社区治理实践提供更好的理论指导。通过中西理论比较与借鉴,本书探索其在中国土壤中生根发芽、不断融入与超越的途径,并尝试建构独具中国特色的社区互动式治理机制。

研究城市社区互动式治理,并在"双碳"目标下探寻城市社区治理的创新方向,实现社区的绿色低碳治理,不仅是我国社会结构转型背景下对经济、政治和社会发展需要的理论契合,更是有利于完善各级党组织、各级政府有关社区治理创新的重要现实课题。

在理论价值方面,本书的研究意义主要体现在以下四个方面。

一是有利于建设和完善国家治理体系,加强我国社区治理理论的前瞻性研究,丰富马克思主义社会建设理论和中国特色社会主义理论。近年来,学术界对于我国城市社区治理的研究越来越丰富,在社区治理模式、社区治理困境及破解对策等方面达成一定共识。目前，我国面临社会转型期，城市社区治理理论需要进一步加深研究，形成较为成熟的治理机制，以此为我国社区治理提供制度化保障。同时，我国城市社区治理理论相对实践发展略显滞后，本书有利于丰富中国特色社会主义理论，突破现有理论瓶颈，为实践提供理论引导与理论支撑，以适应未来经济、社会、政治体制的改革与发展。

二是有利于治理理论和互动式治理理论在中国城市社区的本土化和内生化发展。西方治理理论在中国学术界风靡已久，但互动式治理理论的国内研究相对较少。我们在借鉴西方话语下的理论时，必须认清其在中国发展的可能性。毕竟西方治理理论与互动式治理新范式终究是舶来品，需要植根于中国的现实土壤，批判性分析其中的有益成分，进而建构具有中国气派的治理思想体系，真正推进中国特色社区治理的发展。

三是有利于加深对"国家—社会"关系的理解。讨论中国城市基层的社会关系，实际上透视出政府与民众之间的关系。研究中国城市社区中的互动式治理，是对基层社会中两大行动主体间的互动关系的探讨，有利于深化对社区治理实践和规律的认识，实现政府治理与社区治理的良性互动，对推进国家与社会关系理论中国化具有重要的理论意义。

四是有利于丰富政府的治理理论体系。研究社区治理中的互动关系，能够为国内政府职能理论、非政府组织相关理论、社区公民参与理论增添更多思考与研究空间。同时，研究社区互动式治理的建构，丰富政府治理体系，能够为政府在社区治理中的职能和角色转变提供理论支撑。

在现实价值方面，本书研究意义主要体现在以下四个方面。

第一，有利于维护国家、社会的稳定和发展。社区是整个社会的微观缩影。作为国家和社会的基本单位，社区不仅是民众衣食住行的承载空间，同时也是社会矛盾、社会冲突的交会和缓冲地带。城市社区治理，是国家治理和社会治理的基础，在实现我国政治、经济和社会稳定中具有重大作用。

第二，有利于推进政府机构改革，建设服务型政府，鼓励社会组织发育。现代社区治理要求主体多元化，政府下放权力和精简机构，让社区拥有更大自治空间。但这并不意味着政府需要完全退出、实现社区完全自治，而应当政府仍占据主导地位，但减少过分干预，突出其对社会的服务性，建设服务型政府。研究社区治理中的互动性，有助于政府在职能行使过程中与社会充分协调，推进社区治理中的社会组织发育，持续深化政府机构改革，并为构建服务型政府搭建基层治理的理论平台。

第三，有利于应对社区治理中的难题，回应气候变化挑战，实现经济社会绿色低碳转型与高质量发展，实现社区治理现代化。当前，我国城市社区治理实践中面临重重难题，如制度创新较为薄弱、治理结构不完善、非政府组织发育不足、社区居民参与度不够、主体间互动权责界限不明、主体行动治理无序等。研究城市社区互动式治理，挖掘新时代背景下社区治理中存在的问题，有利于破除困境，建设好完善的社区治理体系、优化社区基层服务和提升社区治理能力，有助于解决城镇化进程中城市出现的若干问题，维持社会稳定和实现我国全面深化改革总目标，进而加强社区治理现代化建设，"推进国家治理体系和治理能力现代化"[1]。

第四，有利于社区治理模式创新，推进中国特色社会主义建设，推进中国式现代化建设。我国基层社会治理体制是在历史因素、文化传统、政治经济发展情况的交互影响下形成的。社区治理中的互动关系并非一成不变的，是一个动态化、多样化、多元化的发展过程，因此不可拘泥于某种特定的社区治理模式。互动式治理旨在重构社区主体间的权力关系、治理结构和机制，研究城市社区互动式治理，能够有利于基层社会治理体制创新，为未来社区治理实践和社区间主体互动模式提供新的思路，最终实现基层善治，推进中国特色社会主义建设，为中国式现代化贡献力量。

---

[1] 中共中央编写组. 中共中央关于全面深化改革若干重大问题的决定[M]. 北京：人民出版社，2013：2.

2.研究方法与逻辑思路

研究方法是从事研究的计划、策略、手段、工具、步骤及过程的总和。❶ 在学术研究中选择和运用正确、科学的研究方法，能够更好地帮助我们认识事物、发现知识，有助于提高学术研究的可行性。本书在围绕互动式治理与"双碳"目标下中国城市社区治理创新的研究过程中，综合运用了以下三种研究方法。

第一，系统研究方法。本书将城市社区互动式治理看作一个动态过程，超越了以往的静态视角分析，将系统论与结构功能主义相结合，构建出"行动者—制度—行动"的动态分析框架。

第二，历史与逻辑统一研究方法。"从无到有"，是任何事物必然经历的发展过程。纵向梳理事物的历史发展轨迹，并分析其轨迹中的演进逻辑，能够帮助人们恰当把握事物发展本质。我国城市社区治理是一个动态性演进的调试过程，从中华人民共和国成立之初到现在，一直随着环境的变化而产生相应的变化。鉴于此，本书在分析我国城市社区治理的制度和实践发展等内容时，是从历史经验主义角度出发的回顾性总结。本书从社区治理最早传统社会治理基础开始分析，一直延伸到党的十八大以来社区治理的新发展与新举措，通过对不同历史时期社区治理中的行动者互动关系进行探究，为我国城市互动式治理提供更多理性思考。

第三，案例分析与质的研究方法。社会科学需要从实践出发，要通过对实践做质性调查，从中掌握事物发展逻辑和获取对现实的认识，以此与现存理论对话和互动，这是自己理论概念建构的前提。❷ 一般来说，案例分析可以包含质的研究方法和量的研究方法，本书以质的研究为主。书中案例资料获取方式主要是多城市实地调研，选取多个城市的典型社区治理实践作为研究对象，

---

❶ 陈向明.质的研究方法与社会科学研究 [M].北京：教育科学出版社，2000：1.
❷ 黄宗智.认识中国——走向从实践出发的社会科学 [J].中国社会科学，2005（1）：83-93，207.

基于田野调查、采用参与式观察法、走访、问卷调查和深度访谈等方法获取一手资料。

城市社区治理是实现国家治理现代化、社会治理新格局的关键性和基础性工作，构建城市社区互动式治理是社会治理创新的推手之一。本书以围绕中国特色的互动式治理理论及构建为研究主题，以"行动者—制度—行动"作为研究的分析框架；以中国城市社区治理中政府治理、社会调节、居民自治、市场参与的互动性为线索；以梳理中国城市互动式治理的相关理论和概念为研究基础与指导；以观察我国城市社区治理历史发展进程和互动逻辑为脉络；以田野调查下我国城市社区治理的案例分析为实证资料；以我国城市社区治理转型创新的经验悖论为问题意识。在以上分析的前提下，深入理解互动式治理嵌入我国城市系统末梢——社区治理的契合性与可行性；同时提出城市社区互动式治理的机制架构及实现路径，力图较全面、系统、准确地回答"双碳"目标下中国城市社区互动式治理模式构建的问题。

沿着"应然—实然—适然"的逻辑思路，本书对中国城市社区互动式治理进行了理论研究，并在"双碳"目标下探讨了城市社区治理的创新方式。为了探讨研究主题，本书共包含了八章：第一章主要对国内外学者关于互动式治理、城市社区治理与"双碳"目标下社区治理的相关研究成果进行简单梳理，有助于对本研究主题后续章节的深入分析。第二章对互动式治理进行理论溯源，其理论基础既有西方治理理论和中国本土化后的"善治"理论的继承，又蕴含着马克思主义"国家—社会"关系理论和西方"国家—社会"互动论的思想内涵，能够为新时期我国城市社区互动式治理的构建提供重要理论依据。通过解构已有理论框架"国家—社会"互动分析范式、"制度—规范"分析范式、互动式治理IAD范式（IAD，即制度分析与发展框架），试图构建出我国城市社会互动式治理的理论框架——"行动者—制度—行动"分析框架。第三章论证互动式治理理论与城市社区治理、社区低碳治理之间的耦合性。第四章系统梳理当代中国城市社区治理的演进发展，并论述低碳社区转型应当是我国未来城市社区治理的发展方向。第五章通过分析不同社区治理类型中的实践探索，归纳城市社区治理创新中的互动特征。第六章基于"双碳"目标，对我国城市社区治理的问题进行反思。第七章在"行动者—制度—行动"的分析框架下对我国城市社区的互动式治理机制进行构建，并提出实现路径。第八章则阐述低碳社区治理是在"双碳"目标下，中国城市社区互动式治理的未来图景，并提出其未来发展的可能路径。

  本书由姜郸、颜冰共同完成。其中，姜郸负责绪论、第一章、第二章、第三章、第四章的撰写工作，颜冰负责第五章、第六章、第七章、第八章的撰写工作。本书通过对"双碳"目标下如何创新社区治理机制、塑造社区行动者环境正义观念和减碳行为、总结中国城市社区互动式治理模式及实现路径等前瞻性问题进行深入思考，以期为我国城市社区绿色低碳转型与高质量发展提供一定理据支撑和实践指导。

姜　郸

东北石油大学

2024 年 2 月

目 录

第一章 国内外研究述评 ··· 1
　　第一节　互动式治理研究述评 ··· 1
　　第二节　城市社区治理研究述评 ·· 9
　　第三节　"双碳"目标与社区治理研究述评 ························· 30

第二章 互动式治理的理论溯源与框架建构 ································ 35
　　第一节　理论渊源与新时代发展 ······································· 35
　　第二节　已有的理论框架解构 ·· 50
　　第三节　"行动者—制度—行动"框架建构 ························ 54

第三章 互动式治理理论与城市社区治理的耦合 ·························· 58
　　第一节　城市社区与互动式治理 ······································· 58
　　第二节　城市社区互动式治理生成的传统意蕴 ···················· 72
　　第三节　城市社区互动式治理发育的时代要求 ···················· 75
　　第四节　"双碳"目标下的城市社区互动式治理 ·················· 79

第四章 当代中国城市社区治理的演进发展与未来方向 ······ 85
第一节 当代中国城市社区治理历史演进与发展 ······ 86
第二节 低碳社区转型：城市社区治理的未来方向 ······ 104

第五章 "双碳"目标下城市社区治理的创新实践 ······ 116
第一节 不同社区治理类型的实践探索 ······ 116
第二节 城市社区治理创新中的互动特征 ······ 133

第六章 "双碳"目标下城市社区治理的问题与反思 ······ 150
第一节 城市社区治理实践的互动桎梏 ······ 150
第二节 "双碳"目标下城市社区治理的困境反思 ······ 158

第七章 "行动者—制度—行动"：城市社区互动式治理机制构建与实现路径 ······ 165
第一节 多元动态主体、制度空间与互动逻辑 ······ 165
第二节 城市社区互动式治理的实现路径 ······ 186

第八章 低碳社区：中国城市社区互动式治理的未来图景 ······ 199
第一节 理念融入：低碳社区治理的价值引领 ······ 199
第二节 行动者培育：强化治理主体绿色责任意识 ······ 204
第三节 制度优化：完善和健全社区互动规则体系 ······ 209
第四节 行动赋能：搭载社区低碳治理智慧平台 ······ 214

结　论 ………………………………………………………… **220**

参考文献 ……………………………………………………… **224**

附　录 ………………………………………………………… **235**

后　记 ………………………………………………………… **255**

第一章　国内外研究述评

前人的研究成果是任何新研究的理论基石。学术界关于城市社区治理、互动式治理、"双碳"目标实现与社区治理的关联性等方面的研究已有较为丰富的成果。因此，在现有文献的基础上，对研究成果进行简单梳理，有利于本研究后续章节的开展分析，也有助于对本研究主题具有更深入的理解。

第一节　互动式治理研究述评

社区治理成为国家治理理论发展的标志，是治理实践转轨的重要节点。[1] 互动式治理是治理理论体系中方兴未艾的新范式，为治理理论的创新发展带来了新的研究视角。

一、西方互动式治理的理论建构

现代治理理论最早出现在1989年的世界银行报告中（《撒哈拉以南非洲：从危机到可持续增长》），全球治理委员会赋予"治理"不同于传统"统治""管理"的基本特质。而后，在社会学、政治学、经济学、行政学、公共管理学和

---

[1] 吴晓林，郝丽娜．"社区复兴运动"以来国外社区治理研究的理论考察 [J]．行政治学研究，2015（1）：47-58．

"双碳"目标下城市社区治理创新研究——基于互动式治理视角

法学等诸多学科都有治理理论存在的身影。作为一个身处多元学科并支撑学科交叉研究的治理理论，实际上是一个庞大的理论体系，并且仍在不断的完善、发展与创新中。治理理论体系包括全球治理、元治理、多中心治理、整体治理、协同治理和善治等多种理论建构，同时还有关注治理手段的网络治理、智慧治理、数字化治理和网格化治理等。

互动式治理（interactive governance）的理论落脚点是"互动"与"治理"。西方互动式治理早期由参与式治理（participatory governance）发展而来❶，由荷兰学者爱德兰博（Jurian Edelenbos）在2004年界定了互动式治理的不同内涵，并阐述了其在公共政策制定领域中的制度含义。❷与传统治理及其前身参与式治理理论不同，互动式治理不仅关注治理主体的数量，也关注社会力量在治理过程中的参与情况，还更加强调主体之间协作的动态关系，是对过往治理理念模式的整体性优化。

对互动式治理的理论内涵，国外学者给予了不同的解读。爱德兰博称互动式治理是政府在公共政策过程中让公民、社会组织、企业和其他利益相关者参与进来的一种政策执行方式。❸库伊曼（Kooiman）认为互动式治理是特定的行动形式，由行动主体采取措施来处理治理障碍并为更优的治理目标寻找新的策略。❹雅各布·托芬（Jacob Torfing）等人描绘了互动式治理的特质：是三方行动者即国家行动者、市场行动者、社会行动者之间的思想动员、动态交流、积极回应、及时反馈与相互作用的复杂过程；由行动者的集体行动

---

❶ Baiocchi. Emergent Public Spheres: Talking Politics in Participatory Governance [J]. American Sociological Review, 2003（68）: 52-74.

❷ Edelenbos J. Design and Management of Participatory Public Policy Making [J]. Public Management Review, 1999（1）: 569-578.

❸ Edelenbos J. Institutional Implications of Interactive Governance: Insights from Dutch Practice [J]. Governance, 2004（1）: 111-134.

❹ Kooiman. Modern Governance. New Government-Society Interactions [M]. London: Sage, 1993: 20-50.

所推动；构建治理网络体系（包括思想、规则和资源）并努力促进共同目标实现的过程。❶同时，互动式治理关注治理系统、被治理的系统和治理互动这三个系统，并认为在多样性、复杂性、动态性和交互性的问题中，不可选择简单的治理方案或治理模式。❷

国外学者主要将互动式治理范式广泛应用在公共决策制定上，如应对小规模渔业治理持续性发展问题。库伊曼（Kooiman）等人尝试建构互动式治理的分析框架❸，托芬（Torfing）和雅各布（Jacob）则对互动式治理的内涵进行较深入探讨。❹巴文克（Bavinck M）等人从互动式治理角度评析了渔业和水产养殖的可治理性，互动式治理要求多方行动者动态互动并达成共识。❺詹托夫特（Jentoft）考虑到涉及多样性、复杂性、动态性的公共问题，运用互动治理的分析视角，对法律制度进行系统的比较分析，充分利用多元化法律体系，避免简单化、"一刀切"的治理解决方案。❻马基宁（Mäkinen）等人认为在治理过程中，可采取各种正式和非正式的互动来应对复杂多变的问题。❼互动式治理也被埃德伦博斯（Edelenbos）等人认为是一种非正式过程，他们认为可以在政治、行

---

❶ Torfing J, Peters B G, Pierre J, et al. Interactive Governance：Advancing the Paradigm [M]. New York：Oxford University Press, 2012：14-15.

❷ Jentoft S, Bavinck M. Interactive governance for sustainable fisheries：dealing with legal pluralism [J]. Current Opinion in Environmental Sustainability, 2014, 12（11）：71-77.

❸ Kooiman, Jan, Jentoft S, et al. Fish for Life：Interactive Governance forFisheries [M]. Amsterdam：Amsterdam University Press, 2005：20-21.

❹ Torfing, Jacob, Peters B G, et al. Fish for Life：Interactive Governance：Advancing the Paradigm [M]. Oxford：Oxford University Press, 2012：85-88.

❺ Bavinck M, Chuenpagdee R, Jentoft S, et al. Governability of Fisheries and Aquaculture：Theory and Applications [M]. Dordrecht：Springer, 2013：25-50.

❻ Jentoft S, Bavinck M. Interactive governance for sustainable fisheries：dealing with legal pluralism [J]. Current Opinion in Environmental Sustainability, 2014, 12（11）：71-77.

❼ Mäkinen T, Salmi P, Forsman L. Towards interactive fish farming governance? a comparison of Finland and Sweden [J]. Aquaculture International, 2014（22）：711-721.

政、专业和政策等方面为接入点与正式制度进行对接。[1]此外，还有学者对互动式治理中网络建设、具体实践行动、市场—社区机制互嵌性、关系型契约建立、行动者角色进行了研究。

作为治理理论中方兴未艾的一种新类型，国内互动式治理理论相关研究成果较少，就现有文献成果来看，国内对互动式治理研究主要分为三个方面，将互动式治理作为一种治理范式和治理机制的研究、社会治理中的互动关系研究和互动式治理中的主体要素与彼此关系的相关研究。

第一，将互动式治理作为一种治理范式和治理机制的研究。臧雷振在《治理类型的多样性演化与比较——求索国家治理逻辑》中对互动式治理的内涵、产生、作用及可能的问题进行了介绍。[2]顾昕对互动式治理的兴起、发展、理论、内涵和特征进行了全景式介绍，并将其认定为对"国家—市场—社会关系"时代变革的反馈，有利于推进国家治理体系的创新。[3]谭九生主张在我国生态环境治理中引入互动式治理范式，转变传统的政府管制模式，实现自上而下治理、自我治理和合作治理的有机融合。[4]彭云、韩鑫和顾昕将互动式治理范式运用于社会扶贫项目中，强调互动式治理能够帮助实现社会扶贫实践中"国家—市场—社会"之间制度化互动[5]，还有些学者将互动式治理的分析范式引入到农村社区治理中。[6]

---

[1] Edelenbos J，Nienke van Schie，Lasse Gerrits. Organizing interfaces between government institutions and interactive governance [J]. Policy Sciences，2010（43）：73-94.

[2] 臧雷振. 治理类型的多样性演化与比较——求索国家治理逻辑 [J]. 公共管理学报，2011（4）：40-49.

[3] 顾昕. 走向互动式治理：国家治理体系创新中"国家—市场—社会关系"的变革 [J]. 学术月刊，2019（1）：77-86.

[4] 谭九生. 从管制走向互动治理：我国生态环境治理模式的反思与重构 [J]. 湘潭大学学报（哲学社会科学版），2012（5）：63-67.

[5] 彭云，韩鑫，顾昕. 社会扶贫中多方协作的互动式治理——一个乡村创客项目的案例研究 [J]. 河北学刊，2019（3）：166-177.

[6] 隋维娟. 农村社区治理的政社联动与互动机制探索 [J]. 农业经济，2022（5）：57-59.

第一章 国内外研究述评

第二，社会治理中的互动关系研究。这一层面的研究并非对互动式治理作为一种机制或者范式的研究，而更多地关注社会治理中主体间互动的微观层面，为互动式治理理论的完善与发展提供了一定参考价值。陈慧荣从国家—社会互动关系入手，认为社会治理必须实现理性化、互嵌化与自主化，同时要以法治和问责制对国家治理进行制衡。❶一些学者研究合作治理模式中的政府与社会组织的互动关系。政府与社会组织之间的良性互动被认为是新型合作治理模式形成的重要标志。❷建构地方治理的合作互动机制，被学者们认为是解决地方治理问题的一种优质路径选择。❸建构网络化治理中多元主体间的互动交流机制，以此实现各方利益协调，最终能够达到优良的社会治理状态。❹有的学者对协商民主机制中的互动进行研究，认为国家力量与社会力量的双向互动能够达成社会有序治理。❺另外，还有学者关注到社会治理创新中的政社互动研究，认为政府主导与社会自治对于增强我国治理能力具有重要意义。❻

第三，互动式治理中的主体要素与彼此关系的相关研究。陈亮等将互动式治理理论视角，引入学科集群与城市高质量发展的分析之中，认为二者作为治理命运共同体，具有互利共生关系。❼互联网治理发展中也体现了互动式治理逻辑，社会组织、平台和公民的身份转变，改变过往单向度运作规律，强化了

---

❶ 陈慧荣.国家治理：国家与社会互动的视角（专题讨论）[J].学术月刊，2014（7）：5，20.
❷ 张勤.和谐治理：政府与公民社会组织互动机制诉求论析[J].理论探讨，2008（4）：12-15.
❸ 孙广厦.地方治理主体的良性互动关系建构——在中国语境下的阐释与思考[J].人民论坛，2010（32）：48-49.
❹ 柏骏.网络化治理多元主体的互动交流：解释框架与研究议题[J].江海学刊，2012（6）：84-88.
❺ 姚远，任羽中."激活"与"吸纳"的互动——走向协商民主的中国社会治理模式[J].北京大学学报（哲学社会科学版），2013（3）：141-146.
❻ 杨宝.治理式吸纳：社会管理创新中政社互动研究[J].经济社会体制比较，2014（4）：201-209.
❼ 陈亮，李文健.学科集群与城市高质量发展的互动关系、冲突限制与优化策略——互动式治理理论视角[J].高校教育管理，2023，17（4）：24-37.

主体间的协商互动。❶田丹认为互动式治理在地方政府基层治理实践中表现为对内部交互、上下联结、互联互动关系的追求,通过这种合作互通,可以有效实现基层治理有序目标。❷可见,在国家治理现代化中,互动式治理是社会治理的一项重要议题,不仅提供了指导实践的理论框架,也可以被理解为一种实现治理有序有效的重要策略行为。

二、社区治理与互动式治理融合研究

国外学者对社区治理中的互动关系一直保持关注,桑德斯提出城市社区互动研究理论,他将社区认定为内部要素和子系统进行持久性互动的社会系统。该系统内包含社区成员对社区活动的参与性、社区成员间舆论与角色分工,社区秩序维持,社区居民的社区地位、社区名望与社区价值的变化,以及其子系统间的流动性。互动式治理理论不同于社区互动研究,更偏重一种机制建构,而非剖析社区间要素和子系统的运作过程。

20世纪末,西方国家开始新社区复兴运动和都市更新计划。治理理论在全球范围内兴起,社区治理的理论研究成为城市社区研究体系中极为重要的内容。回眸西方社区治理理论与实践发展进程,作为国家治理理论体系中的基础环节——社区治理理论受新自由主义理论和社群理论的影响较为深远。在政府、市场相继失灵的背景下,20世纪末兴起的"第三条道路"理论,强调新自由主义与社群主义调和,这是对全球化、信息化、城市化高度发展社会的新型理论解读,也成为当前社区治理的主要理论基础。❸互动式治理是在第三条道路基

---

❶ 陈可翔. 互联网互动式治理语境下的行政程序法发展 [J]. 青海社会科学,2022(3):126-133.
❷ 田丹. 互动式治理及其实现路径——L县政府的扶贫工作调查分析 [J]. 湖北民族大学学报(哲学社会科学版),2020,38(4):43-50.
❸ 吴晓林,郝丽娜. 国外社区治理研究的理论考察 [J]. 中国民政,2015(23):57-61.

础上的理论优化升级，它重构"国家—市场—社会"关系，重点关注这三种行动主体的互动互嵌关系。

国内学者比较关注"政社互动"和"三社互动"（或"三社联动"）理论与实践意义，将其视为创新社会治理的重要途径。我们不难发现"政社互动"和"三社互动"与互动式治理理论有许多方面的契合之处。党的十八届三中全会提出创新社会治理体制后，学界分析基层社区治理实践中的做法，总结了"社区、社工、社区社会组织"互动治理的经验，并概括出"三社联动"概念。关于相关研究主要集中在内涵阐释、创新路径和实践方式等三方面。一是对"三社联动"内涵的阐释。顾东辉从对"三社联动"内涵的解构视角，强调了三社工作的衔接与互动逻辑。❶叶南客、陈金城认为社区、社工、社会组织是社区治理中的最基本的参与元素，而"三社联动"主要是这三大系统建设的联动。❷郑会滨和周丽娟❸、方舒❹、李精华等学者也都对"三社联动"有不同的概念性认识。二是研究社区"三社联动"的完善和创新路径，如方舒❺、李文静和时立荣❻、曹海军❼、田舒❽等。三是从实证研究的角度探讨"三社联动"机制在社区的实践，杨贵华以厦门市的实地调研报告为基础，提出了创新"三社联动"机制的若干对策。郎晓波❾从杭州江干区的经验分析入手，探讨了"三社

---

❶ 顾东辉."三社联动"的内涵解构与逻辑演绎[J].学海，2016（3）：104-110.

❷ 叶南客，陈金城.我国"三社联动"的模式选择与策略研究[J].南京社会科学，2010（12）：75-80，87.

❸ 郑会滨，周丽娟.后疫情时代社区重建的"三社联动"机制研究[J].江汉论坛，2021（8）：35-39.

❹ 方舒.协同治理视角下"三社联动"的实践反思与理论重构[J].甘肃社会科学，2020（2）：157-164.

❺ 方舒."三社联动"中社会工作的双重协同及其内在机理[J].中州学刊，2021（2）：85-91.

❻ 李文静，时立荣."社会自主联动"："三社联动"社区治理机制的完善路径[J].探索，2016（3）：135-141.

❼ 曹海军."三社联动"的社区治理与服务创新——基于治理结构与运行机制的探索[J].行政论坛，2017，24（2）：74-79.

❽ 田舒."三社联动"破解社区治理困境的创新机制[J].理论月刊，2016（4）：145-150.

❾ 杨贵华.社区、社会组织、社会工作"三社联动"助力基层社会服务和社会治理研究——基于厦门市的调研[J].发展研究，2015（11）：85-89.

联动"机制对社会建设的重要意义。邹鹰[1]等人通过研究江西社区治理的经验，强调"三社联动"机制中社会专业工作者的主体性地位和作用。还有学者对社区治理中"三社联动"的运行模式进行研究。

社区中多元主体间的互动关系一直是国内学者关注的重点，主张在强调合作互动关系的前提下，整合多方力量。毛劲歌提出在社区治理中建立一种多元互动的治理模式，充分发挥社区的自治功能，转变社区中的政府职能，强化主体间的合作关系，以求建立和谐的社区治理机制。[2]刘中起提出社区发展与建设的全新模式——多元主体互动治理模式。[3]这种互动治理模式是指协调与整合政府、市场、社会间利益关系，调整和解决社区内的冲突与矛盾，建设城市社区为管理有序、文明和谐的现代化新型社区。王巍则从"国家—社会"的理论视角，分析了"国家—社会"互动结构中的社区治理，也就是要调整国家—社会的利益格局，加强和促进国家力量（不同层级的政府单位）与社会力量（社区社会组织）在社区治理过程中的合作。[4]在社区治理数字化转型[5]和社区公共服务供给[6]方面，一些学者也提出应用互动式治理分析框架，关注行政、社会、市场力量的互补嵌入，提升社区治理效能。

总的来看，缘于西方社区与我国社区的内源差异性，西方社区治理中直接

---

[1] 郎晓波.""三社联动"推进社会建设——来自杭州江干区的经验[J].浙江学刊，2013（6）：66-70.

[2] 毛劲歌.基于和谐社区构建的中国城市社区治理多元互动模式研究[J].湖南大学学报（社会科学版），2007（6）：62-66.

[3] 刘中起.走向多元主体互动治理：和谐社会构建语境中的社区建设模式新探索[J].探索，2009（4）：125-132.

[4] 王巍.国家、社会互动结构中的社区治理——一个描述性案例研究[J].武汉大学学报（哲学社会科学版），2008（2）：256-262.

[5] 金晗，刘泽琨，张蔚文.城市治理数字化转型中的互动式治理：行政、市场和社群机制的互补嵌入性[J].电子政务，2023（8）：22-31.

[6] 傅利平，陈琴，许凯渤.互动式治理：社区公共服务的共同生产机制——以天津市朝阳里社区为例[J].福建师范大学学报（哲学社会科学版），2023（3）：67-80，169.

应用互动式治理理论的研究较少。但在我国，一些学者将治理理论特别是互动式治理看作我国社区建设的全新理论视野，为我国社区治理体系建设增添理论依据❶，也为我国城市社区治理的创新和改革提供了新的分析范式。❷学者们通常关注社区治理中如何实现合作互动的治理模式、构建治理多元主体的协商互动等。社区互动式治理要求能够实现国家与政府、市场与社会领域协同，多元主体为达到共同发展目标，依据一定理念、规则和资源进行彼此联动，提升社区建设水平，加强社区互动式治理的相关研究可以更好地适应新时代社会发展的新问题与新要求。

第二节 城市社区治理研究述评

工业化、城市化推动了城市社区首先在西方国家诞生。实践与理论并存，城市社区治理一直是国内外社区研究的理论重点。

一、国外城市社区治理的相关研究

（一）城市社区发展与变迁的综合性研究

1887年，被誉为"现代社会学的缔造者之一"的德国学者费迪南·滕尼斯（Ferdinand Tönnies）首次引入"社区"的概念，为现代城市社区研究打开了新大门。滕尼斯重视社区的原发性，并将其看作社会变迁的结果之一，认为社会是由传统共同体进化和变迁而形成的。同时，他也强调了社区的人际关系、情感、血缘、家庭、习俗、文化和宗教属性。❸第二次世界大战后，社区发展理

---

❶ 史柏年.治理：社区建设的新视野 [J].社会工作，2006（7）：4-10.
❷ 刘娴静.治理：重构城市社区——以治理理论为分析范式 [J].社会主义研究，2004（1）：98-99.
❸ 费迪南·滕尼斯.共同体与社会——纯粹社会学的基本概念 [M].林荣远，译.北京：商务印书馆，1999：5.

念应时而生。1915年,美国学者法林顿(Frank Farrington)在其著作《社区发展》(Community Development)中提到后工业时代需要重聚社区凝聚力,这时的社区不同于滕尼斯口中的传统原生社区,而是以差异价值取向的异质人口组成的社区。因此,为提高社区归属感,他第一次引入"社区发展"这个概念,让社区在城市中扮演更为重要的角色,即"健康的肌肤"。❶1958年,桑德斯(Irwin Sanders)在他的《社区论》中,将社区看作一个互动的发展体系,开始对社区属性及其发展过程、方式等开启综合性研究时代。桑德斯开创了社区理论研究的新视角,提出社会体系论、社会冲突论、社会场域论三种社区理论研究全新角度。❷

早期芝加哥学派学者有关城市社区变迁的研究有两种理论基点,一种是以社区人文区位属性为研究基点,另一种则更为重视社区的精神文化要素。但是二者都主张某一区域内人们的情感意识交流、心理状态调节、共同文化认同和邻里关系维系等因素,能够对社区的产生和发展发挥重要作用。同时,早期的社区研究者们也致力于社区共同体建立,以此解决城市现代化带来的种种危机和问题。以社区区域属性为研究基点的代表为美国芝加哥大学功能主义学派的领军人物罗伯特·帕克(Robert Ezra Park)在其著作《城市》(The City)中将城市看作一个有机体,在这个有机体中充满着各个种族群体的文化交流与兴趣融合。他认为,这种群体间与群体内部的习惯交互和流动关系形成一种道德区域(moral region),各个组织部分有机结合,最终构成现代意义上的城市社区。❸他强调将生态学的竞争、淘汰和更替等原理引入城市社区研究,重视人口调节和地域间的互动关系。因此,区域内的社区共同体的形成对城市发展与稳定具

---

❶ Bryan P. History of Community Development in America [M]. Lowa : Lowa State University Press, 1980 : 245.

❷ 范会芳. 社区理论研究:桑德斯的三种模式 [J]. 社会,2001(10):22-23.

❸ Robert P. The City : Suggestions for the Investigation of HumanBehavior in the Urban Environment [M]. Chicago : University of Chicago Press, 1925 : 43.

有重要意义。后者关注社区的精神文化要素的理论有以下几种：美国社会学家路易斯·沃思（Louis Wirth）在《作为一种生活方式的城市性》（*Urbanism as a way of life*）中提出"社区消失论"（community loss），他认为城市是由大量异质人口构成，城市生活的高节奏性、高密度性与高流动性带给人们巨大精神压力。理性和非人格化程序增多带来社会生活方式转变，导致人情冷漠和关系疏离，社区生活难以维持，进而"社区消亡"。❶社区继存论（community saved）的代表者路易斯（Oscar Lewis）和甘斯（Herbert Gans）提出社区将继续优化的观点。他们认为在城市化进程中，一些以相同文化传统或经济社会地位作为连接点的特色社区将在城市中大量产生，如"唐人街""犹太人区""贫民区"。❷社区将城市中具有相同文化背景、阶级地位、种族宗教的人口整合，在城市化进程中扮演了重要角色。20世纪70年代，诞生的"社区解放论"（community liberated）继承了这一主要观点。费舍尔（Claude Fischer）认为城市社区将不再局限于某一特定地理位置，而是以社会成员间共享某种价值体系和同一系列文化工具，拥有相同生活方式，最后形成具有"包容性与开放性的社区网络"。❸这种社区网络以城市亚文化（subculture）为纽带，可以跨越地域限制建立一种更为广泛的联系。

（二）城市社区治理的专题性研究

国外城市社区治理研究的主题范围较广，涉及社区空间结构、社区权力结构、社区公民参与、社区非政府组织等主题。

---

❶ Wirth K. Urbanism as a way of life [J]. American Journal of Sociology, 1938（44）: 3-24.
❷ Lewis O. Urbanization without Breakdown: A Case Study [J]. The Scientific Monthly, 1952（6）: 31-41.
❸ Fische C S, Toward a Subcultural Theory of Urbanism [J]. American Journal of Sociology, 1975, 80（6）: 1319-1341.

1.关于社区空间及构成的研究

芝加哥经验社会学派学者从人文区位学（human ecology）的角度对城市社区的空间结构和特征进行了分析和解读。帕克与伯吉斯（Ernest, W. Burgess）合著的《社会学导论》（Introduction to the Science of Sociology）中开创了人文区位论，关注社区的地域性、社区空间结构及社区居民的区位变动，为城市社区研究注入了新鲜血液。❶路易斯·沃斯（Louis Wirth）的《作为一种生活方式的都市生活》中提到城市社区具有固定边界❷，在人口众多、流动性大城市中能够给人以安全感和自我价值的实现。芝加哥学派社会学家威廉·富特·怀特（William Foote Whyte）则在《街角社会：一个意大利人贫民区的社会结构》（Street Corner Society: The Social Structure of an Italian Slum）对美国波士顿的意大利贫民区"科纳维尔"进行研究，观察固定社区中特定群体和特定人物，并探讨个人与社区工作者之间的社会结构关系。❸除了赋予社区"地域"的内涵，人文社区研究的学者们也提出"同心圆学说""扇形理论"❹等理论模式，为社区研究提供新的研究方法与理论模型。

2.关于社区权力结构的研究

"社区行动成功与否的关键是社区权力的关注程度"。❺社区权力是城市社区研究的重要议题，权力的构成、运行与互动有关社区治理的绩效。❻国外相关研究主要为以下两种理论面向。

---

❶ Park R E, Burgess E W. Introduction to the Science of Sociology [M]. Charleston: CreateSpace Independent Publishing Platform, 2014: 24.

❷ Wirth L. Urbanism as a way of life[J].American Journal of Sociology, 1938, 44: 3-24.

❸ 威廉·富特·怀特.街角社会[M].黄育馥，译.北京：商务印书馆，1994：9.

❹ 保罗·贝尔琴，戴维·艾萨克.全球视角中的城市经济[M].刘书瀚，等译.长春：吉林人民出版社，2003：50.

❺ Smith R. Community Power and Decision Making: A Replication and Extension ofHawley [J].American Sociological Review, 1976, 41（4）：691-705.

❻ 朱喜群.国外城市社区权力研究的理论观察 [J].国外社会科学，2018（2）：28-35.

其一，精英论，即由少数人执掌社区中的权力，并全权负责社区规划和社区发展方案，基本做到社区普通居民的"零参与"。林德夫妇（Robert and Helen Lynd）对美国中西部的一个小城镇社区——米德尔敦（中镇）复杂多样的生活与日常互动，进行了长久而细致的实证调查和研究，进而对社区权力结构及权力要素影响进行了细致探讨，奠定社区权力结构研究的基础。❶他们在观察研究社区内经济地位和经济活动时，得出社区内阶级群体划分的重要依据。1953年，伊德·亨特（Floyd Hunter）的《社区权力结构：决策者研究》（*Community Power Structure：A Study of Decision Makers*）开创了社区权力研究理论。亨特以美国亚特兰大市为主要研究对象，发现城市社区的变迁取决于精英（权力领袖）的决策。这些上层、少数的社区精英组成权力团体，掌控社区公共事务的决策，统治社区生活。❷其他代表成果如1956年米尔斯（Charles Wright Mills）的《权力精英》（*The Power Elite*）❸、奥尔森（D. Olsen）的隐蔽精英式理论❹和邦·亨利克（Bang Henrik）的精英多元化理论等。

其二，多元论。这一理论面向的代表作是1958年桑德斯《社区论》中的社区体系论，强调社区是一个持久互动的社会系统，社区治理的实质是社区中个人—群体间互动的动态过程。❺1961年，罗伯特·达尔（Robert Alan Dahl）在《谁统治：美国城市中的民主和权力》（*Who Governs? Democracy and power in an American city*）考察了美国纽黑文市的公共事务决策机制，构建了多元权力论。社区权力的有限性导致其分布于个人和团体之间，并形成"权力同

---

❶ 林德，林德. 米德尔敦：当代美国文化研究 [M]. 盛学文，等译. 北京：商务印书馆，1999：32.
❷ Hunter F. Community Power Structure : A Study of Decision Makers [J]. American Anthropologist，1953，57（4）：917-918.
❸ 赖特·米尔斯. 权力精英 [M]. 刘书瀚，孙钰，译. 南京：南京大学出版社，2004：7.
❹ 单菲菲. 城市多民族社区管理模式研究 [M]. 北京：中国社会科学出版社，2011：12-13.
❺ Irwin T. Sanders. he community : an introduction to a social system [M]. New York : Ronald Press，1958：20.

盟"即多种权力中心，治理的过程是多种权力中心竞争和博弈的过程，每个权力中心在特定领域具备一定影响力。❶竞争性的权力精英属于权力多元化，并非权力垄断。美国政治经济学家埃莉诺·奥斯特罗姆（Elinor Ostrom）和文森特·奥斯特罗姆（Vincent A. Ostrom）开创了多中心治理理论。《公共事物之道》（Governing the commons: the evolution of institutions for collective action）用博弈论的方法总结了"囚徒困境""公地悲剧"和"集体行动的逻辑"三种公共事务治理的理论模型，摆脱了政府—市场的二元划分，创新提出自主组织治理即公共事务治理的第三条道路。她认为任何治理都不应只有一种途径和唯一主体，可以采用多种组织和多种机制，重视多主体间的互动过程，能够有效解决公共事务治理的各种难题。❷邦金（C. Bonjean）的合法多元式理论则强调社区内存在由各社区居民承认的社会组织，在参与社区公共决策时能够代表不同团体的利益。❸克拉克则指出社区组织权力多元化在公共决策上会比精英决策更为有效。❹

3.关于社区治理中的主体研究

第一，社区治理中的公民参与研究。城市社区公民参与是国外社区研究的热点之一，是多元论在新世纪发展的理论面向。学者们主要围绕社区参与的条件、可能性和影响因子等主题展开研究。帕特南（Robert D.Putnam）在《独自打保龄：美国社区的衰落与复兴》（Bowling Alone: The Decline and Revival of American Communities）中，以实证研究方法探讨城市社区中公民参与的意识、

---

❶ 罗伯特·达尔.谁统治：一个美国城市的民主和权力 [M].范春辉，等译.南京：江苏人民出版社，2011：10.
❷ 埃莉诺·奥斯特罗姆.公共事务的治理之道 [M].余逊达，等译.上海：上海三联书店，2000：5.
❸ 单菲菲.城市多民族社区管理模式研究 [M].北京：中国社会科学出版社，2011：12-13.
❹ Clark T N. Power and CommunityStructure: Who Governs, Where and When? [J]. The Sociological Quarterly, 1953, 8（3）: 291-300.

行为和组织方式❶，并提出公民参与的首要要素是对公共问题的关注和参与意识。大卫·希尔斯（David Sills）认为居民积极且自愿参与社区治理的最重要影响因素是"义务感"❷。其他代表成果还包括乔治·S.布莱尔（George S. Blair）的《社区权力与公民参与》（*Community Power and Citizen Participation*）❸、理查德·C.博克斯（Richard C. Box）《公民治理：引领 21 世纪的美国社区》（*Citizen Governance: Leading American Communities into the 21st Century*）❹、罗伯特·B.登哈特（Robert B. Denhardt）的《新公共服务：服务，而不是掌舵》（*The New Public Services: Serving, Not Steering*）❺，这些理论成果都表达了学者们对城市社区治理中扩大的公民参与的持续关注。

第二，社区治理中非政府组织的研究。社区治理中社区组织的发育与参与成为西方学者较为关注的主题之一，近年研究成果涉及非政府组织的角色与作用、非政府组织的合法性、非政府组织的治理及评估等方面。西方学者认为非政府组织是社区治理的不可忽视的主体之一❻，它对于促进社区发展、社区民主、社区融合方面具有重要作用。在西方社会政府失灵、市场失灵、志愿失灵的三重困扰下，非政府组织逐步成为社区营利组织与政府部门之外的重要协调者。❼非政府组织可以在社区中实现以共同利益为核心的跨部门合作，建

---

❶ 罗伯特·帕特南. 独自打保龄：美国社区的衰落与复兴 [M]. 刘波，等译. 北京：北京大学出版社，2011：51.

❷ David S. Creating Good Communities and Good Societies [J]. Contemporary Sociology，1966，29（1）：29-42.

❸ 乔治·S.布莱尔. 社区权力与公民参与 [M]. 伊佩庄，等译. 北京：中国社会出版社.2003：10.

❹ 理查德·C.博克斯. 公民治理：引领 21 世纪的美国社区 [M]. 孙柏瑛，译. 北京：中国人民大学出版社，2005：17.

❺ 珍妮特·V.登哈特，罗伯特·B.登哈特. 新公共服务：服务，而不是掌舵 [M]. 丁煌，译. 北京：中国人民大学出版社，2010：20.

❻ Suleiman L. The NGOs and the grand illusions of development and democracy [J]. International Journal of Voluntary and NonprofitOrganizations，2013，24（1）：241-261.

❼ Hansmann. The role of nonprofit enterprise [J]. Yale Law Journal，1980，89：835-901.

立健康的社区伙伴关系。❶为充分发挥非政府组织在社区治理中的作用,必须给予其必要保障,如合法性确立、社会资本投入、问责制建立等。❷伯恩斯坦(Bernstein)认为社区中权威的确认和更广泛的合法性规范的相互作用是非政府组织的合法性保证的核心。❸同时,非政府组织的绩效水平也与社会资本链接性紧密相连,二者呈现正相关的发展趋势。❹因此,要确保给予非政府组织足够的社会资本以最大力度保障其效能的发挥。

第三,社区治理中政府角色的研究。西方学者对社区治理中政府的研究主要集中在政府的社区权力上。在社区治理研究的早期阶段,社区治理中的政府集权论曾风靡一时。威廉·多姆霍夫(G. William Domhoff)在《谁统治美国?》(*Who Rules America?*)❺一书中剖析了精英阶层(法律顾问、农业工商业主、军事承包商以及大公司领导者所组成的企业共同体)支配的政府在社会治理中占据主导地位。保罗·彼得森(Paul E. Peterson)以实证分析研究方法,在《城市极限》(*City Limits*)一书中提出这样的观点:即政府的成功统治有助于社区建设与社区发展。❻二是社区治理中政府分权论。政府失灵的背景下,政府的集权角色被学术界广泛批评,而治理理论兴起为政府权力下放带来新的理论契机。戴维·奥斯本(David Osborne)与特德·盖布勒(Ted Gaeble)合著的《改革政府》(*Reincenting Government*)提出政府在社区治理的

---

❶ Mitchell S M, Shortell S M. The governance and management of effective community health partnerships: a typology for research, policy, and practice [J]. Milbank Quarterly, 2000, 78(2): 241-289.

❷ Bovens M. Analyzing and assessing accountability: a conceptualframework1 [J]. European law journal, 2007, 13(4): 447-468.

❸ Bernstein S. Legitimacy in Intergovernmental and Non-State Global Governance [J]. Review of International Political Economy, 2011, 18(1): 17-51.

❹ Marín A, Gelcich S, Castilla J C. Exploring social capital in Chile's coastal benthic ecomanagement system using a network approach [J]. Ecology and Society, 2012, 17(1): 13.

❺ 威廉·多姆霍夫. 谁统治美国? 权力政治和社会变迁 [M]. 吕鹏, 等译. 北京: 译林出版社, 2009: 43.

❻ 保罗·彼得森. 城市极限 [M]. 罗思东, 译. 上海: 格致出版社, 2012: 100.

角色不应该是划桨，而是掌舵。政府应当将权力归还社区，由社区决定其内部事务。❶罗伯特·B.登哈特表示应该实现社区治理中扩大的公民参与，政府的角色应当超脱出掌舵和划桨，更多时候应当扮演一名服务者。帕特南（Robert D.Putnam）提出政府应当在社区治理中鼓励多元主体参与，实现社区民主和社区自治。其他涉及这一主题的研究成果包括：奥斯特罗姆（Elinor Ostrom）的《公共事务治理之道》（*Governing the commons*）、罗西瑙（Rose Rosenau）的《没有政府统治的治理》（*Governance Without Government*）和格里·斯托克（Gerry Stoker）的《作为理论的治理：五个论点》（*Governance as theory: five propositions*）等。

二、国内城市社区治理的相关研究

我国城市社区研究兴起于20世纪30年代，早期以引进西方社区发展的理论和研究方法为主。20世纪90年代，为了适应社会转型和体制改革需要，我国城市社区建设议题正式进入历史舞台，带给城市社区以翻天覆地的变化，同时也掀起了城市社区治理研究的"学术热"。近年来，在大批学者的研究努力下，逐步形成一套具有中国特色的社区治理理论研究体系。笔者基于中国知网数据库（CNKI）检索对社区治理这一研究领域进行分析，以"社区治理"为关键词进行检索，检索结果显示，中国知网数据库中以"社区治理"为关键词的文献共20239篇，其中期刊7316篇（核心期刊2946篇，CSSCI检索期刊2733篇），博硕论文7316篇。❷根据对检索结果进行计量可视化分析，2000年是我国社区治理理论研究的春天，国内学界对社区的相关研究呈

---

❶ 戴维·奥斯本，特德·盖布勒.改革政府[M].周敦仁，译.上海：上海译文出版社，2006：63.
❷ 中国知网全文数据库（CNKI）检索结果分析，关键词"社区治理"，（2023-04-13）. https：//kns.cnki.net/kns8/defaultresult/index.

—17—

现出"井喷式"发展的蓬勃景象❶。2000—2012年,我国社区治理研究发展相对平缓。2012年之后,社区治理相关研究则呈直线型上升发展,除2014年至2016年略有下降,截至2023年,研究热度依然呈现只升不减的发展态势(如图1-1)。

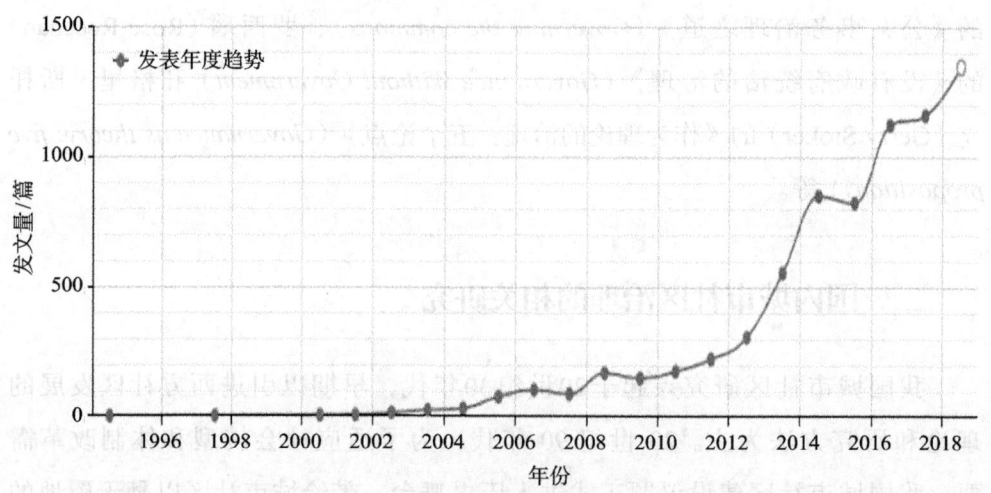

图1-1　我国城市社区治理研究总体趋势分析

根据检索显示,2000年以后我国社区治理研究,剔除治理、社区治理重复关键词之后的关键词前十分别为城市社区、社会治理、社会资本、社会组织、社区自治、创新、社区建设、社区教育、治理模式及公民参与(如图1-2)。

(一)城市社区建设与发展的综合性研究

20世纪30年代,吴文藻开启我国社区研究的序幕,他提倡实证研究与本

---

❶ 吴晓林.中国城市社区建设研究述评(2000—2010年)——以CSSCI检索论文为主要研究对象[J].公共管理学报,2012(1):111-120.

第一章 国内外研究述评

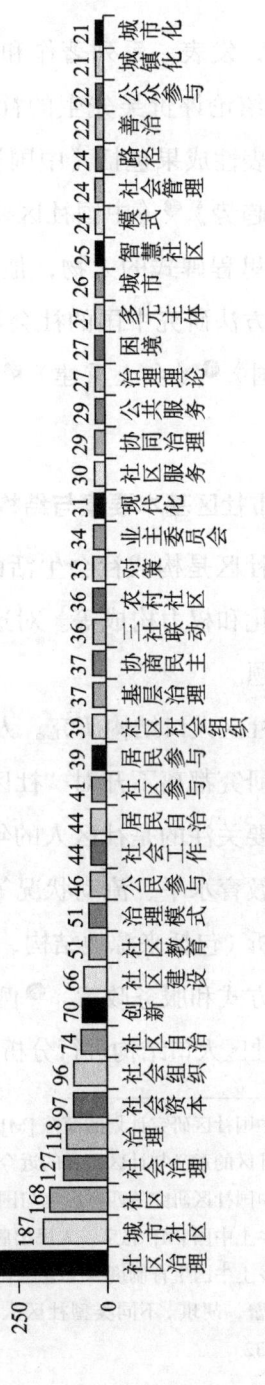

图 1-2 我国城市社区治理研究关键词分布图[1]

[1] 资料来源：知网统计绘制而成。

土化研究，发表一系列著作和文章向国内学术界引进社区研究。我国香港社会学家黄绍伦评价吴先生的社区研究"具有明确而强烈的中国化倾向"。吴文藻的代表性成果包括《中国社区研究计划的商榷》❶《社区的意义与社区研究的近今趋势》❷《中国社区研究的西洋影响与国内近状》❸等。费孝通是我国社会学里程碑式的人物，他师从吴文藻，以农村社区为研究对象，主张田野作业的方法研究中国的社会与文化。费先生的代表性著作包括《江村经济》《乡土中国》❹《乡土重建》❺等。在此之后，社区的综合性研究包括以下几项内容。

1.城市社区基本要素与结构研究

城市社区是构成社会生活的基本单元，它包含诸多基础性要素，如人口、地域、文化和权力构成等。对这些基础要素的研究是我国城市社区研究中较为常见的主题。

一是社区人口结构研究。人口是构成城市社区的最基础也是最重要的要素，任何社区研究都离不开对"社区人"的关注。以社区人口要素为分析视角，国内学者主要关注的是社区人的年龄、性别、职业、民族、阶层、经济地位、社会身份、教育水平、流动状况等。张苹等认为通过不同类型社区对人口结构特点进行分析（包括来源地结构、年龄结构等要素），有助于探索适应不同类型社区的治理方式和服务政策。❻例如，分析社区居民的体育服务需求和教育服务，就需要对社区人口结构进行分析。单菲菲，王学锋基于甘肃省Z社区的调查结果，

---

❶ 吴文藻.中国社区研究计划的商榷 [M].北京：商务印书馆，2010：466.
❷ 吴文藻.社区的意义与社区研究的近今趋势 [J].论社会学中国化，1936：466.
❸ 吴文藻.中国社区研究的西洋影响与国内近状 [N].社会研究，1935（102）：447.
❹ 费孝通.乡土中国 [M].北京：人民出版社，2008：8.
❺ 费孝通.乡土中国生育制度乡土重建 [M].北京：商务印书馆，2015：340.
❻ 张苹，盛蕾，胡琪.不同类型社区人口结构特点及社区管理服务对策 [J].统计科学与实践，2012（12）：30-32.

研究城市化背景下城市多民族社区认同,提出城市多民族社区克服发展"脆弱性"的必要对策是培育社区认同感。❶王凯等人通过调查181个社区的数据得出结论,认为营造社区公共空间有利于提升非户籍人口的市民化意愿。❷吴晓等人关注在2020年新冠肺炎疫情背景下,社区流动人口如何管控与治理的问题。❸李旺旺等人认为,社区居民对社会服务的满意度影响着社区人口流动,进而影响社区人口结构变化。❹

近年来,学术界对社区人口老龄化治理的关注也逐年上升,相关学术成果包括:黄少宽,林琳《我国人口老龄化问题及其社区服务之对策》❺;陈友华《人口老龄化与城市社区老年服务网络建设》❻;徐祖荣《人口老龄化与城市社区照顾模式探析》❼;笪可宁和郭宝荣《积极应对人口老龄化国家战略下体育支持赋能老年人社区关爱服务研究》❽;王倩《人口老龄化背景下城市社区"嵌入式"养老模式研究——以合肥市庐阳区为例》❾。社区流动人口治理也是我国学者比较关注的热点话题之一,代表性成果包括:吴晓《城市中

---

❶ 单菲菲,王学锋.城市化背景下城市多民族社区认同研究——基于甘肃省合作市Z社区的调查[J].中南民族大学学报(人文社会科学版),2014,34(5):27-31.

❷ 王凯,李凯,杨胜慧.基于非户籍人口市民化意愿的社区公共空间营造研究——来自国家级新区181个社区的调查[J].中国人民大学学报,2020,34(2):38-47.

❸ 吴晓,张莹.新冠肺炎疫情下结合社区治理的流动人口管控[J].南京社会科学,2020(3):21-27.

❹ 李旺旺,冯帅帅.人口流动视域下社区居民的社会服务满意度及其规范化路径[J].河北大学学报(哲学社会科学版),2022,47(5):129-137.

❺ 黄少宽,林琳.我国人口老龄化问题及其社区服务之对策[J].中山大学学报(社会科学版),2000(6):114-119.

❻ 陈友华.人口老龄化与城市社区老年服务网络建设[J].南京大学学报(哲学.人文科学.社会科学版),2002(5):28-34.

❼ 徐祖荣.人口老龄化与城市社区照顾模式探析[J].东南学术,2008(5):81-88.

❽ 笪可宁,郭宝荣.积极应对人口老龄化国家战略下体育支持赋能老年人社区关爱服务研究[J].沈阳体育学院学报,2023,42(1):7-14.

❾ 王倩.人口老龄化背景下城市社区"嵌入式"养老模式研究——以合肥市庐阳区为例[J].安徽行政学院学报,2019(1):102-108.

的"农村社区"——流动人口聚居区的现状与整合研究》❶《"边缘社区"探察——我国流动人口聚居区的现状特征透析》❷；侯慧丽等《梯度城市化：不同社区类型下的流动人口居住模式和住房状况》❸；刘玉兰、彭华民《社区抗逆力培育：流动人口聚居区治理的社会工作策略研究》❹；徐丽婷等《人口老龄化背景下的社区宜老性研究——以南京市4个社区为例》❺；钱雪飞《城市空巢老年妇女生活状况与需求的实证研究——基于江苏省南通市易家桥社区348份问卷调查》❻等。陈飞、陈琳《健全养老服务体系：社区养老支持与老龄健康》❼等。

二是社区地域结构研究。不同于西方社区区域边界的模糊性，我国城市社区一般都有明确的地理区域位置，可以作为社会建制单位甚至是行政区划单位存在。因此，社区地域要素也是值得研究的主题之一。城市社区地域结构研究主要包括社区的地理位置、资源分布、生态环境、空间结构及边界划分等。陈福平、黎熙元提出了社区的两个空间要素是地域与社会网络，并探讨了二者亲密关系的构成、变迁与系统性互动。❽左广兵认为目前学者对城市社区地域和空间研究相对较少，并忽视这一因素对社区治理的塑造性力量。他认为应该引

---

❶ 吴晓. 城市中的"农村社区"——流动人口聚居区的现状与整合研究 [J]. 城市规划，2011（12）：25-29.
❷ 吴晓. "边缘社区"探察——我国流动人口聚居区的现状特征透析 [J]. 城市规划，2003（7）：40-45.
❸ 侯慧丽，李春华. 梯度城市化：不同社区类型下的流动人口居住模式和住房状况 [J]. 人口研究，2013（2）：83-92.
❹ 刘玉兰，彭华民. 社区抗逆力培育：流动人口聚居区治理的社会工作策略研究 [J]. 人文杂志，2019（8）：114-122.
❺ 徐丽婷，陈维肖，徐辰，等. 人口老龄化背景下的社区宜老性研究——以南京市4个社区为例 [J]. 中国科学院大学学报，2020，37（3）：424-431.
❻ 钱雪飞. 城市空巢老年妇女生活状况与需求的实证研究——基于江苏省南通市易家桥社区348份问卷调查 [J]. 北京社会科学，2014（9）：40-49.
❼ 陈飞，陈琳. 健全养老服务体系：社区养老支持与老龄健康 [J]. 财经研究，2023，49（2）：49-63.
❽ 陈福平，黎熙元. 当代社区的两种空间：地域与社会网络 [J]. 社会，2008（5）：1-57.

入一种新的逻辑起点研究城市社区，也就是把握社区的地域空间这一性质。❶朱楷文认为社区空间治理既是解决城市空间问题的有效方式，也是基层社区治理转型发展重要突破口。❷

三是社区文化结构研究。社区文化是社区存在的重要现象，是社区继存的精神纽带。纵观我国城市社区文化建设的历史变迁，新时期社区文化建设共经历了初级形态与复合形态两个阶段。❸龚贻洲较早地界定了社区文化的内涵、特征、功能与作用，为我国城市社区文化研究奠定了理论基础。❹杨贵华提出重塑社区文化，培育社区精神能够提升社区建设的文化维系力。❺王平认为社区文化建设能够帮助解决我国社会转型期间城市社区治理中所面临的一系列新问题。❻因此，城市社区的文化要素与文化结构对于社区治理和社区建设都具有重要影响。❼王传寿等人对新时期城市社区文化建设中出现的问题进行剖析，并对其解决对策进行深入的思考。❽黄晓星、李学斌提出关注文化与社区建设的融合，能够在个体、集体、社区和社会等方面发挥更加整合的治理效应，既能更加适应当前我国治理情境，又能够更好促进社区建设与社区治理的治理范式。❾

---

❶ 左广兵."隐蔽的公理"：城市社区地域空间的性质及其塑造 [J]. 北京行政学院学报，2012（3）：54-59.

❷ 朱楷文. 城市社区空间治理的逻辑生成与路径实现 [J]. 扬州大学学报（人文社会科学版），2023：1-11.

❸ 文军，唐亚林. 变迁与创新：我国城市社区文化建设的历史考察与现实分析 [J]. 求索，2001（2）：43-46.

❹ 龚贻洲. 论社区文化及其建设 [J]. 华中师范大学学报（哲学社会科学版），1997（5）：1-4.

❺ 杨贵华. 重塑社区文化，提升社区共同体的文化维系力——城市社区自组织能力建设路径研究 [J]. 上海大学学报（社会科学版），2008（3）：92-98.

❻ 王平. 社区文化建设的多维度思考 [J]. 毛泽东邓小平理论研究，2006（7）：43-48.

❼ 刘庆龙，冯杰. 论社区文化及其在社区建设中的作用 [J]. 清华大学学报（哲学社会科学版），2002（5）：19-24.

❽ 王传寿，唐先田，唐亚林. 新时期中国城市社区文化建设的理论思考 [J]. 江淮论坛，2001（2）：76-82.

❾ 黄晓星，李学斌. 从"治理文化"到"文化治理"——基于S社区治理实践的考察 [J]. 南开学报（哲学社会科学版），2023（2）：82-91.

2. 比较社区治理研究

我国学者对域外社区治理研究主要集中在社区治理经验的介绍与剖析，以及与中国社区治理进行比较研究两个方面。学术界关于美国的社区治理的研究成果比较丰富，是比较社区治理研究的重点。张康之在其著作《国外社区治理自治与合作》一书中，对美国的社区治理经验与治理实践进行全景式介绍。❶夏建中采用对美国波特兰、纽伯格的社区进行实地调查的方法，剖析美国城市社区的组织结构、治理制度、运转方式、社会功能和重要特点。❷唐华❸、谢芳❹、侯玉兰❺、施雪华❻、骆骏杭和黄瓴❼等学者也都对美国社区的治理实践进行了比较分析，论述了美国社区的治理现状、典型形态、治理主体、发展趋势及对我国社区治理的启示。

此外，国内的许多学者还对其他国家的社区治理模式、社区治理实践进行深入性研究。代表性成果如下：《赋能社会组织：日本社区营造的实践逻辑及经验启示》❽，《日本"社区营造"论——从"市民参与"到"市民主体"》❾，《政府主导下的新加坡社区建设：经验与借鉴》❿，《新加坡社区治理经验及启示》⓫，《城市社区治理模式的比较及中国的选择》⓬。

---

❶ 张康之，石国亮. 国外社区治理自治与合作 [M]. 北京：中国言实出版社，2012：40.
❷ 夏建中. 美国社区的理论与实践研究 [M]. 北京：中国社会出版社，2009：5.
❸ 唐华. 美国城市管理：以凤凰城为例 [M]. 北京：中国人民大学出版社，2006：3.
❹ 谢芳. 美国社区 [M]. 北京：中国社会出版社，2004：5.
❺ 侯玉兰. 城市社区发展国际比较研究 [M]. 北京：北京出版社，2000：6.
❻ 施雪华，孔凡义. 美国社区治理及其启示 [J]. 山西大学学报（哲学社会科学版），2008（4）：90-95.
❼ 骆骏杭，黄瓴. 1949年以来美国城市社区更新：基于"制度—角色—行动"的整体分析 [J]. 国际城市规划，2023：1-19.
❽ 高红，王翔. 赋能社会组织：日本社区营造的实践逻辑及经验启示 [J]. 长白学刊，2023（3）：121-130.
❾ 胡澎. 日本"社区营造"论——从"市民参与"到"市民主体" [J]. 日本学刊，2013（3）：119-134.
❿ 丁传宗. 政府主导下的新加坡社区建设：经验与借鉴 [J]. 中共福建省委党校学报，2008（9）：22-28.
⓫ 王晖. 新加坡社区治理经验及启示 [J]. 特区实践与理论，2014（3）：49-52.
⓬ 刘娴静. 城市社区治理模式的比较及中国的选择 [J]. 社会主义研究，2006（2）：59-61.

（二）城市社区治理的专题性研究

基于知网检索结果的计量可视化分析和研究成果的梳理，我们发现2000—2023年社区治理专题性研究的热点为城市社区多元主体研究、城市社区治理模式创新研究和城市社区参与研究。

1.城市社区多元主体研究

社区治理中的治理主体研究一直是国内外学术界关注的重要课题，主要有两个理论面向：一是城市社区治理中的特定治理主体研究。此类研究包括基层党组织在社区治理中的领导地位❶与功能转型❷，政府作为治理主体时的角色定位与职能转变❸，非政府组织作为治理主体的角色解析❹，社区社会组织的自治作用与地位分析❺，社区社会组织有效参与基层社会治理的途径分析；社区居民在社区治理中的扩大参与❻，业主委员会与物业公司在社区治理中的地位❼等。二是对城市社区治理中的多元治理主体及主体间互动关系进行的考察与分析。陈伟东、李雪萍提出社区治理中各参与主体是利益相关的，因此治理主体具有多元性和平等性的基本特征。❽张洪武强调社区治理中主体的多元性、互赖性和互动性；多元主体间的持续互动能够有效助推社区良治的实现。❾同时，

---

❶ 曹海军.党建引领下的社区治理和服务创新[J].政治学研究，2018（1）：95-98.

❷ 陈怡.基层党组织在社区多元治理中的功能转型及实现路径[J].求实，2010（11）：18-21.

❸ 李慧凤.社区治理与社会管理体制创新——基于宁波市社区案例研究[J].公共管理学报，2010（1）：67-72.

❹ 陈华.非政府组织在社区治理中的角色解析[J].武汉理工大学学报（社会科学版），2006（1）：88-92.

❺ 安建增.创设"功能性接点"——应对政府治理与社会自治两难困境的中国经验[J].社会主义研究，2023（1）：89-96.

❻ 马西恒.社区治理框架中的居民参与问题：一项反思性的考察[J].上海行政学院学报，2004（1）：59-67.

❼ 何平立.冲突、困境、反思：社区治理基本主体与公民社会构建[J].上海大学学报（社会科学版），2009（4）：20-31.

❽ 陈伟东，李雪萍.城市社区治理模式的现实选择[J].当代世界与社会主义，2004（2）：71-73.

❾ 张洪武.论社区治理中的多元权力互动[J].广东行政学院学报，2005（1）：26-29.

张洪武在他的另外的研究成果中强调,社区治理应实现单中心秩序向多中心的秩序嬗变。❶程镝、董芮彤也提到应建立一种社区治理的多元主体结构,包括发挥社区党组织对互动机制的引领功能,打造社区主体互助合作网络,在社区协同主体间建立起分工协调、合理互补、互相支持的高效的组织系统,提高协同主体间的协同度和配合度,以实现社区共同治理目标❷。总的来看,当前我国城市社区治理研究趋势是在党政主导下,积极培育社区多元主体,鼓励主体的选择性参与,构建多元主体合作治理并形成良好互动关系的社区治理现代化体系以及提升社区治理能力现代化。

2.城市社区治理模式及未来创新研究

中华人民共和国成立后,我国社区治理基本模式由单位制转变为社区制,1986年"社区"由民政部首次提出,全国各地建立了社区实践等试点城市。以具体社区治理实践为基础等进行社区治理研究的学术成果极为丰富。一些学者从历史的角度,研究我国城市社区治理模式和管理机制的嬗变过程。何海兵分析了我国成立以来基层管理机制由单位制、街居制向社区制转变的发展过程,深刻阐述了这三种机制产生、功能、历程和困境,并对社区制的发展进行了思考。❸基于对城市社区治理历史的回顾,一些学者探讨了目前我国社区治理的基本模式。王芳、李和中认为,城市社区治理模式选择需要符合治理环境,以便实现资源合理配置的最大化,因此政府主导下的城市社区治理具有一定的合理性。❹

---

❶ 张洪武.社区治理的多中心秩序与制度安排[J].广东社会科学,2007(1):182-187.

❷ 程镝,董芮彤.新时代城市社区多元主体治理协同度评价研究——基于H市S社区的实证调查[J].行政论坛,2022,29(6):102-108.

❸ 何海兵.我国城市基层社会管理体制的变迁:从单位制、街居制到社区制[J].管理世界,2003(6):52-62.

❹ 王芳,李和中.城市社区治理模式的现实选择[J].中国行政管理,2008(4):68-69.

第一章 国内外研究述评

一些学者则在实证研究和个案调查的基础上对未来社区治理模式进行了展望。魏娜认为，在社会经济体制改革与社会结构转型的双重背景下，我国社区治理模式需要从行政型社区向合作型、自治型社区进行转变。[1]陈雪莲从城市基层治理模式转变入手，以北京市第一个街居制社区为个案研究，探寻城市基层治理中以"社区制"为载体的多元合作治理机制。[2]郑杭生、黄家亮认为，未来我国城市社区治理模式创新的基本趋势是转向合作治理、复合治理、分类治理和网络化治理。[3]吴晓林提出改革开放40多年以来，我国社区治理基于中国特色基层治理逻辑，逐步形成一种"统治结合、服务下沉和选择性参与"的"复合结构"。[4]

一些学者还提出社区治理模式未来转变的方向是参与式治理[5]、多中心治理[6]、开放式治理[7]、由网格化管理向合作共治[8]或合作治理[9]转变。此外，有些学者还关注我国城市社区治理创新中的制度的持续性保障。燕继荣认为，在政府主导下社区治理创新需引入社会资本投资，促进社区自组织发展，建立"熟人社会"。[10]

---

[1] 魏娜.我国城市社区治理模式：发展演变与制度创新[J].中国人民大学学报，2003（1）：135-140.

[2] 陈雪莲.从街居制到社区制：城市基层治理模式的转变——以"北京市鲁谷街道社区管理体制改革"为个案[J].华东经济管理，2009（9）：92-98.

[3] 郑杭生，黄家亮.当前我国社会管理和社区治理的新趋势[J].甘肃社会科学，2012（6）：1-8.

[4] 吴晓林.治权统合、服务下沉与选择性参与：改革开放四十年城市社区治理的"复合结构"[J].中国行政管理，2019（7）：54-61.

[5] 郑杭生，黄家亮.论我国社区治理的双重困境与创新之维——基于北京市社区管理体制改革实践的分析[J].甘肃社会科学，2012（1）：23-29.

[6] 张雨.多中心治理下智慧社区居家养老服务优化探究[J].科技资讯，2023，21（1）：246-250.

[7] 刘铎.开放式社区治理：社区治理的演化趋势——基于四个社区治理案例的分析[J].甘肃行政学院学报，2009（3）：96-101.

[8] 朱仁显，邬文英.从网格管理到合作共治——转型期我国社区治理模式路径演进分析[J].厦门大学学报（哲学社会科学版），2014（1）：102-109.

[9] 周济南，罗依平.城市社区合作治理失灵的矫正：一个社会资本理论的分析框架[J].湖湘论坛，2021，34（4）：118-128.

[10] 燕继荣.社区治理与社会资本投资——中国社区治理创新的理论解释[J].天津社会科学，2010（3）：154-158.

3.城市社区参与研究

我国学者对城市社区参与的研究基本从20世纪90年代开始，主要形成了以下几个观点：一是社区居民的扩大参与视角。国内部分学者以公民参与理论为视角，对社区居民参与治理进行了广泛讨论。姜晓萍认为，公民参与是社区治理的本质性要求，能够成为社区健康、稳定、和谐发展的"加速器"，同时也是治理理论在社区应用的必然要求。❶张大维和陈伟东认为，社区居民参与的目标就是实现参与式社区治理，基于此目标的引导他们在研究中进一步介绍了社区居民参与的模式、参与现状以及未来参与的路径选择。❷马西恒对社区居民的动员机制进行了研究，他认为社区居民的参与意愿与参与程度直接影响了社区治理模式的选择，同时治理模式选择也反过来对居民参与有所影响。❸二是社区自治的视角。城市社区治理中坚持居民自治的理论导向是城市管理体制创新的必然要求，对我国政治民主化发展具有重要意义。❹但是，这种自治应当是党领导下的自治。因此，需要处理好党的领导与社区自治之间的协同关系。❺同时，一些学者也关注社区自治的实现途径，有学者提出运用协商民主的制度框架解释社区治理中政党、国家与社会间的权力关系❻；还有学者指出网格化管理模式也能够进一步推进我国城市社区自治的良性发展。❼

---

❶ 姜晓萍，衡霞.社区治理中的公民参与 [J].湖南社会科学，2007（1）：24-28.

❷ 张大维，陈伟东.城市社区居民参与的目标模式、现状问题及路径选择 [J].中州学刊，2008（2）：115-118.

❸ 马西恒.社区治理框架中的居民参与问题：一项反思性的考察 [J].上海行政学院学报，2004（2）：59-67.

❹ 娄成武，谷民崇.城市社区自治：我国政治民主化发展的必然路径 [J].理论探讨，2014（3）：141-144.

❺ 罗敏.从"自治"到"共治"：党建引领社区治理的运行机制与创新模式 [J].中共天津市委党校学报，2023，25（3）：35-45.

❻ 刘晔.公共参与、社区自治与协商民主——对一个城市社区公共交往行为的分析 [J].复旦学报（社会科学版），2003（3）：39-48.

❼ 臧文杰，滕玉成.社区居民自治与网格化管理有效衔接模式及其内在逻辑研究——基于三个全国社区治理和服务创新实验区的案例比较 [J].甘肃行政学院学报，2022（5）：72-84，126-127.

第一章 国内外研究述评

但是我们需要注意的是，公民参与理论作为西方背景下的产物，在解释中国社区治理现状及问题时有些疲乏。❶正如张康之所说的那样，我国特色的科层制"中心—边缘"的组织结构特征与公众参与是相互排斥的存在，正因如此，仅依靠公众参与是无法有效解决社会治理中的一系列问题积弊。❷

从国外现有理论研究成果来看，西方关于社区治理的研究已形成一系列较为成熟的理论范式和实践逻辑，并呈现跨学科、跨领域发展态势。研究方法上运用政治学、社会学、人类学、公共行政学、公共管理学、城市社会学、政治经济学、心理学和犯罪学等学科的研究工具与理论模型，倾向于以实证研究的方法来全面分析与研究社区的各类问题。国外社区治理研究领域逐步扩展，研究内容愈加丰富，作为一种多元化、全方位研究，国外社区治理研究囊括与社区相关的宏观层面、中观层面和微观层面问题，为城市化进程中的危机解决提供强大助推。宏观层面研究包括社区治理与国家治理、社会治理关系，社会政治、经济、文化、政治变迁对社区治理的影响等；中观层面研究包括对社区治理的权力结构、社区空间架构社区文化、社区治理主体、社区文化要素等问题进行了深入探讨。微观层面研究包括社区环境治理，社区治安治理，社区照顾，社区组织（自组织、志愿组织、非政府组织、非营利组织）再培育，社区宗教文化，社区犯罪与矫正等内容。近年来，国外社区治理的实践与研究转向到微观层面，更为关注社区治理中的社区风险、生态治理、社会资本、社区犯罪等问题。治理逐步被看成一种技术，割裂了社区的"国家—社会"关系。国家"元治理"在社区治理中的作用已然不被国外学界所重视，他们更为关注社会层面，甚至将社会拆分成多个孤立的社区个体来进行研究。虽然这可能是社区治理研究发展的较成熟阶段，但是这种角度下的社区治理研究内容难免缺乏宏观性、整体性和公共性。

---

❶ 杨敏. 公民参与、群众参与与社区参与 [J]. 社会，2005（5）: 78-95.
❷ 张康之. 论参与治理、社会自治与合作治理 [J]. 行政论坛，2008（6）: 1-6.

国内学界的相关研究成果大多是相对宏观的视角，将社区建构作为基本研究对象。国家力量的"元治理"是国内学者普遍较为关注的内容。研究视角上，一般从党和政府的角度出发，关注其在社区治理中的角色定位和职能作用。我国城市社区治理是国家由上而下授权、社会由下而上反馈的过程，党政机构是理论和实践的主要设计者，所以学者们将国家力量看作推进社区治理现代化建设和社会组织培育的重要力量，也把对社区治理中党组织和政府的研究作为研究的重点课题。目前，我国社区治理理论研究的主要方向是研究政府的权力下放、加强其服务职能；社区治理主体多元化；鼓励社区居民有序参与等。

第三节 "双碳"目标与社区治理研究述评

21世纪以来，气候变化成为全球热点问题。正如2021年联合国政府间气候变化专门委员会（Intergovernmental Panel on Climate Change，IPCC）报告中指出的那样，人类活动与气候变暖之间具有不可否认的重要关联。❶全球经济的快速增长与人类的频繁活动，是导致二氧化碳排放量急剧增加，进而造成气候变暖的主导因素。城市及其基础单元社区，在碳排放问题中也不可避免地扮演着重要角色。城市因人口的高度集聚性，也使其成为高耗能、高碳排的源头所在。《2022年世界城市报告》指出，2007年以来，世界范围内在城市中进行生产、生活的人口超过人口总数的半数以上。预计到2050年，将近68%的全球人口将居住在城镇地区，占世界面积2%的城市所产生的碳排放量将会达到全球碳排放总量的75%。❷

---

❶ IPCC. Climate Change 2021：The Physical Science Basis，Intergovernmental Panel on Climate Change，2021.

❷ Sun J L. Evaluation of spatial agglomeration effects of urban carbon emissions based on spatial lag regression [J]. Fresenius Environmental Bulletin，2020，29（11）：9805-9812.

第一章 国内外研究述评

随着城市化进程推进，城市规模扩大与城市人口增长带来了能源消耗与碳排放的更大挑战。2020年，习近平总书记提出了"2030年实现碳达峰，2060年实现碳中和"的目标。如何在经济稳步前进的同时，兼顾绿色低碳要求，实现"双碳"目标是学者们关注的重点。因此，近年来国内外相关问题的研究热度持续上升，并取得了较为丰硕的研究成果。对这些研究成果进行梳理，会发现学者们对于"双碳"背景下社区治理的相关研究，主要集中在碳排放与城市发展的关联性研究、"双碳"目标下城市社区治理研究、低碳社区治理与社区绿色低碳更新相关研究三个方面。

一、碳排放与城市发展的关联性研究

以减少碳排放为目标，国内外学者对城市发展与治理进行了多元学科领域的深入研究。物理学的"脱钩系数"概念被引入部分学者研究之中，用以探寻城市经济与环境之间的关联性。Tapio脱钩模型即以研究期内经济驱动指标的增长率与环境压力指标的增长率之比的脱钩弹性系数，能够用于佐证城市发展与碳排放之间密不可分的关系。[1]城市的经济发展是碳排放量增加的重要因素，对能源消耗和碳排放量具有潜移默化的影响。[2]城市化发展程度在达到一定比例之后，对碳排放量的影响加深，并随着城市化发展程度而不断增加。[3]城市空间结构对碳排放的影响也有不同向度，何小钰等阐述了城市三维空间结构影

---

[1] Tapio P. Towards a theory of decoupling: degrees of decoupling in the EU and the case of road traffic in Finland between 1970 and 2001 [J]. Transport Policy, 2005, 12 (2): 137-151.

[2] Hossain M A, Chen S S. Decoupling of energy-related CO_2 emissions from economic growth: a case study of Bangladesh [J]. Environmental Science and Pollution Research, 2020, 27 (4): 20844-20860.

[3] Anser M K, Alharthi M, Aziz B, et al. Impact of urbanization, economic growth, and population size on residential carbon emissions in the SAARC countries [J]. Clean Technologies and Environmental Policy, 2020, 22 (4): 923-936.

"双碳"目标下城市社区治理创新研究——基于互动式治理视角

响的尺度效应。❶总之,城市发展与碳排放所带来的巨大生态压力相伴而生。❷面对这样的问题,如何切实降低城市发展与城市化进程中的碳排放量是学界研究的重点面向。

二、"双碳"目标下城市社区治理研究

实现"碳达峰""碳中和"的目标,是我国结合国内外发展环境作出的统筹全局的重大战略决策。在此目标导向下,一是推进城市更新行动。城市是实施新型城镇化、推动绿色发展、建设美丽中国的重要载体,美丽城市建设必然需要与"双碳"目标实现交相辉映。❸李迅等认为,城市更新行动应建立起绿色低碳的实施路径体系,特别是在完整社区建设方面应当给予谋划,实现城市社区治理的转型发展。❹在这其中,部分学者认为超大城市作为碳减排主要阵地,城市更新建设和韧性社区方面更应着力发展。❺二是实现智慧城市建设与"双碳"目标有机协同。绿色智慧城市是"双碳"目标和生态文明建设的重要战略布局,应当充分建立"绿色"与"智慧"的协同效应。❻唐将伟等认为智慧城市建设中所应用的数字技术,能够提升城市建设运行中能源使用效率,进

---

❶ 何小钰,庄雅烨,邱穗萱,等.城市三维空间结构对碳排放影响的尺度效应分析[J].生态学报,2024(2):1-13.

❷ Muneer T, Celik A, Caliskan N. Sustainable transport solution for a medium-sized town in Turkey: a case study [J]. Sustainable Cities and Society, 2011, 1 (1): 29-37.

❸ 秦昌波,吕红迪,于雷,等.建设新时代美丽城市的总体思路与战略任务研究[J].中国环境管理,2023,15(6):40-44.

❹ 李迅,白洋,曹双全."双碳"目标下的城市更新行动探索[J].城市发展研究,2023,30(8):58-67.

❺ 石晓冬,杨悦,张文雍,等.超大城市落实"双碳"目标的策略——以北京为例[J].科技导报,2023,41(22):58-66.

❻ 李友东,闫晨丽,赵云辉,等.互利共赢,还是独善其身?"双碳"目标下绿色智慧城市建设的组态分析[J].系统管理学报,2024,33(1):259-274.

—32—

第一章 国内外研究述评

而有效降低碳排放强度，是"双碳"目标实现的有力抓手。❶三是引导城市社区治理绿色转型。从治理理念到治理模式，从能源使用到生活方式都应引导主体共同参与，实现治理绿色转型。❷杨旭、汤资岚认为环境精益化治理可以嵌入城市创新发展转型中，对提升环境治理绩效、突破生态治理瓶颈大有裨益。

三、低碳社区治理与社区绿色低碳更新的相关研究

因为城市发展与碳排放、能源消耗具有直接关联性，各国都关注城市低碳化与生态化发展。21世纪初，我国部分学者就关注到低碳社区会成为未来社区建设的新趋势，并提出社区治理可持续性发展的若干路径。❸低碳城市建设、低碳城市社区规划，成为应对全球气候变暖的重要战略选择与关键技术。❹我国学者基于"双碳"目标背景，在低碳社区建设与社区生态治理方面广泛关注。李敏等认为，社区低碳建设与基层治理能力现代化应当紧密结合，构建社区低碳治理体系是国家碳中和战略的重要基础。❺侯薇等认为，低碳社区是低碳城市理念框架下的概念，通过低碳社区治理，能够影响城市社区的生产和生活方式，通过合理规划和科学引导实现城市高密度社区的更新，进而实现"双碳"目标。❻杨志明运用面板数据回归方法，研究低碳发展的驱动作用与运行

---

❶ 唐将伟，黄燕芬，王鹏，等.智慧城市建设对"双碳"目标实现的影响研究——基于中介效应的省级面板数据实证分析[J].价格理论与实践，2023（10）：174-179.
❷ 叶林，邓睿彬.城市绿色治理何以可能？——"双碳"目标下的城市治理转型[J].同济大学学报（社会科学版），2023，34（3）：79-87.
❸ 辛章平，张银太.低碳社区及其实践[J].城市问题，2008（10）：91-95.
❹ 黄文娟，葛幼松，周权平.低碳城市社区规划研究进展[J].安徽农业科学，2010，38（11）：5968-5970，5972.
❺ 李敏，王伟，陈党.碳中和背景下社区低碳治理研究[J].建筑经济，2023，44（9）：89-97.
❻ 侯薇，张超.低碳背景下城市高密度社区更新路径探索[J].中国科技论文，2023，18（11）：1288.

—33—

机制。❶李艳菊等基于低碳社区导向，结合城市更新发展趋势，针对不同社区构成要素提出切实可行的社区低碳更新模式。❷一些学者关注到数字技术为低碳社区建设带来更多可能性，如利用数字驱动与行为助推，将低碳社区治理纳入智慧城市治理之中。❸

  2020年，习近平总书记提出二氧化碳排放力争于2030年前达到峰值，努力争取2060年前实现碳中和，"双碳"成为我国未来发展的重要战略目标。从"碳达峰"到"碳中和"，社区治理领域应当承担重任。国内城市社区治理的理论研究是为实践服务的，为实现"双碳"目标需要提出相关对策建议，为未来社区治理与低碳社区转型提供理论依据。但就目前学术成果来看，将互动式治理与低碳社区进行交叉研究的成果仍显不足，治理机制建构研究和相关理论研究也明显发育缓慢。可见，在"双碳"实现进程中与低碳社区转型过程中，引入互动式治理理论视角进行研究有较为广阔的发展空间。

---

❶ 杨志明."双碳"目标背景下中国重点城市低碳发展格局及其驱动机制研究[J].贵州社会科学，2023（2）：121-130.
❷ 李艳菊，王辛，刘汝君，等.基于低碳社区导向的城市更新探索——以天津市三岔河口片区为例[J].生态经济，2023，39（6）：211-219.
❸ 易芳馨，张强，李瑶，等.基于数字驱动的低碳社区治理体系与治理能力提升路径[J].城市发展研究，2023，30（6）：133-140.

第二章　互动式治理的理论溯源与框架建构

　　基础概念、理论的梳理是建构分析框架，深入分析剖析问题的逻辑起点。社区是现代文明和人类生活息息相关的基本概念。从中国城市社区互动式治理的理论渊源与核心概念入手，解读社区与城市社区、社区治理、中国语境下社区与社区治理的特点与内容等。在此基础上，围绕社区治理中的"互动"这一理念，架构互动式治理的分析框架，探寻其内在逻辑脉络。

第一节　理论渊源与新时代发展

　　理论是"一组具有关系密切性和发展良好性的相关概念整合而成的一种模式，用于解释或者预测某种现象"[1]。社会历史发展的进程是理论学术研究与实践活动相互促进、相互融合、共同发展的过程。我国城市社区互动式治理的理论来源既有西方治理理论和中国本土化后的"善治"理论的继承，又蕴含着马克思主义"国家—社会"关系理论和西方"国家—社会"互动论的思想内涵，能够为新时期我国城市社区互动式治理的构建和共建共享的社会治理新格局建立提供重要理论依据。

---

[1] Corbin J，Strauss A. Basics of Qualitative Research：Techniques and Procedures for Developing Grounded Theory [M]. London：Sage Publications，1998：15.

"双碳"目标下城市社区治理创新研究——基于互动式治理视角

一、治理理论

西方"治理"（governance）一词的词源自古希腊语（kiernan）和拉丁语（gubernare），最初的含义被解释为"掌舵""控制"和"指引"。汉语中的"治理"含义是"处理"和"管理"，也可以理解为"治国理政"或者"处理政务"。我国古代文献中"治理"与"统治"的概念较为相似，《荀子·君道》"明分职，序事业，材技官能，莫不治理，则公道达而私门塞矣，公义明而私事息矣"，荀子使用的"治理"一词，意指君王的统治。政治学领域的"治理"概念则与"统治"不同，学者们为它赋予了更丰富的内涵：治理是一种对社会事务的管理活动和管理过程，其特点是持续性、协调性和上下互动性❶。全球治理委员会在1995年《我们的全球伙伴关系》中为治理赋予不同于传统"统治""管理"等的四个基本特质，丰富和精确了治理的内涵（见表2-1）。

表2-1 治理的四个基本特征——全球治理委员会

基本特征	治理的四个基本特质
治理定位	是一个过程，而非整套规则或某一种活动
治理主体	包括公共部门和私人部门
治理过程	治理基础是协调而非控制
治理性质	持续的互动，而非一种正式制度

现代治理理论最早出现于1989年的世界银行报告（《撒哈拉以南非洲：从危机到可持续增长》），而后"治理"概念被广泛运用到社会学、政治学、经济学、行政学、公共管理学和法学等各个领域，并赋予不同领域特征的概念界定。现代治理概念的产生有着深刻的时代背景，一方面主要源于20世纪后期，西方社会经济高速发展，社会利益格局不断重组分化，人们自主意

---

❶ 俞可平．治理与善治[M]．北京：社会科学文献出版社，2000：4.

第二章 互动式治理的理论溯源与框架建构

识和参与公共事务的需求在逐步成型的社会公共领域中出现；另一方面，资本主义社会当时正处于政府与市场的双重失灵窘境，无论是市场自身潜在的无序性还是政府过度入侵社会经济领域，都不可避免地带来大量的社会问题，最终造成严重的全球社会经济危机和合法性危机。❶为此，以"治理"（governance）代替"统治"（government），成为这一时期各个国家为解决其社会、经济问题的最优路径。

目前，治理理论包括全球治理、元治理、多中心治理、整体治理、协同治理和善治等多种理论建构，同时还有关注治理手段的网络治理、智慧治理、数字化治理和网格化治理等政策工具。美国国际政治理论家詹姆斯·N.罗西瑙（James N. Rosenau）作为全球治理理论的开创者之一，将"治理"看成超越"统治"更具有丰富内涵的活动，虽未被授权，却可以在一系列活动领域里进行有效管理的政府或非政府机制。❷

元治理理论（Meta-governance）的代表人物是英国政治理论家鲍勃·杰索普（Bob Jessop）和荷兰学者路易斯·慕利门（Louis Meuleman）。元治理指"治理条件的组织，是多种治理方式明智融合（设计、管理、黏合）以求达到治理的最优效果"，因此，元治理被称为"治理的治理"。❸学者们注意到单一治理方式无法应对政府失灵和市场失灵的困境，也难以处理社会发展中具有复杂性、动态性和多样性的现实问题。❹因此，我们必须将多种治理方式结合起来，达到政府治理（科层治理）、市场治理（企业治理）、网络治理的有机融合，协同处理社会问题。元治理理论强调政府是治理对中心主体（元治理者），能够掌

---

❶ 尤尔根·哈贝马斯. 社区治理现代化探索研究 [M]. 刘北成，等译. 上海：上海人民出版社，2000：1.
❷ 詹姆斯·罗西瑙. 没有政府的治理 [M]. 张胜军，等译. 南昌：江西人民出版社，2001：5.
❸ 熊节春，陶学荣. 公共事务管理中政府"元治理"的内涵及其启示 [J]. 江西社会科学，2011（8）：232-236.
❹ Jessop B. The Rise of Governance and Risks of Failure: The Case of Economic Development [J]. International Social Science Journal, 1998（155）: 29-46.

"双碳"目标下城市社区治理创新研究——基于互动式治理视角

控治理机制开关、调整、建制和优化等,实现对治理主体进行召集和对话,对治理规则进行规定,对治理方式的结合进行间接治理以及对治理过程进行监督等。❶因此,元治理能够明确政府职能,解决与其他治理主体间的冲突和矛盾,弥补传统治理模式的缺陷。

多中心治理理论(Polycentric governance)由美国著名政治学家、政治经济学家文森特·奥斯特罗姆(Vincent Ostrom)与埃莉诺·奥斯特罗姆(Elinor Ostrom)合作创立,是美国印第安纳学派制度分析的核心内容。他们对美国大都市公共服务供给进行了大量实证研究,在此基础上提出了与单中心治理相对的治理结构——多中心治理。多中心治理的治理过程包含地位独立但职能交叠的主体,在互利协议、竞争对抗、冲突裁定和有限命令等制度安排下进行协调互动与合作❷,共同处理辖区内的公共事务。多中心治理是以"多中心"为核心词、以自主治理理论为基础、包含公共经济理论、立宪秩序理论、公共行政理论的理论体系。多中心治理体系中的基础——自主治理(Self-governance),是在公共事务中除政府治理、市场治理外的第三条道路。自主治理强调对民众行政民主诉求的回应,以社群的自发性、自治性秩序建立多种组织和机制,共同完成治理中的决策、管理和监督等。❸

21世纪初公共服务改革的标志之一,就是寻求一种整体性的政策和管理办法以应对行政"碎片化"(fragmentation)问题。整体治理(holistic governance)作为公共管理的新分析与实施框架,它不仅超越传统平行官僚机构的"筒仓结构"(silo structure),建立纵向—横向一体化的治理活动形式;而且也能够

---

❶ 张平,隋永强.一核多元:元治理视域下的中国城市社区治理主体结构[J].江西社会科学,2011(8):232-236.

❷ Ostrom V. The Meaning of American Federalism: Constituting a Self-Governing Society [M]. San Francisco: Institute for Contemporary Studies Press, 1991: 225.

❸ 埃莉诺·奥斯特罗姆.公共事务的治理之道[M].余逊达,等译.上海:上海三联书店,2000:144.

第二章 互动式治理的理论溯源与框架建构

缓解不同部门政策之间的冲突与矛盾，加强彼此合作与交流，实现"无缝"（seamless）治理。整体治理强调政府的综合协调作用，目标是建立一体化战略与整体政策网络，实现途径包括机构重组、流程再造、技术应用等。❶得益于信息网络的发展，整体治理影响力范围也越来越大❷，而我们也应该看到其与我国国情下的治理理念有相似之处，因此如何将其与本土实际结合，以形塑中国特色的治理框架，成为学者们关心的热点问题。

协同治理作为一种现代治理模式，源于传统政府管理模式无法有效应对复杂社会问题的挑战。20世纪末，全球化、信息化和社会多元化的发展，政府、市场和社会等主体间相互依赖增强，单一主体治理能力不足以解决复杂问题。在此背景下，协同治理应运而生，通过政府、企业、社会组织和公民等多主体间合作，共同应对公共事务和社会问题。它强调资源整合、信息共享和协同创新，旨在提升治理效率和效果，其产生与发展不仅适应社会治理需求的变化，还促进了各主体间的互动与合作，为实现共治共赢提供了新的路径。

协同治理（collaborative governance）是指"利益相关者（公共部门、私人机构或个人）共同开展和参与集体论坛，并在论坛上进行协商达成共识进而进行决策的过程"❸。协同治理能够在一个开放性系统中寻找有效治理结构的过程❹，它强调政府与社会主体、市场主体的面对面对话，建立主体间的信任和承诺，达到互相理解与共识，实现协同效应❺，最终推进合作和治理的良性

---

❶ 胡象明，唐波勇. 整体性治理：公共管理的新范式[J]. 华中师范大学学报（人文社会科学版），2010（10）：11-15.

❷ 竺乾威. 从新公共管理到整体性治理[J]. 中国行政管理，2008（10）：46-51.

❸ Ansell C, Gash A. Collaborative Governance in Theory and Practice [J]. Journal of Public Administration Research and Theory, 2008（4）：543-571.

❹ 李汉卿. 协同治理理论探析[J]. 理论月刊，2014（1）：138-142.

❺ 谢晓光，公为明. 公民参与治理的"协同效应"析论[J]. 人民论坛，2014（23）：28-31.

发展。协同治理在我国城市社区治理理论与实践中得到广泛研究与应用,对话、信任、承诺、互惠、共识是我国协同治理的主要运作机制(具体运行结构见图2-1)。但是我国的协同治理理论与实践发展不是对西方学术思想的全盘性接纳,而是在借鉴治理理论的基础上,发展中国特色的社区协同治理体系建设。

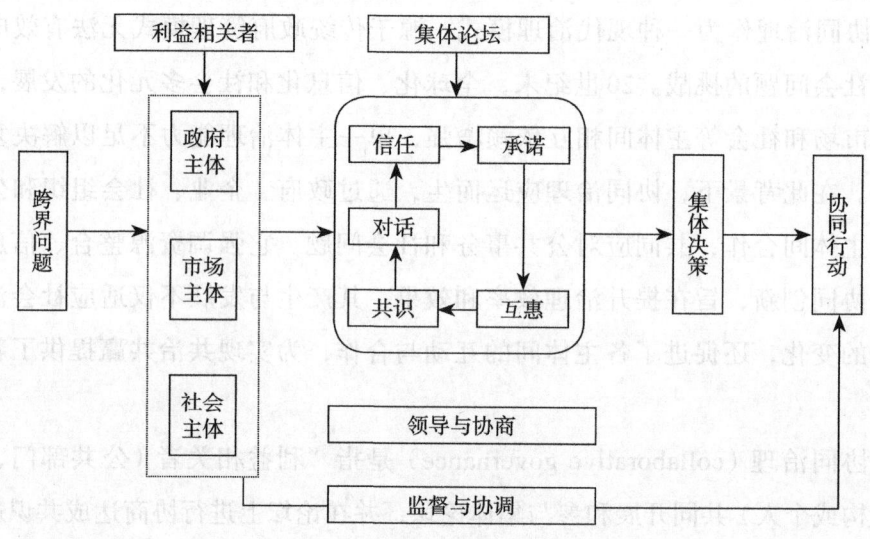

图2-1 协同治理的运行结构[1]

善治(good governance)虽最早来源于西方理论,但中国语境下为其赋予中国特色并得到长足发展。善治是克服政府与市场有限性、应对治理失效问题的手段之一,是治理追寻的理想目标,也是国家与社会关系的最佳状态。我国善治理论的前身是中国传统政治词汇——"善政"或"仁政",大体相当于英文中good government(良好的政府),它是指国家和政府具有好的管理和统治

---

[1] 杨宏山. 转型中的城市治理[M]. 北京:中国人民大学出版社,2017:81.

第二章 互动式治理的理论溯源与框架建构

手段。❶董仲舒在《对贤良策》中写道:"当更化而不更化,虽有大贤不能善治也。"这里的"善治"并非现代意义概念,而是"善政"。俞可平认为善治是一种社会管理过程和管理活动,是对传统善政理念、西方善治思想、一般政治哲学的超越。❷陈广胜则解释善治的内涵为"善者治理""善意治理""善于治理",是从地方政府治理创新的角度探讨政府善治的主体角色、目标和方式。❸

善治的作用是通过在公共生活中构建政府—公民合作关系,实现公共利益最大化,其所必须囊括的基本要素:①合法性(legitimacy)即要求治理的过程、行为和活动应该被人们自觉认可。②透明性(transparency)即治理的各类政治信息(如政策制定与实施、立法与法律法规颁布、行政预算与开支等)向民众进行公开,并接受民众对其全程监督。③责任性(accountability)即要求治理的公共机构或个人履行相应职责与义务。④法治(rule of law)即强调治理必须被纳入法治轨道中,依法治理是善治最基本要求和最高准则。⑤回应(responsiveness)指治理主体(包括公共机构和管理人员)需要对公民诉求及时反应。⑥有效(effectiveness)则要求治理机构设置合理、方式灵活、程序科学、成本较低。⑦参与(civic participation)主要指公民积极有效参与公共生活。⑧稳定(stability)指具有和平有序的生活、政策实施连贯、人民安居乐业、互相团结、社会安定等。⑨廉洁(cleanness)指政府机构清正廉明、依法执政、杜绝以权谋私和权力寻租现象。⑩公正(justice)指人民在政治和经济权利上的平等公平,尽量降低两极分化。❹

综上,关于治理的代表性解释中基本包括以下几个要点:①治理是对统

---

❶ 俞可平.走向善治——国家治理现代化的中国方案[M].北京:中国文史出版社,2016:2.
❷ 何哲."善治"概念的核心要素分析——一种经济方法的比较观点[J].理论与改革,2011(5):20-23.
❸ 陈广胜.走向善治——中国地方政府的模式创新[M].杭州:浙江大学出版社,2007:10.
❹ 俞可平.治理与善治[M].北京:社会科学文献出版社,2000:9-11.

治的超越和发展,但二者具有明显区别。治理的内涵外延更加宽泛。②治理是一种协调、合作、持续上下互动、实现共同目标的过程。③治理出自政府,但不限于政府。治理包括正式和非正式制度、公共和私人机构、个人和团体。目前,治理理论发展尚不成熟,虽其广泛存在于各学科领域,但是存在一些概念和边界模糊不清的问题❶,甚至可能还存在某种程度的滥用❷。同时,我们应当警惕治理理论中存在的危险倾向,比如主体多元可能削弱政府主权等问题。但是,不可否认的是,治理理论改变了市场和政府的分立状态,打破公共部门与私人部门界限,倡导公共事务处理的合作、协调和互动的过程,这对于政治学、社会学等学科的理论研究来说具有开创性意义。治理理论作为西方学术思想的"舶来品",其在中国的落地与发展,必须切合中国传统文化、思维方式、社会发展实践与理论逻辑,使其有助于中国特色社区治理体系建设和实现城市社区的互动式治理。因此,国内学者在西方治理理论的基础上,不断对其进行批判性反思与吸纳,促进治理理论的本土化和中国化实现。可以说,治理理论中所强调的民众参与、合作互动等思想与我国社区治理现代化强调的社会协同、公众参与、居民自治等原则不谋而合;它也对我国转变政府职能,实现社区中政府职能与社区自我管理的良性互动具有启示作用。

二、"国家—社会"关系理论

作为历史唯物史观的逻辑起点——"国家—社会"关系理论是马克思主义理论体系中重要的理论基石。❸社会是人类最基本的生活共同体、是国家的基

---

❶ 余军华,等.公共治理:概念与内涵[J].中国行政管理,2013(12):52-55.

❷ 辛西娅·休伊特·德·阿尔坎塔拉,黄语生."治理"概念的运用与滥用[J].国际社会科学杂志(中文版),1999(1):105-113.

❸ 俞可平.让国家回归社会——马克思主义关于国家与社会的观点[J].理论视野,2013(9):9-11.

第二章 互动式治理的理论溯源与框架建构

础和来源，即使在阶级社会中国家凌驾于社会之上，但国家还是会最终消亡，这是国家还政于民、回归社会的必然过程。考茨基等人将社会置于高于国家的地位，葛兰西、哈贝马斯等则认为社会是国家、市场外的公共空间，并提出公民在国家治理中的重要地位。可以说，现代政治的重心就是由国家单一、强制性统治向协调社会治理的逐步转型，尤其强调公共事务中的多主体合作和互动。因此，"国家—社会"关系理论是社区治理的重要理论之一，也是互动式治理机制建立的理论基础。

"国家—社会"范式由西方学者引入中国社会治理研究之中，并采用在基层社会做了大量理论和实证研究，如何汉理（Harry Harding）、杜赞奇（Prasenjit Duara）、倪志伟（Victor Nee）、让·菲利普·贝加（Jean Philippe Béja）、许慧文（Vivienn Shue）、戴慕珍（Jean C. Oi）等人。1983年，倪志伟用此视角分析中国当代社会政治现状与政治成果。❶自此之后，"国家—社会"关系成为国内学者分析当代中国社会基层治理主流框架。20世纪90年代以来，随着中国市场经济体制的建立和社会结构转型，中国基层社会经历了巨大变迁，社区成为国家与社会关系在现实的生活层面的展示窗口。国内学者致力于将"国家—社会"关系的分析框架广泛运用到我国城市社区治理的研究之中，从单位制的建立、解体研究逐步转向为社区建设、重构与治理，探寻中国城市社区治理体系的构建和创新。

张静将"国家—社会"分析框架和理论分为国家中心说、社会中心说和"社会中的国家"三个研究方向。❷国家中心说源于中国自古以来的"强国家—弱社会"特征，主张政府对社区治理和社区建设的强制力作用。计划经济体制瓦解和单位制度空间式微，基层社区出现大量社会问题（新区建设、住房改造、

---

❶ Victor N, David M. State and Society in Contemporary China [M]. Ithaca：Cornell University Press, 1983：10.

❷ 何海兵."国家—社会"范式框架下的中国城市社区研究[J].上海行政学院学报,2006（4）：96-106.

"双碳"目标下城市社区治理创新研究——基于互动式治理视角

下岗再就业等),亟待政府以强力手段进行干预。因此20世纪90年代末的学者们关注政府对社区治理的计划性推进,同时扩大基层政府的权能,由街道办事处全力综合处理社区的各项事务❶,以此维护基层社会的秩序稳定。一些学者也提出"强政府—强社会"模式,即强调目前阶段在社区治理中党和政府应处于领导核心地位,重视党组织在社区中建设和协调作用,国家力量随之增强。同时,政府扶持和推进社区非政府组织建设,形成社会组织网络参与社区治理。社会中心说主张在社区治理中减少行政力量干预,国家角色应逐步从社区中撤离,明晰社区中国家力量和社会力量的边界和相互关系。城市社区中新型自治组织——业主委员会,它的出现可以提高居民的社区参与与自治意识,建立社区的公共活动空间,在社区中发挥着不容小视的作用。❷社会中的国家理论主要指国家、社会并非两个对立的零和博弈个体,不能单独强调某一个体的完全自主性,二者在社会治理过程中的作用是相互融合和相互作用的互动主体。因此,在关注国家与社会在人类发展过程中力量对比和消长时,要将二者互动方式纳入重点研究范围。

三、新时代发展中的互动式治理

互动式治理(interactive governance)的理论落脚点是"互动"与"治理"。"互动"在汉语中的含义为"相互作用"和"相互影响"❸,其中"互"是相互、交替;"动"则是产生变化或者作用。如果说"治理"是一个政治学范畴内的概念,那么"互动"则为社会学研究中的重要概念,是指社会系统中"个人—个人""群体—群体""个人—群体"间,以语言或其他手段交流时产生依赖性

---

❶ 白益华.我国城市街道办事处的历史、现状和改革[J].城市问题,1991(6):62-66,45.
❷ 夏建中.中国公民社会的先声——以业主委员会为例[J].文史哲,2003(3):115-121.
❸ 中国社会科学院语言研究所.现代汉语词典(第7版)[M].北京:商务印书馆,2016:550.

第二章 互动式治理的理论溯源与框架建构

行为的过程。互动与治理一样不是静态的，而是一个动态的过程；互动的主体也不可能是单一的，而是多元的。社会学理论认为，在社会生活中人们的彼此交往与沟通，以及各类社会互动是一切社会现象的基础。❶在中国治理语境下，传统的自上而下的社会管理模式已然变得不够恰当，倡导良性的"互动"理念，实现由"以疏为主"代替"以堵为主"的动态治理过程是我国城市社区治理发展的必然要求。

西方互动式治理早期由参与治理（Participatory Governance）发展而来❷，由荷兰学者朱瑞恩·爱德兰博（Jurian Edelenbos）在2004年界定了互动式治理的不同内涵，并阐述了其在公共政策制定领域中的制度含义。❸爱德兰博称互动式治理是政府在公共政策过程中让公民、社会组织、企业和其他利益相关者参与进来的一种政策执行方式。❹库伊曼（Kooiman）认为互动式治理是特定的行动形式，由行动主体采取措施来处理治理障碍并为更优的治理目标寻找新的策略。❺雅各布（Jacob）等人描绘了互动式治理的特质：是三方行动者即国家行动者、市场行动者、社会行动者之间的思想动员、动态交流、积极回应、及时反馈与相互作用的复杂过程；由行动者的集体行动所推动；构建治理网络体系（包括思想、规则和资源）并努力促进共同目标实现的过程。❻同时，互动式治理关注治理系统、被治理的系统和治理互动这三个系统，并认为在多

---

❶ 邓伟志. 社会学辞典：上海辞书出版社 [M]. 上海：上海辞书，2009：37.

❷ Baiocchi. Emergent Public Spheres：Talking Politics in Participatory Governance [J]. American Sociological Review，2003（68）：52-74.

❸ Edelenbos J. Design and Management of Participatory Public Policy Making [J]. Public Management Review，1999（1）：569-578.

❹ Edelenbos J. Institutional Implications of Interactive Governance：Insights from Dutch Practice [J]. Governance，2004（1）：111-134.

❺ Kooiman. Modern Governance. New Government-Society Interactions [M]. London：Sage，1993：20-50.

❻ Torfing J，Peters B G，Pierre J，et al. Interactive Governance：Advancing the Paradigm [M]. New York：Oxford University Press，2012：14-15.

样性、复杂性、动态性和交互性的问题中，不可选择简单的治理方案或治理模式。❶

关于互动式治理的概念定义，国内有学者认为互动式治理是通过一系列思想交流、资源交换与规则交互作用，促进多利益相关主体公共目标的实现过程。❷ 傅利平等人认为互动式治理是在社区公共服务供给过程中，行政和社会行动者凝聚行动共识，形成提供更好公共服务的共同目标，通过相互依赖、补充的资源推动公共服务生产，并在动态交流和信息反馈过程中形成的制度与规范治理模式。❸ 一般来说，互动式治理概念的定义基本包括三个要素：①目标。多方行动者间在共同信念、共同价值观基础上的频密互动和交流，最终对共同目标达成一致化。②工具。多方行动者共同参与治理网络构建和维护，通过规范和制度建设，形成互动制度化。③行动。多方行动者拥有优势资源并能在治理过程中进行资源交换，将共同目标由意向化转为现实化。❹

行政治理（bureaucratic governance）、社群治理（community governance）和市场治理（market governance）机制或模式是互动式治理的三大组成部分。❺ 三种治理机制在维持其自主性的同时，进行互动、互补和互嵌。行政治理是国家力量主导的等级化、自上而下的治理模式，位于核心和领导性地位，为互动式治理提供合法性依据；社群治理机制强调社会力量，即社会组织参与治理，社

---

❶ Jentoft S, Bavinck M. Interactive governance for sustainable fisheries: dealing with legal pluralism [J]. Current Opinion in Environmental Sustainability, 2014, 12（11）：71-77.

❷ 李紫娟. 农村治理新范式：构建基层互动治理 [J]. 学海, 2017（1）：163-167.

❸ 傅利平, 陈琴, 许凯渤. 互动式治理：社区公共服务的共同生产机制——以天津市朝阳里社区为例 [J]. 福建师范大学学报（哲学社会科学版），2023（3）：67-80，169.

❹ Kooiman, Jan, Jentoft S, et al. Modern Governance. Fish for Life: Interactive Governance for Fisheries [M]. Amsterdam: Amsterdam University Press, 2005：20-21.

❺ 顾昕. 走向互动式治理：国家治理体系创新中"国家—市场—社会关系"的变革 [J]. 学术月刊, 2019, 51（1）：77-86.

第二章 互动式治理的理论溯源与框架建构

会组织是互动式治理过程中的关键和主体行动者；市场治理机制主要是指建立公共管理运动所倡导的公共服务供给的"准市场"❶。政府通常采用合同制购买、服务外包或者公共部门改造等方式进行公共服务供给，政府可能是购买者，也可能是供给者，其角色界限清晰，一般与服务者呈分割状态。互动式治理范式的市场机制具有行政嵌入性和社群嵌入性。也就是说，准市场是超越自我规制并处于政府监督指导下的市场，同时社会参与的制度化互动可以提升订立契约时的信任感并形成关系型契约模式。❷顾昕将关系型契约主导的准市场作为互动式治理的具体操作之一，互动式治理的其他要点还包括公私合作伙伴关系和民主网络的建立。合作伙伴关系即公共部门与私人部门建立的非政府或正式关系，在规范和制度框架下共享价值观以达到结构化合作。民主网络也包含非正式和正式两种性质，即互动的纵横治理网络体系，核心要义是"民主协商"，其内容包括协调多方行动者的集体行动、确立行动共同目标、共享多方资源信息、统筹行动者交流互动和协商等。

综上，互动式治理是国家行为者、社会行为者、市场行为者在处理公共事务和制定执行公共政策时，以共同的信念、价值观、目标为基础，以交流、协商、合作、交互作用为集体行动路线，实现多方协作治理和公共利益最优化的互动互嵌互补过程。我们用图2-2来展示互动式治理的理论内涵、基本要素和互动过程的实现，其中行动者包括国家、社会、市场三方行动者，集体行动时的互动技术包括建立制度化民主网络、公私合作伙伴关系、关系型契约准市场等。

---

❶ Bartlett W, Grand J L. The theory of quasi-markets, Quasi-Markets and Social Policy [M]. London：Macmillan Press, 1993：13-34.

❷ Torfing J, B. Guy P B, Pierre J, et al. Interactive Governance：Advancing the Paradigm [M]. New York：Oxford University Press, 2012：15-16.

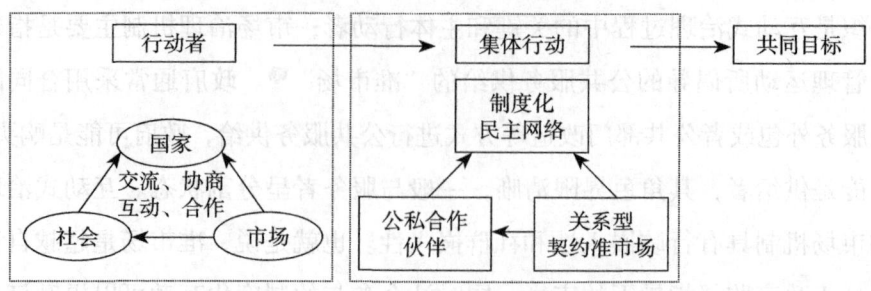

图2-2 互动式治理理论内涵与基本要素

社区是社会的缩影,社区治理则是观察社会发展水平与治理状态的微观窗口,是国家与社会关系在生活中最现实的展示平台。城市社区是以地域性为基础,以共同利益和亚文化为纽带的居民生活共同体。❶在中国社会转型与新时代发展的背景下,我们必须摒弃"去政治化"因素,适当进行社区"去行政化"改革。基于我国历史发展与现实基础考虑,黑格尔、葛兰西、哈贝马斯、柯亨等学者对"国家—社会"关系的解释,在我国民间组织发育不足的基层社区中似乎愈显乏力。治理理论中对于社会参与力量的过度强调,仅仅关注主体在治理中的参与与否,而忽视彼此直接的互动关系,显然是不符合未来发展方向,也不符合我国基层治理的实际情况的。

因此,我国的城市社区治理必须由党政领导,这是由我国国情和社会发展情况所决定的重要战略方向:一方面党政力量能够弥补目前社会力量薄弱环节,规范民间组织产生与发育秩序;另一方面政府主导社区治理的政策方向,以求发挥社区治理最大效能。因此,国家与社会关系理论与分析框架,尤其是"国家—社会"互动理论在中国城市社区治理中的吸纳与运用,并不意味着忽视国家力量在社区治理中的主导作用,而是应该打破国家和社会分割状态,促进国

---

❶ 赵守飞,陈伟东.公民社区建设和中国现代化之路——兼评《建构中国的市民社会》[J].甘肃社会科学,2013(2):139-142.

家力量与社会力量在社会基层的制衡与良性互动,努力探索中国城市社区互动型治理模式和机制。

四、"双碳"目标与社区低碳治理

应对气候变化是面向人类的重大挑战,有力控制二氧化碳排放量和减缓全球变暖,已成为各国普遍达成的共识。"双碳"目标,即"碳达峰"与"碳中和"目标。2020年9月22日,习近平主席在第七十五届联合国大会一般性辩论中发表重要讲话,明确提出中国力争于2030年前达到峰值,努力争取2060年前实现碳中和。"双碳"目标的提出,是我国为回应全球绿色低碳转型大方向,切实提高国家自主贡献力度的有力措施,能够充分彰显大国责任担当,加快我国生态文明建设与高质量发展。

社区在"双碳"目标实现进程中具有不可替代的基础性作用。城市聚集了大量生产、生活活动,是二氧化碳排放量的主要区域。社区作为城市居民生活的基本单元,其绿色低碳转型是值得重视的关键场所,也是"双碳"目标实现的基本任务之一。低碳社区,是指通过构建气候友好、生态友好的社区环境,为绿色低碳目标进行社区规划和设计房屋建筑,营造低碳生活方式和绿色治理模式,降低能源资源消耗,实现低碳排放的城乡社区。❶依据国家发展和改革委员会于2015年2月发布的《低碳社区试点建设指南》,目前我国低碳社区试点大致分为三大类,即城市新建社区试点、城市既有社区试点以及农村社区试点。结合互动式治理理论,社区低碳治理需要整合多元行为者力量,在社区建设与社区公共事务处理时,以控制碳排放量为主要目标之一,进行社区规划与制度设计,达成行动者间协同互动,以交流、协商、合作和交互作用为行动路径,宣扬绿色生活方式,推进社区治理低碳转型。

---

❶ 李敏,王伟,陈党.碳中和背景下社区低碳治理研究[J].建筑经济,2023,44(9):89-97.

第二节　已有的理论框架解构

社区是关乎人民美好生活的现实空间，社区治理是关乎国家治理现代化和创新社会治理实践的神经末梢。基于以上对治理理论、"国家—关系"理论的全面梳理；对社区、城市社区、社区治理等基本概念的内涵性解释；以及对中国社区与社区治理形态的系统剖析，将中国城市互动式治理定义为：在中国城镇社区区域范围内，为实现人民美好生活向往和共建共治共享的社会治理格局，强调以"民主法治""责任理性""合作共治"为理念宗旨，以协调政府治理、社会调节、居民自治为行动路线，促进"国家—社会—市场"行动者在公共事务中良性互动的治理过程。在"国家—社会"互动分析范式与"制度—规范"分析范式的超越之上，对互动式治理分析范式进行符合中国特色的继承发展，试图构建分析我国城市社会互动式治理的理论框架——"行动者—制度—行动"分析框架。

一、对"国家—社会"互动分析范式的继承

"国家—社会"互动分析范式主要基于"国家—社会"关系理论，是国内城市社区治理研究的主要分析范式。治理理论在全球范围内的兴起，为证明"国家—社会"正和博弈关系提供理论支撑。西方学者开始关注国家与社会的合作、互嵌、互补、互塑的关系。20世纪90年代，国家与社会互动理论的代表人物乔尔·米格代尔（Joel S. Migdal）首先提出"社会中的国家"（或译为"国家在社会中"，Statein Society）的研究方法。[1]他在其著作《社会中的国家：国家与社会如何相互改变与相互构成》中，从国家和社会相互关系的视角出发，

---

[1] 乔尔·米格代尔.社会中的国家：国家与社会如何相互改变与相互构成[M].李杨，等译.南京：江苏人民出版社，2013：10.

第二章 互动式治理的理论溯源与框架建构

讨论"国家—社会"的"制约—合作"关系，并通过方法论、"国家—社会"关系模型建立、国家的稳定与个体变迁、国家权力与妥协等方面对"社会中的国家"进行理论性阐释，以此论证非二元对立的国家与社会是共生、共存与共同发展的辩证关系。❶"嵌入性"是波兰尼首先将其作为新经济社会学核心概念进行系统性阐释，指"某事物进入另一事物的过程和状态"❷，在此之后"嵌入性的思想内涵得到广泛应用。彼得·埃文斯（Peter B. Evans）则将关注重点落实到国家与社会之间的良性互动，提出"国家—社会"共治关系的研究面向。❸他提出发展中国家的社会经济发展，应该存在社会嵌入型官僚机构，让国家力量嵌入社会力量之中，公私之间分界不甚明显，给公民提供参与治理的环境和条件，实现"嵌入性"与"自主性"的协调统一。"国家—社会"互动分析框架，从宏观视角出发，证明国家和社会之间并非二元分割对立的，存在二者合作互补的可能性。

国内理论视野中的"国家—社会"互动的理论研究主要面向国家与社会组织团体间的良性互动与合作，强调中国社会组织团体发展是国家与社会的相互增权等。国家社会互动理论的分析角度包括"制度—生活"分析、"过程—事件""制度—结构"等，以此来分析国家社会之间关系的复杂性。"制度—生活"分析角度以制度领域与生活领域为分析切入点，主要研究不同生活主体与建构完善制度之间的互动张力及这种互动对社会发展变迁的作用。"过程—事件"分析角度则主张从动态、具体的分析角度，在事件发展过程中分析国家与社会关系。"制度—结构"角度包含法团主义。法团主义被用来概括国家、社会功能组织间常规性互动体系，是一种利益代表系统。国家对社会中按行业划分的功能

---

❶ Migdal J S. State in Society : Studying How State and Society Transform and Constitute one another [M]. Cambridge : Cambridge University Press, 2001 : 10.
❷ 王思斌. 中国社会工作的嵌入性发展 [J]. 社会科学战线，2011（2）：206-222.
❸ Evans P B. State-Society Synergy : Governmentand Social Capital in Development [M]. Berkeley : University of California, 1997 : 85-118.

团体进行授权、认可和相对控制，以确立其在相应领域的垄断的代表性地位。❶法团主义主要分析自上而下产生具有官方行政色彩的社会组织（共青团、妇联、工会、各类行业协会等）与国家之间的关系。这个视角忽视社会的动态变化，尤其是缺乏对自发形成的社会组织与政府进行互动的思考。

城市社区治理是国家、社会治理的基层治理表现，也是国家治理重心下移的落脚点。如何构建社区治理中的国家、市场与社会的关系，厘清彼此间的职责界限，充分激发社会力量与市场机制在社区治理的作用，是现有研究关注的重点。社区治理作为国家治理的微观实践场域，体现了"国家—社会"关系理论从抽象的辨析层面落实到现实可操作化的行动者生活层面。社区中各类社会组织的权力和合法性来源、利益目标和行动策略都表现出不同于国家政权力量的社会性。❷在深化改革和社会转型的背景下，对城市社区基层"国家—社会"关系进行重塑，社区治理工具由强制、传统型转为灵活、复杂型；治理秩序由单一行政式转向为多元互动式。这种转变体现了国家和社会关系在基层社会的变迁，也是社区治理结构、机制的变革。

二、对互动式治理分析范式的继承和发展

21世纪初，互动式治理成为西方治理理论中方兴未艾的新型范式，它重构"国家—市场—社会"关系，主张这三个行动者主体的互动互嵌关系。中国城市社区互动式治理是我国在西方互动式治理理论的基础上，结合我国社区发展的历史、传统、实践情况和发展需求而提出的城市社区治理的新范式。根据社区实际发展情况，城市社区互动式治理理论内涵可以概括为是一种理

---

❶ 张静.法团主义[M].北京：东方出版社，2015：10.
❷ 王巍.国家—社会分析框架在社区治理结构变迁研究中的应用[J].江苏社会科学，2009（4）：106-112.

念、范式，也可以是一种工具，是在全景上对西方互动式治理分析范式的继承与超越。西方互动式治理的分析范式是制度分析与发展框架（Institutional Analysis and Development Framework，IAD）。它是美国政治经济学家埃里诺·奥斯特罗姆（Elinor Ostrom）的重要研究领域，它始于解释包括应用规则在内的外生变量如何影响各种谜题（puzzles）的可能选择，并逐渐应用于分析更为复杂的社会生态系统，因此在公共事务治理领域中被广泛使用并被高度认同，同样在教育领域中也体现出了较强的分析和解释能力。❶制度分析与发展框架不仅可以用于静态制度分析研究，同时还可以用于外生变量不断变化的动态制度分析。如图2-3所示，外生变量、行动情景、作用模式及结果测量是IAD框架的核心关键部分。

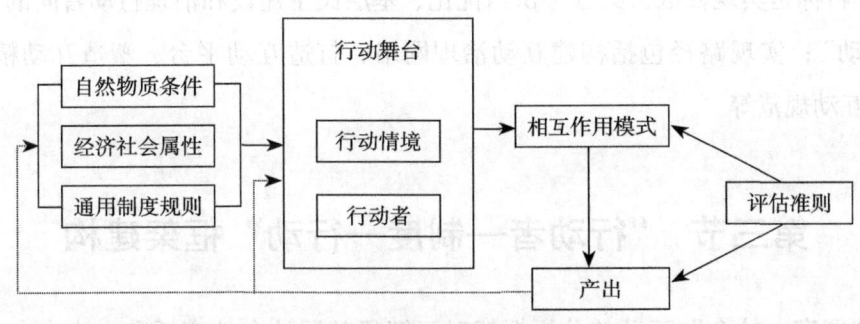

图2-3　制度分析与发展（IAD）框架

资料来源：Ostrom Gardner and Walker 1994b，Ostrom 2005，参见王亚华.增进公共事务治理——奥斯特罗姆学术探微与应用[M].北京：清华大学出版社，2017：10-13.

党的十八大以来，以习近平同志为核心的党中央为迎接经济升级转型的战略机遇期和应对社会经济的诸多风险、矛盾，提出了统筹推进"五位一体"总体布局和"四个全面"战略布局，以求实现国家治理现代化和创新社会治理的

---

❶ 埃莉诺·奥斯特罗姆等.公共资源的未来——超越市场失灵和政府管制[M].郭冠清，等译.北京：中国人民大学出版社，2015：5-6.

宏伟目标。"良性互动""合作共赢""民主协商"是国家治理现代化和社会治理现代化共同的关键词。城市社区治理现代化是国家治理、社会治理现代化建设的基本单元，是创新社会治理的重要基础，对于我国现代化事业建设和社会治理新格局构建具有重要意义。因此城市社区治理需要创新治理模式和治理机制，不断适应我国城市社会经济发展，实现社区"善治"的美好目标追求。中国城市社区互动式治理是对传统互动式治理分析范式的继承发展及总体性超越，是具有中国特色、符合中国城市社区发展实践的治理新范式。同时，在分析我国城市社区治理中的实践经验和面临的新问题的过程中，从"是什么"（宗旨）、"为什么"（目标）、"怎么做"（实现路径）解释中国城市社区互动式治理的总体框架。中国城市社区互动式治理的宗旨是"民主法治""合作共治""责任理性"；目标是实现社区公共服务供给优化、基层民主建设和治理行动者间的"良性互动"；实现路径包括构建互动治理网络、打造互动平台、塑造互动精神、建立互动规范等。

第三节 "行动者—制度—行动"框架建构

"国家—社会"互动的分析框架对于解释基层社会的变迁和未来走向具有宏观的指导性意义，是国家层面的分析角度。但是其整体性、系统性和静态性的特征对于解释处于动态变化中的社区治理过程似乎显得过于笼统和抽象化。值得注意的是，国家与社会关系理论与分析框架，尤其是"国家—社会"互动理论在中国城市社区治理中的吸纳与运用，并不意味着忽视国家力量在社区治理中的主导作用，而是应该打破国家和社会分割状态，促进国家力量与社会力量在社会基层的制衡与良性互动，努力探索中国城市社区互动型治理模式和机制。

第二章　互动式治理的理论溯源与框架建构

此外，社区治理的内容具有差异化、复杂化的特征。因此，对于社区治理中行动者之间存在复杂灵活、变化多样的互动关系、互动过程与互动模式，传统的"国家—社会"分析范式可能缺乏解释力度。因此，在"国家—社会"互动分析范式的基础上，学者们转向关注社区治理中的各方行动者在互动过程中采取的策略性行动，也就是以行动者为中心的分析框架。

这种分析框架运用到社区治理的分析中似乎较为合理，但是我们需要注意，研究社区互动式治理模式不可仅关注行动者与其行动的互动过程，还应该注意到行动者与制度的互动动态过程。广义的制度概念包括经济基础与上层建筑的统一体（如政治制度、经济制度等）或社会的组织机构（如外交制度、教育制度等），具体的制度则是规定各种社会组织和工作部门行为模式和办事程序的规则。❶本书分析框架的"制度"是具体层面上的"制度"概念，代表一种规范性规则集合空间，是对行动者及行动进行规范的一系列法律、政策、具体制度规则，以及行动者之间行动的互动空间。社区互动式治理中的行动者与制度不是对立状态或单纯的约束关系，而是处于一种互相型构的动态过程之中。❷这种分析视角被称为以行动者为中心的制度主义或新制度主义，是对传统制度主义各流派的继承与超越。❸

据此，本研究采取"行动者—制度—行动"的分析框架，对中国城市社区互动式治理进行研究并进行机制构建。"行动者—制度—行动"是一种动态和静态相结合的分析视角，是指以行动者为中心的研究，在相对微观、具体、动态的制度空间内，把握国家、社会、市场行动者间的合作、互动与交融。此分析框架是基于中国语境下，对IAD框架和国家—社会分析框架的新尝试，更重

---

❶ 邱梦华. 城市社区治理[M]. 北京：北京大学出版社，2019：59.
❷ 张军，王邦虎. 从对立到互嵌：制度与行动者关系的新拓展[J]. 江淮论坛，2010（3）：147-152.
❸ 李月军. 以行动者为中心的制度主义——基于转型政治体系的思考[J]. 公共管理学报，2007（3）：28-35，122.

视中国社区治理发展过程中"制度"的核心地位。此框架能够阐释城市社区互动式治理行动者、制度空间、行动空间与行为逻辑之间存在的互动关系与空间张力("行动者—制度—行动"的分析框架如图2-4所示)。

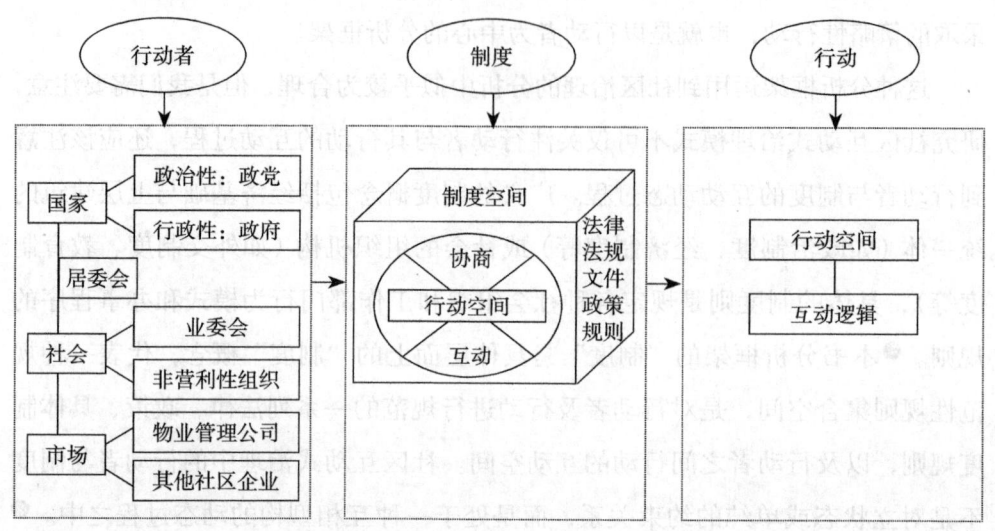

图2-4 "行动者—制度—行动"的分析框架

第一,行动者要素即城市社区治理中的国家行动者、社会行动者、市场行动者。国家行动者包含政治性行动者与行政性行动者,即社区治理中的政党与政府。社区居民委员会是具有"国家—社会"二元性质的行动者,因其组织结构、工作内容等行政化特征,在这里可被划分到国家行动者的范畴之中。社会行动者为业主委员会及社区内其他自发形成或法定的非政府组织。社会行动者即组织群体,也可包括个人性行动者。市场行动者包括以物业管理公司为代表的其他市场力量。

以行动者为中心的分析是互动式治理理论建构的核心,主要探讨各行动者的角色定位、共享价值、利益需求等问题。

第二章　互动式治理的理论溯源与框架建构

第二，制度即制度空间，是动态分析与静态分析结合。它主要是指正视社区治理中的各类制度、规则，并研究制度与行动者间的互嵌性。

第三，行动即行动空间内的互动逻辑，是指城市社区治理中各行动者进行相互作用，互动、协调、交流的行为过程，是以行动者为中心对其行为模式和互动逻辑进行的研究包括治理的目标、精神内核、互动关系与过程的探讨。

我国城市社区互动式治理的理论来源，既有西方治理理论和中国本土化后的"善治"理论的继承，又蕴含着马克思主义"国家—社会"关系理论和西方"国家—社会"互动论的思想内涵。在宏观把握"国家—社会"互动分析范式、互动式治理分析范式的基础上，试图构建我国城市社区互动式治理的分析框架，即"行动者—制度—行动"分析框架，能够为新时期我国城市社区互动式治理的构建提供重要理论依据。

第三章 互动式治理理论与城市社区治理的耦合

互动式治理机制或模式可以被认定为一种多元化、综合性的治理体系，尤其面对复杂、多变的治理问题时，可以运用多种治理决策、方案、风格或模式进行解决。我国城市社区治理具有相对复杂化、多样化、动态性和交互性的特征，各地具有不尽相同的社区类型、发展历史和地方特色。因此，单一或简单的治理模式和治理机制可能难以应对复杂多变的治理问题，互动式治理则提供了新的角度，即坚持"元治理"或"元秩序"，以党政为主导，在法律制度框架内，多元行动者可采用多种治理行动、治理模式，为实现共同目标进行合作与互动。

第一节 城市社区与互动式治理

自进入现代社会以来，人们从未停止过对社区研究的关注，现代社区最初形态产生和理论形成源自西方。英文中社区"community"的词源取自拉丁文，其基本含义是关系亲密的伙伴或联系紧密的团体。

第三章　互动式治理理论与城市社区治理的耦合

一、社区的形成与内涵

现代城市社区形成于18世纪60年代工业革命时期，并在19世纪末大规模城市化时期迅速发展。20世纪初，社区相关理论研究则在西方国家学术界崭露头角。英国历史法学创始人亨利·梅因（Henry Sumner Maine）在著作《东西方的村落社区》（*Village-Communities in the East and West*）中提到了社区一词。梅因被认为是最先提出"社区"（community）这个词的学者。

1887年，"社区"作为学术概念被德国著名社会学家斐迪南·滕尼斯（Ferdinand Tönnies，1855—1936）在其著作《社区与社会》（*Gemeinschaft und Gesellschaft*，英译名 *Community and Society*，或译为《共同体与社会》）中首次提出，他从社会学角度界定了社区这个概念。"gemeinschaft"后被学者译为"community"即"社区"。在滕尼斯看来，社区与社会（gesellschaft）在概念上存在显著区别，社区早于社会产生，而社区不断向社会转变也是历史的必然趋势。他认为每个人都处于相互关系之中，这种关系之间也存在某种相互作用。虽然社区与社会都是关系的统一或者结合，但是前者强调"现实的"和"有机的生命"，后者强调"思想的"和"机械化的形态"。因此，滕尼斯将社区定义成为"自古以来即存在的，基于人们自然意志产生的包含一切亲密的、秘密的、单纯生活的共同体"。❶在社区这个生活共同体中，人们应具有相近的血缘关系、共同价值观、密切的利益关系、传承的文化传统和相似的生活习俗，过着一种同甘共苦、守望相助、休戚与共和情感亲密的生活。❷滕尼斯的这本著作是社会学的经典之作，他对于社区和社会的理解对后世社区研究乃至社会学发展具有长足而深远的影响。

---

❶ 斐迪南·滕尼斯.共同体与社会——纯粹社会学的基本概念 [M].林荣远，译.北京：商务印书馆，1999：51-54.

❷ Tonnies F. Community and Society [M]. New York：Harper & Row，1963：248.

"双碳"目标下城市社区治理创新研究——基于互动式治理视角

20世纪初，西方国家工业化和城市化导致社会关系不断变化，更多学者开始关注对社区的研究。社区的基本概念和含义不断被扩充、细化和拓展，呈现出多元化、差异化的特性。因为社区本身具有复杂性、多样性和动态性的特征，加之学者间研究角度和方法论差异❶，不同学科甚至同一学科的学者对社区的内涵都存在不同的看法。1955年，美国社会学家希勒（George Hillary）归纳了已有的94个社区定义，发现人口属于社区定义的必要要素，其中有69个包括3种相同要素，即社会交往、地理要素和共同纽带。❷当前，西方学者对社区进行定义与研究的视角大致包括社会结构功能、社会系统理论、人文生态理论、人文组织视角和权力政治视角等方面（见表3-1）。

表3-1 西方学者对社区定义研究的不同视角

视角	代表人物	理论要点
社会结构功能	英国社会人类学家卡斯帕（Kaspar）	强调分析文化的功能
	英国人类学家拉德克利夫－布朗（Radcliffe-Brown）	主张分析"社会结构"❸
	美国社区研究学者拉尔夫·L·华伦（Ralph L. Warren）	提出社区五项功能，据此进行城市规划和建设❹
社会系统理论	美国社会学家科特·帕森斯（Talcott Parsons）	社区是社会系统中的基层社会单元，具有相对应的系统及功能
	社区工作者华伦（Warren）	社区系统内部存在水平互动关系，社区系统与外部环境间为垂直互动关系❺

---

❶ 程玉申.中国城市社区发展研究[M].上海：华东师范大学出版社，2002：5.

❷ 徐琦.社区社会学[M].北京：中国社会出版社，2004：2.

❸ 吴文藻.吴文藻人类学社会学研究文集[M].北京：民族出版社，1990：298.

❹ 夏建中.治理理论的特点与社区治理研究[J].黑龙江社会科学，2010（2）：125-130.

❺ FELLIN, PHILLIP. Understanding American Communities. In Jack Rothman eds. Community Intervention: Macro Practice. Fifth edition[M]. Itasca：P. E. Peacock Publishers，1995：122.

第三章 互动式治理理论与城市社区治理的耦合

续表

视角	代表人物	理论要点
人文生态理论	美国芝加哥学派领军人物、社会学家罗伯特·帕克（Robert Park）	社区占据了一定地域，是人和组织制度的汇集❶，社区要有特定土地、组织人口、组织制度、依赖关系等要素❷。因此，社区的功能规划与人口调节能维持社区发展的良好状态
	美国社会学家路易斯·沃思（Louis Wirth）	社区消失论，认为城市化让人情冷漠，社区难以维系
	美国学者路易斯和甘斯（Louis Wirth, Herbert J. Gans）	社区继存论，城市发展为以习俗、阶级、种族、宗教和文化传统为依托的特色社区产生提供契机
	费舍尔（C.Fischer）	社区解放论，社区可存在于非邻近地域，人们能够通过共同的价值观、文化、兴趣、习俗等情感纽带组成小群体，进而形成统一的社区网络❸
人文组织理论	德国社会学家滕尼斯（Ferdinand Tönnies）	将社区视为关系的结合，是情感、价值、意志、人文传统、生活习俗相联系的生活共同体
	英国社会学家麦基文（MacIver）	在滕尼斯社区理论的基础上，加入地域因素，他认为社区存在于共同生活的任何领域，地域是社区的基本要素之一
综合研究视角	桑德斯（Sanders）	社会体系论、社会冲突论、社会场域论。桑德斯将社区的定义按照定性的方法、生态学、人类学、社会学分为四类。四种类型分别肯定社区的地域要素，必须存在于某一居住的地方；一个空间单位；一种生活方式；一种社会互助生活❹

  社区的概念在我国学术界是"舶来品"，"社区"中的"社"可以解释为"社会"❺或者"社团、社群、共同体"❻，"区"则为区域性。在中国词典中

---

❶ 帕克.城市社会学[M].宋峻岭，等，译.北京：华夏印书馆，1987：59.
❷ PARK R E. Reflections on Communication and Culture [J]. American Journal of Sociology, 1938：187-205.
❸ FISCHER C S. Networks and Places：Social Relations in the Urban Setting [M]. New York：Free Press, 1977：86.
❹ 桑德斯.社区论[M].徐震，译.台北：黎明文化事业股份有限公司，1982：60.
❺ XU F. Gated Communities and Migrant Enclaves：The Conundrum for Building Harmonious Community/Shequ [J]. Journal of Contemporary China, 2008, 17 (57)：633-651.
❻ DERLETH J, KOLDYK D R. The Shequ experiment：Grassroots Political Reform in Urban China [J]. Journal of Contemporary China, 2004, 13 (41)：747-777.

将社区的含义解释为"以一定地域为基础的社会群体或生活共同体"❶，在我国则专指由地理位置进行划分出来的居民区。❷中文对community的译名"社区"一词，最早由著名人类学家和社会学家费孝通先生提出。1933年，他将英文中的"community"译为中文"社区"，并将社区称为"人们生活的时空坐落"。❸费孝通对社区的理解基本承袭了滕尼斯和帕克等人的思想，认为社区是在一定地域内，拥有共性的人组成若干社会群体、社会组织进行共同生活、相互关联的大集体。他对社区的定义为后续学者研究奠定基础，具有重要影响。

在此之后，我国许多学者分别从社区的本质属性、社区的人文区位要素等角度，对社区进行了不尽相同的定义。郑杭生认为社区是进行一定的社会活动、具有某种互动关系和共同文化维系力的人类群体及其活动区域。❹还有学者将社区定义为一种"能够被人们用感官感知到的具体化了的、区域性的社会"❺，或者"建立在地域基础上具有社会交往关系、共同利益和认同感特质的人类生活共同体"。❻《中国大百科全书》（社会学卷）将社区概括成一种"以特定地理区域为基础的社会群体"。❼还有一些国内学者则重视社区中各种互动关系。张永理认为，社区是同质性较强的地域性社会共同体，这种同质性包括共同的生存需要、共同的生活服务设施、共同的文化、共同的利益、共同关心的问题，社区成员间的互动行为及互动关系是社区的重要特点。❽

虽然有关社区的定义拥有不同的阐述与理解，但是在这些定义中基本上都包括以下几个基本要素。

---

❶ 夏征农. 辞海（1999年版缩印版）[M]. 上海：上海辞书，1999：1862.
❷ 中国社会科学院语言研究所. 现代汉语词典（第7版）[M]. 北京：商务印书馆，2016：1149
❸ 费孝通. 乡土中国[M]. 北京：人民出版社，2006：116.
❹ 郑杭生. 社会学概论新修[M]. 北京：中国人民大学出版社，2003：272.
❺ 何肇发. 社区概论[M]. 广州：中山大学出版社，1991：3.
❻ 蔡禾. 社区概论[M]. 北京：高等教育出版社，2005：4.
❼ 胡乔木. 中国大百科全书（社会学卷）[M]. 北京：中国大百科全书出版社，1991.
❽ 张永理. 社区治理[M]. 北京：北京大学出版社，2014：15.

第三章 互动式治理理论与城市社区治理的耦合

第一，地理区域范围。社区应当有一定范围的地理区域，这种地域属性是社区成立与发展的基本属性。没有特定的地理位置和地域范围的社区，则属于虚拟社区，不属于基层地方治理的基本治理单元。

第二，一定数量和规模的人口及其组成的群体。"人"是社区构成的核心，是社区生活的主要行动者，社区的发展以人的发展作为第一目标。因此，社区的核心要素是社区居民及其组成的各类社会组织、社会群体。

第三，同质性的社区文化和互动。滕尼斯将社区视为同质性人口聚集形成的一种生活共同体。"同质性"是社区产生与发展的一个关键词。政治上的"同质性"就是具有相同的属性，如经济、文化、历史、习俗、宗教和语言等方面的一致性。社区社会文化和社会互动的同质性主要指社区中人和群体的基于共同利益、共同文化、共同生活方式、共同传统习俗、归属感和认同感等，在政治、经济、文化生活中的互动。卢梭的《社会契约论》中认为"本质上的同质性"是国家产生和契约实现的内在推力。❶现代社区基本由行政划分而非自然聚集产生，但是社区内的居民、群体的社区生活和社会行为仍基于同质性的社区文化。可以说，同质性是维系社区治理，乃至社会团结和国家统一的精神纽带。因此，同质性的社会文化和互动是社区的重要属性。

二、城市社区与社区治理理论

城市是人类文明的伟大创造物，体现了人们对美好生活的向往。在西方语境中，城市主要指建制市（municipality），是地方行政区划的主要形式。❷建制市起源于西方中世纪，是城市化和市民阶级兴起的产物。在中国语境中，"城市"一词最早出现于《战国策·赵策》："今有城市之邑七十。""城者，盛

---

❶ 卡尔·施米特.合法性与正当性[M].冯克利，等译.上海：上海人民出版社，2014：20.
❷ 杨宏山.转型中的城市治理[M].北京：中国人民大学出版社，2017：31.

也"，意指"盛民"❶，功能也可谓之为"自守"(《墨子·七患》)，是指用以抵御外来侵略者的城堡建筑，是统治者及百姓居住与活动的场所。"市"是指集贸交易中心，可以为某片经济繁荣、有大量店铺和商业交易的区域或地段，称为"坊市"❷。按照"先城后市"的发展规律，城和市慢慢融合而变成国家区域范围内的政治、经济、文化中心——城市。从历史上看，我国古代城市形成要经历三个阶段：乡村式城堡阶段；城的政治功能与市的经济功能各自独立、分离阶段；城、市结合一体化阶段，具有综合性、集合性的古代城市最终形成于春秋战国之际。❸当然，我国现代意义上的城市也就是建制市产生于近现代，是清末时期中国效仿西方地方自治制度，实现"市县分治"，依据《城镇乡地方自治章程》用法律形式设置城市这一行政建制。❹而现代城市社区也被认定为形成于中华人民共和国建立之后，是改革开放后国家顶层设计的"法定社区"。

城市人基本生命模式是"不知疲倦的流动性"，而社区是维系城市中飘零个体的纽带，也是城市得以生存和维系的共同记忆。❺以美国社会学家帕克为主要代表的芝加哥学派最早将社区研究引入到城市区域范围，并创立城市社会学。帕克等人认为城市是一个有机体，而城市社区则是城市居民进行人际互动的微观平台。❻城市是异质个体组成的居住共同体，因此城市社区虽包含有一般社区所具备的基本要素，但是其本身也具有不同于乡村社区的特殊性质。一是城市社区中人口属于聚居性质，数量相对庞大和密集。在城市社区中，同质

---

❶ 许慎（东汉），段玉裁（清）.说文解字注（卷十三下）[M].上海：上海古籍出版社，1988.
❷ 唐奕.治理之基：中国基层治理队伍建设纵横谈[M].北京：中国社会科学出版社，2016：33.
❸ 张全明.论中国古代城市形成的三个阶段[J].华中师范大学学报（人文社会科学版），1998（1）：83-89，131.
❹ 尹航.浅析清末城镇乡地方自治制度[J].社会科学战线，2005（2）：323-324.
❺ 田耕.人文、生态与社区——重温帕克《城市》[J].社会发展研究，2016（3）：220-231.
❻ Park R E. Reflections on Communication and Culture [J]. American Journal of Sociology，1938：187-205.

第三章　互动式治理理论与城市社区治理的耦合

性与异质性并存,增加了社区治理的难度。二是城市社区具有流动性、多元化和多样性。正如路易斯·沃思描述的那样,城市中的社会关系基本上被次级、第三级关系所支配❶,也就是说,城市生活中的人们身边被陌生人所围绕。这种异质性和陌生感对于城市社区居民的归属感和认同感建立必然带来一定冲击。三是城市社区的社会组织结构相对复杂。同时,城市的自有属性也会影响社区发展偏向程序化、理性化和功利化。因此,城市社区之中一般存在多种治理主体,包括各类具有专业功能的社会组织(如政治组织、经济组织、文化组织、卫生组织等)。

社区治理是全球治理和国家治理的灵魂,是社会治理的缩影。地域性的治理良好,能够有效支持和联系更大范围的治理。因此,社区治理能够成为国家治理、社会治理在基层凝聚力量的纽带。现代城市社区起源于西方社会转型与变迁,其发展过程经历社区救助、社区发展、社区治理三个社区建设阶段。许多国家与地区、国际组织开展了改造、更新和发展社区的运动,如"社区复兴"、联合国"社区发展计划""社区福利中心""社区睦邻运动"、日本"社区营造运动"等。20世纪60年代开始,政府开始注意到社区在社会治理中的战略位置,政府权力下放社区,鼓励社区自治和公民参与已成为普遍的社区治理策略。

20世纪90年代,源于治理理论的兴起,社区治理在全球理论和实践中得到了广泛而持久的关注。国外学者从治理理论的视角出发,重新审视社区治理模式和体系建设,试图探讨社区中多元主体(政府、社区非政府组织、社区企业、社区居民等)协调治理社区公共事务的合作与互动。美国学者理查德·博克斯(Richard Box)认为,社区中的"治理(governance)不同于政府(government)或行政管理(administration),治理包含着参与社区公

---

❶ Wirth L. Urbanism as a way of life [J]. American Journal of Sociology, 1938(44): 3-24.

— 65 —

共政策制定和执行的公民、选任代议者和公共服务职业者的全部活动"❶。也有学者将社区治理定义为一种互动过程，是为适应社会的快速发展与环境变化的复杂多样，在社区中的政府机构、非政府组织（包括社区的自治组织）、企业、居民共同处理社区事务的过程。❷可以说，国外学者对社区治理的定位是社区管理的发展与进步，更为注重主体多元、协调互动、民主法治及自治参与。

国内社区治理理论研究，始于20世纪90年代末期，在"社区治理"概念诞生之前，学术界与实务界采用的是"社区管理""社区服务"与"社区建设"概念，这也是我国社区发展的基本脉络。2000年，《民政部关于在全国推进城市社区建设的意见》的出台，帮助国内社区治理理论迎来了学术研究的春天。党的十八大召开以来，社区治理的理论研究更是呈现一片蓬勃发展的繁荣景象。对于社区治理的内涵阐释，国内学者们基本达成一致并且为社区治理理论的中国化和本土化作出了努力。社区治理内涵包含三个重点：首先，社区治理是一种活动或一种过程，必须发生在社区这一特定地域内。我国城市内的社区基本上是由居委会辖区和若干商品房住宅小区组成，是一种多层复合型的结构。社区治理是在这一空间场域内的过程与活动。第二，在社区的多元治理主体中，社区基层党组织是社区治理活动和过程的领导者。这也是我国城市社区治理不同于其他国家的显著中国特色。第三，社区治理的过程必须纳入法治轨道和制度化框架之中，进行社区事务管理与协商需遵循社区治理相应法律法规及行为规范，实现社区治理法治化、规范化和科学化。

---

❶ 理查德·博克斯. 公民治理：引领21世纪的美国社区 [M]. 孙柏瑛，等译. 北京：中国人民大学出版社，2005：2.

❷ 邱梦华，秦莉，等. 城市社区治理 [M]. 北京：清华大学出版社，2013：20.

第三章 互动式治理理论与城市社区治理的耦合

三、中国城市社区的互动式治理

社区是现代社会进步的产物，是人类物质文明和精神文明的摇篮，也是观察社会发展和治理水平的微观窗口。改革开放以来，社区已不再是"单位"，而是城市社会基层治理的重要载体。我国城市社区治理是国家治理和社会治理的基层体现，也是国家治理现代化体系和能力建设水平的直接反映。

按照滕尼斯的理论，社区是先于社会而存在的一种历史悠久的生活共同体，但是真正意义上的现代社区诞生还是得益于西方社会工业革命。社会经济高速发展和城市化进程加快，现代城市社区开始大规模出现。可以说，西方现代城市社区的产生带有某种"自然演进"的意味，这与我国的城市社区发展不尽相同。我国的城市社区不同于西方国家的"自然社区"，而是蕴含中国特色的"法定社区"，是改革开放之后产生的新型社会基层治理形态。所谓法定社区，指在自然产生的社区基础上，为了社会管理而依照法律法规划定辖区的社区，拥有明确的边界、区域范围及法定组织的管理机构。❶中国特色的城市社区分为城市社区与乡村社区两种形态，二者在定义、发展与特性上皆有不同。2000年11月，中共中央办公厅、国务院办公厅转发的《民政部关于在全国推进城市社区建设的意见》（中办发〔2000〕23号）对社区进行了官方性质和法律层面的定义，这是"社区"的概念首次在官方文件中出现。文件中指出，社区是"聚居在一定地域范围内的人们所组成的社会生活共同体"，同时界定我国城市社区的地域范围通常为社区体制改革后城市居民委员会的辖区范围❷，也可以是街道办事处的辖区。《中共中央 国务院关于加强和完善城乡社区治理的意见》中指出，"城乡社区是社会治理的基本单元"，高

---

❶ 中共中央办公厅 国务院办公厅关于转发《民政部关于在全国推进城市社区建设的意见》的通知[J]. 社区，2001（7）：60-62.

❷ 同❶.

—67—

度概括了城乡社区在我国社会治理格局中的重要地位。❶乡村社区即农村社区，地域范围为村民委员会辖区，"农村社区建设要在行政村范围内开展"。❷乡村社区包括辖区内所有人口、群体、组织、生产生活资料、文化和自然等要素构成的社会生活共同体。

类型学是社会学研究的重要领域之一，社区类型的研究一直以来是国内学者研究社区的关注重点。我国城市社区类型不同于西方学者的经典分类，是具有中国特色的社区类型。西方学者一般从社区形成位置、社会阶层分化、城市居民群体特征、社会经济情况和社会互动方式对城市社区进行划分。比如，马库斯的社区分类（豪华住宅区、绅士住宅区、郊区住宅区、租地住宅区、遗弃住宅区）和甘斯的社区类型四分法（寄宿区、种族村、贫民窟、灰区）。❸有的国内学者按照社区的组织性质和功能分为"行政社区"（街道办事处和居民委员会的辖区范围的法定社区）和"非行政社区"（商业社区、工业社区、大学社区等自然社区）。❹更多国内学者则将中国城市社区类型划分为传统街坊式社区、单一单位式社区、过渡演替式社区、现代商品房式社区和综合混合式社区五种基本类型。❺传统街坊式社区一般历史较为悠久，位于城市传统中心区域的老旧城街区，具有自然演进、邻里互动频繁等特征。单一单位式社区是由城市本地居民中同属单位职工和家属等为主要人员而组成的社区，通常生活配备设施较为完备。因居民同属某一单位，社区内的邻里陌生感不强，互动也相对频繁。过渡演替式社区主要包括城中村社区、村改

---

❶ 国务院关于加强和完善城乡社区治理的意见 [M]. 北京：人民出版社，2017：1.
❷ 中共中央办公厅、国务院办公厅印发《关于深入推进农村社区建设试点工作的指导意见》[EB/OL].（2015-05-13）[2019-06-18]. http://www.mca.gov.cn/article/gk/jd/jczqhsqjs/201011/20101115113637.shtml.
❸ 刘君德，等. 中国大城市基层行政社区组织重构——以上海市为例的实证研究 [M]. 南京：东南大学出版社，2013：34-35.
❹ 刘君德，等. 中国行政区划的理论与实践 [M]. 上海：华东师范大学出版社，1996：259.
❺ 原珂. 中国特大城市社区类型及其特征探究 [J]. 学习论坛，2019（2）：71-76.

居社区和城市边缘社区。社区居民主要为外来聚居人口、村民身份向市民转变的新兴社区居民等。过渡演替式社区是新型城镇化进程的产物，具有过渡性、变化性、复杂性和演替性的动态特征。现代商品房式社区是在市场经济发展下诞生的新型社区，物业管理公司和业主委员会在此类社区中发挥较为重要的作用。综合混合式社区则指包含多种社区类型的社区，通常人口异质性较强、治理难度较大（中国城市社区基本类型与特征，见表3-2）。总的来看，中国城市社区的类型划分主要取决于我国国情与社会发展情况，对于社区类型的把握有助于研究城市社区治理中各类主体间的互动关系，进而为互动式治理机制构建夯实理论基础。值得注意的是，本书所提的社区是指在中国国情背景下，隶属街道办事处和居民委员会的辖区范围的法定社区，具有行政化色彩。

表3-2　中国城市社区基本类型与特征

类型	人口构成	互动特征
传统街坊式社区	城市本地的传统居民	彼此熟识、互动频繁
单一单位式社区	城市本地居民（同属单位职工及家属）	彼此熟识、互动频繁
过渡演替式社区	农村本地居民、外来居民	相对陌生、互动较少
现代商品房式社区	城市本地居民	相对陌生、互动较少
综合混合式社区	大量异质性和流动性人口，包含城市本地居民、外来居民等	相对陌生、互动较少

在中国特色的社区互动式治理是在党的领导下，各类组织和社会成员分工协作，依据相关法律、法规和社会规范共同调控社区公共行为和公共事务，促进社区和谐有序的活动过程。❶如表3-3所示，城市社区治理的主体必须以基层党组织为领导核心，政府为主导和推动者，协调其他治理主体共同参与

---

❶ 顾朝曦，等.社区治理现代化探索研究[M].北京：人民出版社，2015：57.

社区事务和社区行为的治理。这是由我国国情和社会制度所决定的，也是党和政府做到总揽全局、集中力量、统筹资源、协调各方和服务群众，引导社会力量共同完成社区治理这一复杂性、系统性工程的必然要求。社区治理的目标和任务是实现社区治理体系和社区治理能力现代化，这是将社区治理作为国家治理基础性工程、创新社会管理的重要战略任务。社区治理具体工作内容纷繁复杂，涉及领域较广，除了社区建设（基础设施、服务、卫生、治安、环境和文化等），还囊括大量社会公共服务供给工作。与西方国家社区治理方式不同的是，社区互动式治理除了强调"法治"，也强调"德治"，讲究"法德统合"的治理手段，这与我国传统治理思想是一脉相承的。社区治理事业牵动着千家万户生活的方方面面，除了坚持"依法治理"，也要求树立治理工作中的职业道德规范、促使社会主义核心价值观的深入人心，以此协调各方主体在治理过程中的互动。

表3-3 中国特色城市社区互动式治理的构成要素

构成要素	内容	特征
主体	基层党组织和政府、居民自治组织、社区社会组织、社区居民	党政主导、多元主体参与
客体	社区内公共行为与公共事务	综合性、复杂性
目标	社区基础建设、社区治理现代化建设	多层目标、协调共进
方式	法德统合、服务为先	综合运用与施策
机制	决策、执行、监督机制	民主化、科学化

中国城市社区的诞生是在经济体制改革与社会结构调整的大背景下，党和国家为缓和社会矛盾、维护社会秩序、保障人民利益和符合社会发展规律而设计的解决方案。不同于西方社区自发形成、自然演进、自下而上的发展脉络，我国城市社区从设立到治理都蕴含着中国特色的韵味。

主要体现在以下三个方面。

第三章 互动式治理理论与城市社区治理的耦合

第一，中国城市社区是社会治理的基本单元，无论是社区的设立与发展都具有很强的规划性。社区的核心主体——街道办事处和居民委员会都是由官方建制。社区的设立也沿袭了这种自上而下的模式，从社区区划、性质、功能到组织结构设立，都服从于中央和地方政府的整体设计。

社区创设具有明确目的性。中国城市社区的设立源于单位制解体后城市空间的"真空状态"，作为国家治理和社会治理的基础单元——社区，自然成为党和政府在大局审视下的制度考量。社区的设立能够保障国家实现社会基层治理，维持社会结构稳定。

社区治理具有行政性和权威性，始终强调中国共产党、中央及各级政府的领导地位。在社区治理中，国家的角色和使命主要包括主导社区治理体制创设、社区社会组织培育和社区建设扶持等。这与西方的公共领域和公民社会的自然孵化特点具有显著差异。中国城市社区互动式治理是在中国城镇社区区域范围内，为实现人民美好生活向往和共建共治共享的社会治理格局，强调以"民主法治""责任理性""合作共治"为理念宗旨，以协调政府治理、社会调节、居民自治为行动路线，促进"国家—社会—市场"行动者在公共事务中良性互动的治理过程。

城市社区治理与乡村社区治理的起点、发展阶段、要求均有不同。但是在党的十八大之后，城乡社区治理被视为社会治理的重心，并作为一个系统整体，进行协调和统筹发展。党的十八届三中全会提出"统筹城乡基础设施建设和社区建设"是"健全城乡发展一体化体制机制"的重要内容，是我国社区治理改革的任务。虽然城市治理与乡村治理存在发展阶段和内在特点的差别，但是二者治理目标的构建、治理水平提升的要求具有一致性。当然，我们在肯定这种共性的前提下，必须也要重视二者特点与发展的差异性。城市社区与乡村社区在形成脉络、发展背景、行政规划、经济条件和社会传统等诸多方面存在不同，而城市社区治理更具有多元性、差异性、复杂性和动态性等特点。因此，本书选取城市社区治理为主要研究对象，探寻互动式治理机制在城市社区构建的实现路径，进而促进社区治理现代化推进，为城乡社区治理的协调、统筹发展奠定基础。

综上所述，中国城市社区互动式治理是在中国城镇社区区域范围内，为实现人民美好生活向往和共建共治共享的社会治理格局，强调以"民主法治""责任理性""合作共治"为理念宗旨，以协调政府治理、社会调节、居民自治为行动路线，促进"国家—社会—市场"行动者在公共事务中良性互动的治理过程。

第二节　城市社区互动式治理生成的传统意蕴

社区是关乎人民美好生活的现实空间，社区治理是关乎国家治理现代化和创新社会治理实践的神经末梢。实现社会治理体制创新的要义之一就是实现社区治理的创新。城市社区互动式治理是我国在经济体制改革和社会结构转型背景下，为解决新形势下城市社区治理中出现的新难题、新困境而形成的治理新范式和新机制，是创新基层社会治理的重要助推器。中国特色的城市社区互动式治理，其生成与发育既有对传统治理文化、民本思想的继承与超越，也有着符合当代的历史使命和时代要求。

中国传统文化是一座丰富的精神文化思想宝库，蕴含了中华民族的基因[1]，是中华民族的文化之根脉和灵魂，承载了中国历史上下五千年的灿烂文化、先进智慧和杰出思想，其人文精神、哲学思想和道德规范构成中国人的思想和精神内核，对治国理政和道德建设具有无可比拟的价值与意义。党的十八大以来，以习近平同志为核心的党中央高度定位中国传统文化的重要意义，主张"择善者而从之"和"坚守中华文化立场，坚持客观科学礼敬的态度，扬弃

---

[1] 习近平.青年要自觉践行社会主义核心价值观——在北京大学师生座谈会上的讲话[M].北京：人民出版社，2014：7.

第三章　互动式治理理论与城市社区治理的耦合

继承、转化创新,推动中华文化现代化"❶。同时,党中央强调以文化自觉、文化自信、文明复兴为思想支撑,将中国传统文化思想体系中具有当代价值和意义的优秀文化思想提炼和展示出来,运用到解决现实问题的过程中来。随着中国特色社会主义现代化发展进程的不断深入,中国传统文化价值被进一步诠释,与西方社会相比,这些传统文化要素更好地发挥了社会资本的效率和公民共同体的优势,成为中国式现代化超越西方的法宝。❷中国基层社会治理是一个极具中国传统文化底蕴与时代精神交叉融合的发展过程,互动式社区治理的理论构建,同样体现出中华优秀传统文化的传承。

一、和合思想

和合思想主张"尚中贵和",是中华优秀传统文化精髓之一,其核心在于"中""和"二字。之所谓"中",是适中而不极端、中正而不偏倚之意。在《周易·夬卦》《周易·益卦·象传》《礼记·乐记》等众多古代文献中都强调了"中正"的重要作用,是为崇尚"中道"。中正的行为方式能够帮助免除灾祸("中行无咎")和驱散奸佞邪祟("中正无邪"),可以实现喜乐的结局("中正有庆"❸)。之所谓"和",是指和谐而不混乱,协调而不冲突。"君子和而不同""阴阳和,万物生""家和万事兴"等都表达出传统文化思想中对和谐统一、协调融合状态的推崇。"中"与"和"结合起来,称为"中和"。《中庸》曰,"中也者,天下之大本也;和也者,天下之达道也",就是指中和是治理之道的根本所在。和合思想与中国城市社区互动式治理的基本理念有着异曲同工之妙,首先强调"和而不同",是指治理的行动者在保持其自主性和独立性的基础上,

---

❶ 国家"十三五"时期文化发展改革规划纲要 [N]. 人民日报,2017-05-08.
❷ 严挺. 中国式现代化中的传统文化要素辨析 [J]. 理论学刊,2023(1):32-41.
❸ 黄钊. 弘扬"尚中贵和"的民族精神——构建社会主义和谐社会 [J]. 学校党建与思想教育,2005(7):13-14.

寻求合作互动之道。"尚中贵和"则主张行动者之间建构和谐和融合的互动关系，以及实现合作互赢的目标。同时，互动式治理也主张以"中和之道"看待与解决社区中存在的利益矛盾和社会矛盾。社区是社会矛盾的集中平台，诸如贫富差距扩大、城乡融合问题、失业问题和收入分配不均等问题都在社区内汇集，为城市社区治理加大了难度。中和之道为互动式治理，为缓解社会矛盾、维持社区安定有序提供了精神指导，即倡导"公平正义""诚信友爱"，促进社区共同发展，实现社区居民美好生活向往、共享治理成果，这是互动式治理重要的精神内核。

二、民本思想

民本思想包含"爱民""利民""重民"等元素，体现出国家统治和治理与民众之间的协调互动关系。"以人为本"是中国城市社区互动式治理的理念和宗旨。"以人为本"思想来源于中国传统文化思想，即强调"民为邦本""以民为本"的民本思想和"敬德保民""以民为重"的民重思想；以及"让利于民""以民为基"的思想等。例如，"为治之本，务在安民"（《淮南子·诠言训》）强调治理的根本是实现人民的安居乐业；"民为贵，社稷次之，君为轻"（《孟子》）将民的地位高于社稷和统治者，即使在封建国家其地位也不容忽视；"水所以载舟，亦所以覆舟"（《孔子家语》）将民或民心喻为水，人民之力量对国家和社会的稳定有序具有重要作用。❶

三、法德思想

城市社区互动式治理的制度化要求就是要依法治理、以德治理、法德统一，

---

❶ 赵宇霞."治理"的中国传统文化基因 [N]. 山西日报，2020-01-06（10）.

其理论渊源是中国古代传统文化中的"法治""德治"思想。《韩非子》有记载法治对于国家治理的重要作用:"其法通乎人情,关乎治理也""奉法者强,则国强;奉法者弱,则国弱";同时法治也是治理成果评价的标准之一,如《管子·任法》中主张"君臣上下贵贱皆从法,此谓为大治",就表达了这一思想内涵。习近平总书记曾多次引用传统文化典故,强调"法治"在当今社会治理中的作用,如"国皆有法,而无使法必行之法"(《之江新语·弘扬法治精神,形成法治风尚》,出自《商君书·画策第十八》)、"法令既行,纪律自正,则无不治之国,无不化之民"(《摆脱贫困·从政杂谈》,出自包拯《致君》)。儒家思想则较为关注"德治"在治理中的作用和意义,如"为政以德""君施教以治理之"等主张强调了"德治"的重要地位。

综上,中国城市社区互动式治理是植根于中国传统文化土壤而生成与发育的。因此,我们需要有鉴别、有扬弃地继承和发展中国优秀的传统文化,坚持"古为今用、去伪存真、推陈出新"的原则,明晰历史与现实的辩证关系,将其融入互动式治理的理论体系,使其在新时代也发挥出优势作用,进而助推中国特色的互动式治理理论体系形成与社会治理创新。

第三节 城市社区互动式治理发育的时代要求

社区是关乎人民美好生活的现实空间,是国家与社会进行沟通协调的中介机构,是组成社会的基本单元。社会治理现代化的重点是基层社会治理现代化❶,社区治理又是关乎基层社会治理现代化和创新社会治理实践的神经末梢。因此,社区治理在国家治理现代化体系和社会治理现代化体系中处于关键性地位。为了实现中国社区治理现代化、达到"善治"的理想目标,需要建构互动

---

❶ 魏礼群. 新时代十年我国推进社会治理现代化的重大创新与成就 [J]. 行政管理改革, 2023 (4): 4-10.

式治理模式，以此适应复杂多样的社会治理动态过程，这是经济发展、社会转型对社区治理创新的价值诉求，也是建立共享共治共建格局、实现基层民主的时代要求。

一、经济发展新常态与社会结构转型的要求

党的十八大以来，党中央提出我国经济进入"新常态"发展时期，我国经济社会未来发展的基本态势是经济"增长速度换挡期""结构调整阵痛期""前期刺激政策消化期"，是"三期叠加"下的经济状态。❶具体来说，就是在经济新常态发展时期，经济增长速度将由高速转至中高速；经济结构优化调整和要素、投资驱动转向为创新驱动；以及正处于消化金融危机刺激政策的时期。为了应对新常态经济发展导致的一系列社会问题，必须全面进行深化改革，并且对社会治理体制创新进行全面部署。

构建中国城市社区互动式治理模式是创新社会体制的一项举措，是经济发展新常态与社会结构转型的时代要求。这主要表现为以下两个方面：一是适应社会基本结构和特征的转变。经济与社会的发展促成形成基于市场型交换的新社会秩序，并从政治领域愈渐分离。这直接导致政治中心化的社会基本结构产生变化，反映到城市社区治理层面，它体现为社区治理由单一行动者向多元行动者转变，并实现"政治—社会—市场"机制在治理过程中的互嵌。二是国家权力正处于社会性回归的进程中，在社区治理参与中则减少行政性、控制性和强制性手段，这为提高社会力量在社区治理参与赋予了更多可能性。互动式社区治理模式能够适应这种社区权力结构的变化，并为社区治理中的多元行动者提供行动策略。

---

❶ 央视网．中国经济进入新常态 [EB/OL]．（2014-08-20）[2019-08-15]．http：//jingji.cntv.cn/special/zgjjxct/．

二、社区治理中政府职能转变的要求

近年，政府职能转变是我国行政体制和经济体制改革深化的重要部署，重要举措就是实现"放管服"改革，即"简政放权、加强监管、优化服务"。在社会转型的背景下，政府职能必然也会随之发生变化。政府职能是指政府应履行的职责和应具有的能力，对社区治理效能最优化与善治状态的实现有着重要影响。❶一方面，在"强政府，弱社会"的传统社区治理格局下的政府面临"越位""缺位"困境。"越位"体现在政府过多包揽社区的任务和工作，过度干预社区治理，从财政、人事等多角度对社区事务进行干预。"缺位"体现在政府在公共服务的供给方面。缺位现象产生的原因是上级政府的行政压力和经济需求，过度追求本地GDP增长，将经济作为工作的围绕中心，造成公共服务供给缺失的情况。另一方面，面对社会转型带来的一系列社会矛盾，如外来人口激增、毕业生就业率偏低、社会老龄化趋势加快等，都在社区这个社会的微观窗口中集中体现出来。面对复杂而又具体的问题，迫切要求政府角色重塑和职能转变，实现权力下放、重心下移和立足基层。

因此，互动式社区治理模式的构建能为问题解决、实现政府在社区治理中的职能转变提供新的治理范式：一是体现在政府职能转移过程中需要建立"政府—社会—市场"的新型互动关系，协调多方行动者的协调合作行为。二是互动式治理有助于政府职能向市场转移和向社会转移。具体来说就是，政府还权于市场与社会，建立准市场机制，打造公平、高效的市场环境及对市场行为进行监管；同时也能让更多社会力量（各类社会组织，包括文化、经济和服务组织等）承接社会性公共事务，政府则为其提供制度化保障。三是社会基本结构的变化塑造了人们的互动合作意识，在共同合作过程中先取得共识，通过志愿

---

❶ 张铮，姜郸.困境、反思、探索：城市社区治理中政府职能的角色重构与转变创新 [J]. 新华文摘，2017（10）：11-14.

服务与自我服务在社区生活中建立共享、互惠的相互预期及彼此认同的行动准则❶，这与城市社区互动式治理的价值诉求相吻合。

三、实现国家治理体系与治理能力现代化的要求

改革开放以来，我国社区管理模式经历"社区服务—社区建设—社区治理"的发展脉络。当前，社区治理发展现状正处于极其复杂且特殊的时代背景下，既存在法制、理性不足的问题，也存在后工业时代面临的问题（利益冲突、价值相悖、需求扩大和发展风险等）。国家与社会若想实现长治久安与可持续发展，要以"推进国家治理体系和治理能力现代化"为战略目标，必然具备科学且符合国情的治理体系和有效合理进行治理实践的能力。社区治理现代化是我国推进国家治理体系和治理能力现代化的基础性与灵魂性工作，是对社会治理、国家治理乃至全球治理提供地方支持与联系的出发点，直接影响战略目标能否实现的基础问题。社区治理现代化建构需要完善社区治理体系、提升治理的运作执行能力，以现代、科学理念指导，以此突破社区管理的传统障碍，逐步实现"传统—现代""低级—高级""一元—多元"的改良及变化过程。社区治理体系现代化主要内容包括完善、成熟、公开透明的社区治理运作体系、治理运作过程、治理规范制度与治理组织结构，社区治理能力现代化主要指治理过程中拥有及时、有效、科学和公平的运作能力和执行能力。

城市社区互动式治理是为实现社区治理现代化而建立的创新举措，是现代性的实质体现。现代性（modernity）是互动式治理模式的精神追求，现代性是"一种理性化的社会管理机制及其衍生的文化模式，即超越农业社会的

---

❶ 傅利平,陈琴,许凯渤.互动式治理:社区公共服务的共同生产机制——以天津市朝阳里社区为例[J].福建师范大学学报（哲学社会科学版），2023（3）：67-80，169.

统治型社会治理模式及其等级秩序，建立工业社会的管理型治理模式、推崇人民主体性和理性价值"。在制度空间内，互动式治理理论构成符合社区治理体系现代化的要求，包括完善、成熟、公开透明的社区治理运作体系、治理运作过程、治理规范制度与治理组织结构等；在行动层面，互动式治理中行动者行动策略的及时、有效、科学和公平因素也与社区治理现代化的要求相符合。

第四节 "双碳"目标下的城市社区互动式治理

习近平主席在2020年9月第七十五届联合国大会发表重要讲话时指出："中国将提高国家自主贡献力度，采取更加有力的政策和措施，二氧化碳排放力争于2030年前达到峰值，努力争取2060年前实现碳中和。"自此"双碳"目标成为国家未来40年的重要发展战略。但实现碳达峰、碳中和是我国向世界作出的庄严承诺，也是一场广泛而深刻的经济社会变革，绝不是轻轻松松就能实现的。城市社区作为国家治理的最基本单元，既是居民生活的基本单元，又是党和政府密切联系服务群众的桥梁纽带，在城市治理中具有不可替代的基础地位和作用，对于党和国家战略政策的执行和推进具有十分重要的作用。恩格斯曾说过："辩证法是关于普遍联系的科学。""双碳"目标与城市社区互动治理之间潜含着相互支撑、耦合互嵌的科学逻辑。二者在治理主体上相互联系，在领域建设上交融并包，在价值追求上高度一致，在发展目标上相互契合，厘清两者的耦合关系，才能在"双碳"目标背景下更好推进城市社区互动式治理体系的构建。

---

❶ 张雅勤.论国家治理体系和治理能力现代化的价值目标——基于现代性分化与融合的视角[J].中国行政管理，2015（10）：52-58.

"双碳"目标下城市社区治理创新研究——基于互动式治理视角

一、治理主体的耦合性

"双碳"目标和城市社区互动式治理推进全过程中,中国共产党始终发挥着领导核心作用,基层政府始终发挥着指挥和协调作用,基层群众始终发挥着主体作用,社会团体、社会组织为代表的社会力量始终发挥着主心骨作用。中国共产党的领导是中国特色社会主义最本质的特征和最大的优势。2021年7月,中共中央、国务院出台《关于加强基层治理体系和治理能力现代化建设的意见》,强调"要完善党建引领的社会参与制度,搭建区域化党建平台"❶。坚持党的领导,能够集中力量精准施治,完善党建与社区互动式治理的融合机制,能更好地在"双碳"目标背景下推动城市社区互动式治理发展,是提高基层治理能力和治理水平的必然要求。基层群众始终发挥着主体作用,马克思主义群众观强调人民至上,基层群众贯穿于两者发展的全过程,无论是推进和实施"双碳"目标,还是城市社区互动式治理的发展,实施者和受益者都是人民群众。在新的历史起点上,习近平主席强调:"在任何时候任何情况下,与人民同呼吸共命运的立场不能变,全心全意为人民服务的宗旨不能忘,群众是真正英雄的历史唯物主义观点不能丢,始终坚持立党为公、执政为民。"推动"双碳"目标和城市社区互动式治理发展都是以满足人民群众的根本需求为出发点,要求将理论建构与具体实践相结合,提升基层群众的获得感、幸福感、安全感和满足感,开创共商、共建、共享的社会治理新格局。无论是推动"双碳"战略,还是推动城市社区互动式治理发展,都需要动员拥护社会主义事业的社会力量参与。在社会主义民主政治发展的新阶段,将有益的社会力量凝聚到"双碳"目标和城市社区互动式治理的发展中来,是推动两者发展必须走的重要环节。在城市社区互动式治理中,调动各方社会力量主动嵌入社区治理空间,积极参与社区公共事务,搭建居民参与治理的平台,既能创新基层治理参与形式,

---

❶ 中共中央、国务院关于加强基层治理体系和治理能力现代化建设的意见 [N]. 人民日报, 2021-07-12(1).

— 80 —

拓展基层群众的参与社区治理的渠道，又能充分盘活社区累积的闲置资源，形成内外联动的资源协调机制，实现更大空间和更高质量的互动治理❶。

二、领域建设的耦合性

基层治理是国家治理与社会治理工作的基石，城市社区互动式治理是基层治理工作的重要组成单元，已成为国家治理体系的重要组成部分，加强社区互动式治理是提升我国基层治理体系和治理能力现代化的必然要求。同样，习近平总书记提出的"双碳"目标，宏观上讲满足全球化发展需要和各国人民利益；微观上讲符合本国治理结构和社会发展建设的进步，为基层治理和城市社区治理带来了新的时代机遇。党的十九大进一步强调加强社区治理体系建设的重要性，强调其是打造共建共治共享的社会治理格局的重要举措，指出要"实现政府治理和社会调节、居民自治的良性互动"。党的二十大则进一步指出，持续推进基层社区治理现代化意义重大，强调打造人人有责、人人尽责、人人享有的社区治理共同体。我国基层治理理念和方式随着党与政府政策不断与时俱进发展，由基层管理转为治理。因此，多主体互动参与社区治理成了新时代基层治理主体建设的着力点，互动协同治理方式成为新时代推进基层治理机制建设的新起点。❷城市社区互动式治理是从主体参与和领域建设两方面着手，联合集聚基层政府、党组织、服务型社会组织、居民群体及先进企业团体等治理主体，共同服务于建设有温度感、有温情力的基层社区，定期开展社区各类培训工作和分享活动，畅通各治理主体与被治理者在社区服务方式和治理手段等方面的交流沟通渠道，不断促进基层社区治理效率和服务质量的优化改善，

---

❶ 范逢春，付源渶. 全过程人民民主赋能社区治理：耦合、机理与路径 [J]. 广西社会主义学院学报，2023，34（3）：55-65.

❷ 赵福昕，孔陇. 基层社区治理格局的耦合机理与建构路径——基于中国式现代化视角 [J]. 领导科学，2023（6）：97-102.

持续强化社区内医疗养老、教育就业、危险应急和卫生防疫等民生保障领域的服务建设。实现"双碳"目标所涉及的范畴不仅集中在生态建设领域，而且涵盖国家建设、社会建设和民生建设等多个领域。"双碳"战略的前进路径，需要充分发挥基层群众的伟大力量，将全过程人民民主贯穿于"双碳"目标推动发展的全过程，以期在中国共产党的领导下联动社会多元主体力量，共同致力于构建具备经济发展和绿色转型社会发展之路。为坚定贯彻"双碳"战略，国家在社会公共领域、生态环保领域、民生保障领域、科技创新领域中持续投入巨大的成本，以期驱动国家综合国力和治理能力的显著提升。"双碳"目标和城市社区互动式治理的领域相辅相成，优化城市社区互动式治理领域的设施建设和主体建设，是助推经济社会绿色和高质量发展的重要保障，是保持基层社会大局平稳向好趋势的关键举措。

三、价值追求的耦合性

城市社区治理是国家治理基本单元和关键环节，事关党和国家大政方针的贯彻落实，事关人民群众的切身利益。深刻把握基层党建引领城市社区互动式治理的不可替代性，是新时代重塑基层社区治理格局的重心。习近平总书记在党的二十大报告中强调，要把基层党组织建设成为有效实现党的领导的坚强战斗堡垒。因此，坚持党建引领城市社区互动式治理是促进社区矛盾纠纷化解在基层的切实举措。通过发挥基层党组织的引领作用，凝聚多元治理主体间的责任感，促进党的领导力优势转化为社区治理效能，保证治理目标与治理需求始终沿着正确政治方向行稳致远。基层党组织体制建构的标准化和党组成员领导能力的专业化是扩大基层工作治理效能、广泛吸纳社会力量、提高社区服务质量的着力点。"党政军民学，东西南北中"，坚持党的领导是中国特色社会主义事业发展的必由之路，党的领导决定"双碳"战略的根本性质。"双碳"目标的实现是社会历史发展的根本趋势，实现"双碳"目标的途径具有多样性，并没有固定的模式。立足新时代发展阶段，我国推进"双碳"目标实现是一项复杂且艰巨的历史任务，应统筹布局、协调推进。中国共产党作为中国特色社会主义宏伟事业的主心骨，以强大的党内向心力增强社会凝聚力，将制度优势转化为国家治理效能，推动"双碳"目标实现需要在理论和实践上有所创新和突破发展。"双碳"目标是我国向世界作出的庄严承诺，也是一场广泛而深刻的经济社会变革，深深地扎根在中国特色社会主义事业发展之中。因此，唯有坚持党的领导才能在社会主义旗帜下最大限度汇聚全党全国各族人民长期探索实践的宝贵经验，牢固群众基础，激发人民群众的历史首创精神，通过发挥党的价值引领，统筹协调各方力量，最大限度整合资源要素，吸纳社会多元主体参与共治，坚持问题导向，解决好新时代我国社会的主要矛盾，坚决防止两极分化，为人民群众提供更精准、更优质的公共服务，以确保现代化建设成果由全体人民共享。基于此，强化党建作为引领城市社区互动式治理模式构建，与坚持党的领导作为推进"双碳"战略的最高价值指向具有高度的耦合性。

四、发展目标的耦合性

中国特色社会主义事业的各领域从来不是彼此无关、互不牵连的，各领域之间或多或少都具有一定的耦合联系。基层治理格局要想更加完善，就要在国家推进"双碳"战略背景下把握机遇，抓牢城市社区互动式治理的新模式。"双碳"目标和城市社区互动式治理在发展价值上具有天然的耦合性，二者相辅相成，共同促进我国基层治理体系和治理能力现代化建设。在城市社区互动式治理中，居民既是治理的对象，又是治理的主体，为鼓励社区居民自主参与到社区治理的诸多事务中，应充分发挥居民的能动性和主体性，精准把握居民需求，以需求激发居民的公共性，使其融入社区互动式治理结构。❶ 与此同时，为唤醒社区居民积极主动参与公共事务治理的责任感，必须进一步规范社区治理中存在的资源下放、信息共享、权责界限等问题，保障基层干部在社区治理中遵循协同治理、民主协商的理念，以调动居民群众参与治理的积极主动性。基层群众自治制度规定社区居民是治理的主体，居民自治在很大程度上可以应对社区复杂的人际关系、琐碎的社区公共事务及各种复杂交织的利益矛盾，打造城市社区互动式治理格局有利于基层治理能力和基层治理体系建设，有利于将矛盾纠纷点和利益冲突点消散在基层治理之中。构建合理高效的社区互动式治理格局，实现高水准、高质量的治理能力，提高社区治理的效能，必须坚持将人民群众的参与度和满意感作为衡量和评价标准。"双碳"目标旨在实现社会可持续发展和满足人民群众的生存和生活需求。同样，人民群众是"双碳"目标实现的创造主体和决定力量，这就要求我们必须始终坚持以人民为中心的发展思想。坚持以人民为中心的发展思想能为实现"双碳"目标提供丰富的劳动力资源和实践智慧。"双碳"目标是立足中国国情、具有中国特色的伟大战略。在价值层面，中国特色社会主义事业始终坚持以人为本，区别于西方资本主义社会以资本为中心的发展逻辑。实现"双碳"目标凸显了以人民为中心的根本立场，强调了国家发展成果共享性、全体性和均衡性。因此，为实现全体人民共享发展成果，需创造更公平的社会环境，更加美好的生态环境，推进基本公共服务均等化，维护人民群众的根本利益，满足人民群众对美好生活的向往。

---

❶ 许宝君.找回居民：新时代基层治理价值重塑与深度转型[J].中州学刊，2023（2）：82-90.

第四章　当代中国城市社区治理的演进发展与未来方向

我国城市社区治理的历史变革、治理形态架构与转型，是在历史传承、文化传统和经济社会发展的基础上，长期进行不断渐进、改进、调适和演化的结果。中华人民共和国成立70年多以来，中国的基层治理发生了翻天覆地的变化，基层治理模式和治理体系的选择也经历了传统到现代的发展演变。城市基层治理的变迁根源在于国家与社会的博弈互动，由此促进城市基层治理不断创新。❶作为城市基层治理的重要内容，社区治理现代化程度是影响国家治理体系和现代化建设能力的重要基础工作。"一个国家选择什么样的治理体系，是由这个国家的历史传承、文化传统、经济社会发展水平决定的，是由这个国家的人民决定的。"❷社区是一定区域范围内人们社会生活的载体，嵌入不同时空与空间的社区治理形态反映了当时宏观社会经济与文化结构环境，也反映了党中央以新任务和新目标为出发点，进行社区治理政策调整的新举措。

---

❶ 符尧.城市基层治理改革注意力变迁——基于A省城市政府工作报告的分析[J].学习与探索，2023(3)：61-68.

❷ 习近平强调：推进国家治理体系和治理能力现代化[EB/OL].（2014-02-17）[2019-09-16]. http：//www.gov.cn/xinwen/2014-02/17/content_2612860.htm.

"双碳"目标下城市社区治理创新研究——基于互动式治理视角

第一节 当代中国城市社区治理历史演进与发展

中华人民共和国成立初期至改革开放的中国城市社区,虽无社区治理之名,但有社区治理之实:虽然社区真正被重视和官方推进是在20世纪80年代之后,"社区治理"被写入官方文件也在党的十八大之后,但中国城市社区的早期实际存在也得到许多学者的认同。因此,很多学者将我国成立初期、单位制时期的社会基层治理实践归于社区治理的历史演进中,作为广义的"社区治理"来进行研究。❶考察中国城市社区的前世今生,本书发现中国城市社区是沿着"社区管理—社区服务—社区建设—社区治理"的脉络演进与发展。本章基于互动式治理的理论分析视角和"行动者—制度—行动"的分析框架,在我国城市社区治理的历史变革中,城市社区的治理主体、治理制度、治理行动实际上是一个交互作用的发展过程。实际上,我国城市社区治理变革的本质是在实现治理目标前提下治理主体与治理行动进行的互动过程,也是治理主体间持续互动的过程。可以说,中国城市社区治理的历史变革是受国家力量主导、社会力量推动、市场力量影响,三种力量内在与外在交互作用最终与当时经济社会发展相适应的变迁过程。因此,从治理主体结构特征和互动逻辑出发,考察新城市社区治理的历史演进与发展脉络,并按照其阶段性特征划分为三个主要时期。在这三个历史时期中,城市社区治理体现出不断调适、不断变革的演进特征,即治理主体、治理制度、治理行动策略与层面的演进特征。

"社区"作为社会学概念于1933年被引入中国学术界❷,而中国城市社区

---

❶ 为便于表述,这里将社区治理视为广义、宏观的治理,不同于20世纪90年代治理理论引进后的现代治理内涵,而是包含社区管理、社区发展、社区建设等一系列城市基层管理(治理)体制或机制。当代中国城市社区治理历史沿革实际上是指中华人民共和国成立后城市社区"管理—服务—建设—治理"的整个历史演进过程。

❷ 李东泉,蓝志勇.中国城市化进程中社区发展的思考[J].公共管理学报,2012,9(1):104-110,127-128.

第四章 当代中国城市社区治理的演进发展与未来方向

实践也在中华人民共和国成立后逐步开展。虽然自1985年民政部提出"社区服务"概念之后,"社区"才拥有了官方定义,社区作为基层治理重要单元也才开始被着力强调,但是中国城市社区的实际存在远早于这个时间。关于我国城市社区治理发展的历史沿革,不同学者具有不同的划分依据与方式。根据政策演进逻辑,何绍辉将我国城市社区治理分为社区管理阶段(1949—1990年)、社区建设阶段(1991—2011年)、社区治理阶段(2012年以来)。❶依据我国城市社区治理模式的发展与演变,魏娜则将其发展过程分为行政型社区阶段、合作型社区阶段、自治型社区阶段。❷按照社区发展的主要目标和任务,夏建中将改革开放后的社区发展分为社区服务、社区建设和社区治理三个阶段。其中,2004年之前是街居制向社区制的结构性改革,2004—2012年为和谐社区建设,2012年之后则是社区治理现代建设。❸按照社区治理体制区别,邱梦华将中国城市社区治理历史沿革分为单位制、街居制和社区制三个发展阶段。❹宋道雷以社区治理的主体标准将社区治理划分为四个小阶段和两个大阶段,即政府主导阶段和多元主体互动阶段。❺这些研究有益于我们对社区治理的本质、特性和历史阶段划分的思考。

在前人的阶段划分基础上,将研究对象不单纯限定在狭义的官方定义后的社区治理实践上,而是聚焦广义的城市社区治理历史,包括中华人民共和国成立后的"类社区治理"或"单位社区"❻时期的社区治理实践。借助社区治理实践资料、档案史料和统计数据,聚焦互动式治理理论视角,引入"行动者—

---

❶ 彭宗峰.社区治理内卷化:一种知识增长的视角[J].公共管理与政策评论,2023,12(3):138-151.
❷ 魏娜.我国城市社区治理模式:发展演变与制度创新[J].中国人民大学学报,2003(1):135-140.
❸ 夏建中.从社区服务到社区建设、再到社区治理——我国社区发展的三个阶段[J].甘肃社会科学,2019(6):24-32.
❹ 邱梦华.城市社区治理[M].北京:北京大学出版社,2019:60.
❺ 宋道雷.国家治理的基层逻辑:社区治理的理论、阶段与模式[J].行政论坛,2017,24(5):82-87.
❻ 张纯.城市社区形态与再生[M].南京:东南大学出版社,2014:32.

制度—行动"分析框架,试图解释中国城市社区治理发展的阶段性特征。因此,按照治理主体的结构特征、治理制度与政策转换、社区治理行动的互动逻辑,将我国城市社区治理划分为三个发展时期:①城市社区行政管理时期(1949—1990年);②城市社区全面建设时期(1991—2011年);③城市社区多元治理时期(2012—2019年)。这是以社区治理主体及互动为主要标准,以政策和制度的演进逻辑为时间线,以《城市居民委员会管理条例》和《城市街道办事处组织条例》(1954年)、《城市居民委员会组织法》(1989年)和《关于在全国推进城市社区建设的意见》(2000年)、党的十八大报告《坚定不移沿着中国特色社会主义道路前进为全面建成小康社会而奋斗》(2012年)为关键节点进行的阶段性划分(见表4-1)。

表4-1 当代中国城市社区治理历史沿革的时期划分

发展时期	具体阶段	关键节点
城市社区行政管理时期 (1949—1990年)	(1)社会再组织阶段(1949—1953年) (2)单位制为主、街居制为辅阶段(1954—1979年) (3)街居制回归阶段(1980—1988年)	1954年《城市居民委员会管理条例》和《城市街道办事处组织条例》 1980年《条例》重新生效 1989年《城市居民委员会组织法》
城市社区全面建设时期 (1991—2011年)	(1)"社区建设"概念首次明确提出(1991) (2)民政部社区建设方面职能明确与机构重整(1992—1998年) (3)社区建设实验区(1999年) (4)政策文件明确社区建设工作(2000—2011年)	2000年《关于在全国推进城市社区建设的意见》
城市社区多元治理时期 (2012年至今)	(1)"社区治理"写入到党的纲领性文件(2012年) (2)社区治理法治化与城乡社区服务体系建设(2013—2016年) 城乡社区治理转型与发展(2017年至今)	2012年党的十八大报告 2017年《关于加强和完善城乡社区治理的意见》

第四章 当代中国城市社区治理的演进发展与未来方向

一、1949—1990年：城市社区行政管理时期

基于互动式治理的分析框架，按照治理主体的结构及互动特征，1949年中华人民共和国成立到1990年，城市社区处于行政管理阶段，其主要特点为治理主体的行政一元化。城市社区治理是地方基层治理的重要形式与内容。中华人民共和国成立之前的地方基层治理以专制集权统治、分明的等级制度化、强烈的士绅"人治"色彩、高度的维稳意识、相对自治程度高、家族宗氏参与为主要特点。为适应经济发展情况与"农业大社会"结构，妥善处理国家与人民的关系、集权与自治的关系，实现政权的长久统治和社会秩序的有效控制，统治者不断改革地方治理制度。古代的地方治理制度形式历经秦代"郡县制"、汉代"乡里制"、唐宋"里坊制"、元代"都图制"、清代"保甲制"等阶段。这些古代地方基层治理的形态特征与后来的"单位制"和"街居制"具有某种相似之处。虽"国权不下县"的古代地方基层治理观点由来已久[1]，但也颇受争议[2]。以"里坊制"为例，该制度是将城市划定为若干个方形封闭空间，是新中国成立后城市改造中划定"单位"、新型社区、商品房小区空间形态的历史模板。以"户"（家庭）为社会组织的基本单位的"保甲制"，被视为古代统治者将政权延伸到基层的做法，这成为中华人民共和国成立初城市街道办事处和居民委员会重构社区权力的制度参考。近现代中国的地方基层治理特征为"地方自治"，"地方自治，实人民参政之最好练习场，而宪政基础之第一级"[3]，历经晚清"新政"、北洋军阀和南京国民政府三个时期。实际上，这种爱国分子和地方政治精英主导的地方自治在形式上是清代"保甲制"的发展，但也类似于当今时代的社区治理，因此被学者称为"类社区治理"[4]。中华人民共

---

[1] 秦晖. 传统十论——本土社会的制度文化与其变革 [M]. 上海：复旦大学出版社，2003：3.
[2] 萧公权. 中国乡村：19世纪的帝国控制 [M]. 北京：九州出版社，2018：3-30.
[3] 梁启超. 饮冰室合集（第32卷）[M]. 北京：中华书局，1989：7.
[4] 张永理. 社区治理 [M]. 北京：北京大学出版社，2014：117.

和国成立后，中国城市地方基层治理也随新的社会发展环境，进行从传统到现代的变革。1949年到1999年这50余年的历史跨度中，按照社区治理的制度形式可分为三个具体历史时期：第一，社会再组织阶段（1949—1953年）；第二，单位制为主、街居制为辅阶段（1954—1977年）；第三，街居制复归阶段（1978—1990年）。

（一）社会再组织阶段（1949—1953年）

1949年，中华人民共和国成立。面对新旧政权的交替，城市社会治理的首要任务是稳定社会秩序。因此，国家并未急于建立制度化和组织化的社会治理体制，而是依赖组织城市内部传统的旧社会力量，通过发动和动员群众，肃清旧有势力、维护新生政权。这段时期的治理特点可以概括为"组织起来"，是对传统城市分散的基层社会组织和权力结构进行整合和重塑的过程。此时期主要做法包括，废除传统治理制度，初设居民委员会。1949年，各地依据《中共中央关于处理保甲人员办法的指示》，开始逐步废除传统的保甲制，但是保甲长暂时被留用，用以协助户籍整理、人口普查、看管公共财产和分清敌我工作。"对一般保甲长在短时期内仍须留用，使之有助于社会治安的维持。"❶保甲长的暂时性和临时性留用，是国家出于在打击旧社区权威的基础上，实现新政权工作交接、维持社会秩序稳定的考虑。但是沿用保甲旧有人员的问题也日益明显：腐败、索贿、权力滥用、压迫人民和肆意收费等。因此，1950年，全国各城市废除保甲长工作，天津、武汉等部分城市开设居民代表委员会试点。居民代表委员会成员由居民小组的负责人组成，日常任务包括扶贫救灾、收容游民、宣传政策、调查和登记人口情况、配合政府工作等。建立居民委员会试点，代表了基层人民民主专政的初步做法，是实现城市基层社会重新组织和权力重构

---

❶ 北京市政协文史资料委员会.北京的黎明[M].北京：北京出版社，1998：183.

第四章 当代中国城市社区治理的演进发展与未来方向

的初步做法。通过这一做法，社区权威领域重新洗牌，城市基层场域内的国家政权得以进一步巩固，有助于中华人民共和国成立初期的基层社会稳定。政府按照其管辖区域建立居民小区，进行群众运动与政治动员。居民小组出现之前，政府领导建立了相对分散各类组织，组织积极居民及知识分子等人员完成各项相应任务，发动政治动员实现建设活动，具有临时性和暂时性的特征。例如，在中央军事管制委员会、地方治安派出所领导下，城市社区组成治安小组。❶但分散型小组工作效率低、管理难度大、混乱现象易发等弊端暴露，这不利于社区工作的长期、稳定开展。因此，在全国国家政权建设推进的过程中，政府将分散型小组统一整合为居民小组，负责治安、卫生、文教等事务，而后又纳入居民委员会进行行政统一管理。

总的来看，这一时期是新国家政权向基层渗入的过程。城市居民委员会作为国家行政权力的末梢初步出现，但其自治力量尚且薄弱，基本完全由行政权力控制。此时期主要特点如下：第一，政府作为单一治理主体在基层社会中发挥重要作用。党组织在社区层面发育尚不完善，基层虽存在居民委员会及各类组织，但实际上都是在政府的政治动员下行动。第二，通过正式和非正式制度网络构建，实现基层法律制度体系重建，加强新政权向社区渗透，完成政权更迭和组织更新，为后期社区制度化、组织化建设奠定基础。第三，政府治理行动的主要目标在于尽快肃清反对势力，维护新秩序的稳定。居民委员会的存在能够极大发现和排除敌对力量，提升城市基层人民的基本素质，构建和平有序的生活环境。第四，政府治理具体行动模式包括全方位社会救济福利与大规模社会动员。通过这种方式，提升社区居民的满意度与认同感，有助于整合城市基层居民的自治力量。

---

❶ 人民网.天津区军事管制委员会布告（1949-01-15）[EB/OL].（1949-01-15）[2019-04-16]. https：//baike.baidu.com/reference/6986753/d74e6jFT5ujp8nirWJbbOz03y8b1lepqv_HnTCLklnkWc-mAsirnZMWizo2-rptlHcMHz2Hv-hBBYpx8XC3Dego2cUp2CHvUJ5ODrU62UOcqBMZ0Wwtq.

(二)以单位制为主、街居制为辅阶段(1954—1977年)

1954年,全国人大通过《城市居民委员会管理条例》和《城市街道办事处组织条例》,以法律形式确立了以街道办事处和居民委员会为组织基础的街居制,进而塑造了城市社区初步形态。街居制的建立,是对旧中国以保甲制的基层社会管理体制的革命性变革,是国家行政权力向社区延伸的标志。1956年国家"一五"计划完成,我国确定了中国特色的社会主义改造与工业化、现代化发展道路,确立了以超大国有企业为主体、政府权力集中的计划经济体系。国家工业化战略推进工业组织深入基层,单位成为城市治理的基本单元和居民生活的中心,促进社区居民由"社会人"向"单位人"转变。至此"单位制"在全国范围内基本确立,形成"单位社区"。"单位制"在新中国成立后,作为城市基层社会治理的主要体制形态活跃了30余年,在20世纪90年代初才开始逐步衰落。1958年,党的八届六中全会通过《关于人民公社若干问题的决议》。1960年,中共中央发布《关于城市人民公社问题的指示》。城市人民公社成为城市建设的新工具,是将人民生产、分配、交流和福利的统一组织者,成为工人、农民、商人的政治组织和社会组织。❶ 1962年,城市人民公社先后撤销,各城市陆续恢复居委会建制,而后革命委员会取代居民委员会成为当时城市基层的主要组织机构,强化了"单位社会",1979年,革命委员会撤销,居民委员会的名称、职能、组织才重新恢复。

总的来看,这段时期是城市社区发展的曲折过程,是国家全能主义政治在社区层面的体现。纵观历史脉络,这段时期内的城市社区基本以"单位制为主,街居制为辅"为主要特征。一方面,单位制确立后在中国城市中占据基础地位,城市居民基本完成"单位人"转变,被该制度塑造和再生产。该制度成为中国基层社会治理中成员的"面子"、身份认同感、成员归属感的源泉。另一

---

❶ 中共中央文献研究室.新中国以来重要文献选编(第11册)[M].北京:中央文献出版社,1995:600.

第四章 当代中国城市社区治理的演进发展与未来方向

方面，街居制虽然早在1954年就已经建立，但是初期只是作为一种单位制的过渡性和补充性组织存在，还未发挥其真正作用。虽然曾出现街居权力膨胀时期，在"政社合一"的政策下，街道和居委会实现党、政、社高度合一，社区权力达到空前的高度集中状态。但是国家与社区的高度融合与当时经济发展实际不相适应，导致这种状态持续时间不长，因此街居在单位制最终形成后则更加边缘化。在"单位社会"形成后，街居制的主要负责人群则为社会闲散人群和流动人员，在当时社会流动性不强的环境下，这类人群数量较少，是城市社会的"边缘人群"。因此，街道和居民委员会的权力也开始一度萎缩，成为单位制的补充性组织。

（三）街居制复归阶段（1978—1990年）

改革开放以后，街居制复归具有深刻的时代背景。虽然国家通过单位实现了全体社会成员的控制和整合，是在当时历史条件下的稳定社会秩序和巩固政权的必然选择。但随着1978年改革开放带来的经济转轨和社会转型，单位制在城市社区治理层面的作用趋于失效。第一，单位制走下历史舞台。国企改革带来的破产、重组和转制，使城市居民开始脱离了单位的福利保障，实现从"单位人"向"社会人"的身份转变。❶如何有效缓解失业等社会矛盾和为失业人群提供社会服务，成为当时政府面对的挑战之一。第二，伴随市场经济的飞速发展，单位的福利保障功能、资源供给功能、社会整合功能和政治控制功能被日益削弱，极大影响人民利益实现和社会秩序的稳定。第三，"单位社会"的逐步消解直接导致城市人口的流动性大增，加之市场经济条件下的城镇化进程和劳动力市场转型，这段时间形成了外来务工人员的进城热潮。大量外来人口和流动人口已经超出单位制度的管辖范围，给城市社区的管理带来极大困难。因

---

❶ 洪朝辉.论中国城市社会权利的贫困[J].江苏社会科学，2003：116-125.

此，国家开始重视居民委员会和街道办事处在城市社区提供社会福利和服务供给方面的作用。

　　1980年，全国人大重新确定《城市街道办事处条例》《居民委员会组织条例》的有效性，恢复了街道办事处、居民委员会的组织机构和职能，这代表了街居制的正式复归。❶自此，城市社区治理进入全新的历史时期。1982年，《中华人民共和国宪法》首次将居委会的性质与任务进行明确，提升了居民委员会的政治地位："城市居民委员会是基层群众性自治组织，其主任、副主任和委员由居民选举。居民委员会设人民调解、治安保卫、公共卫生等委员会，办理本居住地区的公共事务和公益事业，调解民间纠纷，协助维护社会治安，并且向人民政府反映群众的意见、要求和提出建议。"❷1983年，为了缓解改革开放对原有计划经济体制下的城市社会福利制度带来的冲击，民政部开始酝酿城市社会福利工作改革，并不断探索"社会福利和社会办公室"和"街道社会福利服务网"建设。在第八次全国民政会议上，民政部提出了结合国家和社会力量兴办多种形式福利事业的新思路。❸1984年和1985年，在街道建立"社会福利服务网络"的措施通过会议确立下来，社区服务的萌芽就此诞生。1986年，民政部提出将社会服务与社会福利相对区分开来，即除了传统针对"老、弱、病、残"居民群体的福利保障外，城市社区还应具备便民利民的服务功能。1987年，民政部在大连召开的社区服务座谈会上首次公开提出开展"社区服务"，要求建设社区服务体系建设，这也是"社区"字样在官方的首次确认。当时，社区服务界定为"社区内成员开展互助性的社会服务活动"，而后又完善其内容为"各种社会福利与社会服务"。社区服务的最初界定割裂了社会福

---

❶ 何绍辉.政策演进与城市社区治理70年（1949—2019）[J].求索，2019（3）：79-87.

❷ 人民网.中华人民共和国宪法（1982年）[EB/OL].（1982-12-04）[2019-04-16].http：//www.npc.gov.cn/wxzl/wxzl/2000-12/06/content_4421.htm.

❸ 田华.论中国社区服务前十年的发展轨迹[J].理论月刊，2007（11）：87-89.

第四章　当代中国城市社区治理的演进发展与未来方向

利与社会服务的关系，实质上福利性、公益性是社区服务的内核，社会服务也包含社会福利工作。❶ "社区服务"的提出能够适应社会结构转型与城市基层政权建设要求，满足广大人民群众需求和维护人民利益。1989年，第七届全国人大常委会第十一次会议通过并颁布了《城市居民委员会组织法》，与之前的《居民委员会组织条例》相比，进一步强调了居民委员会的"自我管理、自我教育、自我服务"功能。至此，城市社会服务的重任落实到城市社区上，街道办事处和居民委员会的社区服务功能日益凸显。

总的来看，这段时期是在单位制逐步解体的历史条件下，街居制的全面复归。在从单位制向街居制转变过程中，单位制下的单位分管社会福利保障模式也开始向社会共享模式转变。街居制的复归，对于解决城市扶贫、流动人口管理、下岗职工安置等社会问题和社会矛盾，缓和传统民政工作和基层政权建设压力具有重要意义。但是我们也应该看到，虽然街居制的组织结构得以恢复，但是在长期一段时间内都在单位制"权力剩余"的前提下运行，部分社区资源仍留存于单位内部。纵观1949年至1990年社区治理的历史演进，行政一元化的主体结构特征较为明显。无论是社会再组织时期政府对城市基层的政权渗入和行政规整，还是在以单位制为主、街居制为辅时期，党对社会基层和单位组织的全面控制，抑或是街居制复归时期，行政力量对街道和居委会工作的单一领导，都体现出党政合一的一元化主体对城市社区进行行政管理、资源整合和社会控制的阶段性特征。

二、1991—2011年：城市社区全面建设时期

20世纪80年代开始，国家逐步重视社区在城市基层治理中的重要作用，但是当时社区组织和权力机构建设严重滞后于基层社会的急剧变革。一方面，单

---

❶ 代明，袁沙沙. 国内外城市社区服务研究综述[J]. 城市问题，2010（11）：25-33.

位社会趋向瓦解，社区权力不断扩张。在市场经济建设快速发展的背景下，人们的社会生活空间由单位走向社会，打破传统"单位社会"的封闭式结构。单位成员回归社会，由居委会代替单位承担社会福利与社会服务功能。城市流动人口规模扩大，失业与下岗居民剧增，加之居委会辖区内个体经营者、小型企业、临街店铺大量出现，这些居民和新兴社区企业、个体户都在街居的管辖范围内，因此居委会拥有了更大责任和权力。同时，经济资源也流向社区，居委会通过租用公共场所、停车位等，获得经济收益。另一方面，社区权力的失序风险也相应提高。一是居委会在此时的职能与权力并未获得行政授权，对于社区中部分城市管理任务，居委会无法完成。二是当时社区服务体系与居民的公共服务需求不相适应，居民难以获得良好而完善的社区服务。因此，一些居委会积极兴办便民服务事业，实现社区"创收"。三是街道办事处与居委会是行政隶属关系，街道也能获得居委会"创收"的经济收益，但也容易增加社区权力失序的可能性。社区权力的扩张与失序，不仅容易产生"以经济为中心"的工作重心偏移，而且也与国家建立居委会组织的初衷相悖。行政导向下的居委会职能日趋增加，但其职能发挥在不依赖政府财政之后，还会诱发职能与权力不对称的问题。❶因此，从20世纪90年代开始，在国家力量推进下，我国城市社区开始了由街居制向社区制转型的体制改革。

  1991年，民政部首次明确提出"社区建设"的概念。在此之后，民政部在全国选取试点开展社区建设，推进全国社区建设实践。❷各地党委、政府开始重视社区建设在城市管理中的作用，并陆续将其提上议事日程。1998年，国务院在机构改革中进一步明确了民政部"指导社区服务管理工作，推动社区建设"的职能。同年，民政部将"基层政权建设司"变更为"基层政权和社区建

---

❶ 朱健刚. 国家权力与街区空间——当代中国街区权力研究导论[J]. 中国社会科学季刊（香港），1999（26）：25-33.

❷ 何绍辉. 政策演进与城市社区治理70年（1949—2019）[J]. 求索，2019（3）：79-87.

第四章 当代中国城市社区治理的演进发展与未来方向

设司",进一步提高了社区在基层建设中的重要地位,社区建设也成为民政部的核心工作之一。1999年,北京、天津、石家庄、沈阳、本溪、长春、哈尔滨、上海、南京、杭州、合肥、厦门、济南、青岛、漯河、武汉、佛山、海口、重庆、西安、克拉玛依21个城市的26个城区先后被民政部确定为我国社区建设实验区❶,其中北京市西城区、上海市卢湾区、杭州市下城区等11个城区为首批社区建设实验区。❷民政部选取这26个城区是通过考察,发现其具有能够有效推进社区建设的社会服务基础和城市基层工作基础。城市社区建设实验区的划定,为城市社区建设的全面展开提供了宝贵的探索与经验。例如,武汉市相关文件及时出台,诞生了不设街道的"武汉百步亭"模式;沈阳市推行"社区自治、议行分离"原则下的社区民主自治实践,被称为"沈阳模式";上海市将社区建设与城市管理体制相结合,形成"两级政府(市区级政府)、三级管理、四级网络"体系改革下的"街道社区",强化社区行政力量主导下的街居联动,被称为"上海模式"。此后,全国性的城市社区建设实践推广拉开了帷幕。2000年,中共中央办公厅、国务院办公厅转发《民政部关于在全国推进城市社区建设的意见》。❸这是我国城市社区的第一部正式官方文件,是城市社区建设的纲领性文件。从此之后,社区治理被纳入国家制度化框架之中,开始了由街居制向社区制转轨的历史进程。社区制的出现是传统城市基层社会管理理念与

---

❶ 26个全国社区建设实验区:北京市西城区,天津市河西区、和平区,石家庄市长安区,沈阳市沈河区、和平区,本溪市溪湖区,长春市朝阳区,哈尔滨市道里区、南岗区,上海市卢湾区,南京市鼓楼区、玄武区,杭州市下城区,合肥市蜀山区,厦门市思明区,济南市历下区,青岛市市南区、四方区,漯河市源汇区,武汉市江汉区,佛山市市区,海口市美兰区,重庆市江北区,西安市新城区,克拉玛依市克拉玛依区。参见中国网. 城市社区建设 [EB/OL]. (2003-07-16) [2019-05-16]. http://www.china.com.cn/chinese/zhuanti/minzheng/367215.htm.

❷ 邹左功. 全国首批社区建设实验区确定 [J]. 中国全科医学, 2000 (1): 88.

❸ 中共中央办公厅 国务院办公厅关于转发《民政部关于在全国推进城市社区建设的意见》的通知 [J]. 社区, 2001 (7): 60-62.

方法的重大变革，必然对于我国城市社会的未来发展起到重要作用。❶ 2001年，民政部在青岛召开全国城市社区建设工作会议，明确了社区建设的任务和目标，以此掀起了全国性社区全面建设的热潮。2001年，《中华人民共和国国民经济和社会发展第十个五年计划纲要》强调了"社区建设"工作在社会发展的地位。❷ 2004年，"加强社区建设与管理"在党的十六届四中全会上被明确提出。2006年，国务院印发的《关于加强和改进社区服务工作的意见》，要求逐步建立与社会主义市场经济体制相适应，覆盖社区全体成员、服务主体多元、服务功能完善、服务质量和管理水平较高的社区服务体系。❸ 这是在社区全面建设的基础上，提出加强社区的服务功能和体系构建，代表了社区建设与社区服务在此阶段的融合性发展。面对城市基层社会正在发生的深刻变革，针对社区居民委员会建设中存在的突出问题，着眼城市社区建设的整体推进，中共中央办公厅、国务院办公厅2010年又印发《关于加强和改进城市社区居民委员会建设工作的意见》❹，将城市社区建设与居民委员会建设统筹考虑，并进一步明确了城市社区居民委员会建设的目标和任务。

社区建设是随着市场经济体制和城市管理体制改革深入的必然要求，能够适应日益分化的社会群体、不断深化的国企改革、趋于复杂的社会矛盾和逐步增强的人口流动。同时，随着经济社会的发展和居民生活水平的提高，城市居民的物质文化需求和民主权利要求也在攀升。"一手抓实验（示范），一手抓研究"的城市社区建设是行政导向的"街道制度"的全面改革，以适

---

❶ 何海兵. 我国城市基层社会管理体制的变迁：从单位制、街居制到社区制[J]. 管理世界，2003（6）：52-62.

❷ 国家计委关于印发国民经济和社会发展第十个五年计划城镇化发展重点专项规划的通知[EB/OL].（2001-05-15）[2019-05-16]. http：//www.gov.cn/gongbao/content/2002/content_61815.htm.

❸ 国务院关于加强和改进社区服务工作的意见国发〔2006〕14号[EB/OL].（2006-04-09）[2019-05-16]. http：//www.gov.cn/zhuanti/2015-06/13/content_2878969.htm.

❹ 民政部.《关于加强和改进城市社区居民委员会建设工作的意见》解读[EB/OL].（2010-11-10）[2019-05-16]. http：//www.mca.gov.cn/article/gk/jd/jczqhsqjs/201011/20101115113637.shtml.

第四章 当代中国城市社区治理的演进发展与未来方向

应基层社会治理和服务需要。❶ 1991年至2011年城市社区全面建设阶段的工作要点如下。

第一，城市社区建设应包含三个工作层次，一是建立与社会主义市场经济体制相适应的城市社区管理体制与运行机制，优化社区的服务功能。二是建立环境优美、治安良好、生活便利和关系和谐的文明社区。三是扩大社区基层民主治理，推进社区民主建设，实现社区自治。❷

第二，"一手抓实验（示范），一手抓研究"的主要工作方式和发展特色。一方面，民政部下发《全国城市社区建设示范活动指导纲要》，在建设全国社区建设实验区的基础上，积极开展对社区建设示范型市、区活动。❸各省市在示范经验的基础上结合本地实际，出台相应城市社区建设意见并将其纳入地方五年规划中，广泛进行地方性社区建设推广工作，促进了全国性社区建设的整体推进。另一方面，民政部门进一步深入关于城市社区建设的立法调研、实践调研和工作调研。通过调查研究，民政部草拟了居委会组织法的修改稿，强化城市社区建设的法律规则体系建设。民政部总结了社区建设的地方改革和试点经验，为转变政府职能，创新城市基层体制与社区服务奠定基础。同时，民政部也加强了对社区工作专业化、职业化水平的专项调研，力图重建政府与社区关系，为社区建设提供工作指导。

第三，城市社区服务与社区建设的不断融合。城市社区建设最初提出是为了解决社区服务政策无力解决的问题，但两者在内涵、功能上具有一致性和契合性，能够进行相互支持。在城市社区的实际发展中，社区建设并非是对社区服务的简单替代，而是与其全方位融合，共同实现了城市基层管理体制创新。城市社区建设在全国范围内全面发展后，社区服务的项目也随之推进。社区服务体系建

---

❶ 张林江．走向"社区＋"时代 [M]．北京：社会科学文献出版社，2015：8-30.
❷ 民政部副部长李宝库在全国社区建设实验区工作座谈会上谈社区建设的总体思路 [J]．民政论坛，1999（5）：4.
❸ 民政部基层政权和社区建设司．中国社区建设年鉴 [M]．2003：495-498.

设作为社区建设的主要内容与目标，成为当时构建和谐社会的主要抓手。

第四，城市社区建设在基层政权和社区管理体制、机制、思路上的创新。一是实现街居制基础上的社区制改革，健全社区党组织、居民自治组织建设。同时，改善社区服务条件，整合人力资源，加大社区基础设施建设投入，推进政策与社会资源进一步向社区倾斜。二是鼓励政社互动，整合社区资源和社区力量共同建设社区，是这一时期的治理机制特征。城市社区全面建设阶段，打破了长久以来行政一元化的社区治理模式，倡导社区居民、驻社区机关、团体、部队、企事业单位及各种社会团体的"广泛参与"与"互联互动"形成社区建设合力。三是培育社区意识，加强社区工作者队伍建设。以社区党建为核心、以社区居民自治组织为主体、以社区中介组织或社区民间服务组织为补充的发展路子逐步显露出来。城市社区建设中政社的二元化互动为党的十八大之后推进的一核多元化社区治理思路奠定了基础。

总体来看，推动城市社区全面建设，是我国社区治理演进过程的重要历史阶段。城市社区建设的全面推进是适应新形势的重要战略，其政策目标是增强城市基层政权和组织能力。社区建设与社区服务体系建设能够促进社区替代单位成为社会服务的承担者，进而缓解新旧制度交替引发的社会问题，提高社区居民生活质量，扩大城市基层民主，完善城市基层社会管理体制。在国家一系列政策推进下，我国城市社区逐渐完成由传统到现代的转变，并向着新的社区治理方向迈进。

三、2012年至今：城市社区多元治理时期

党的二十大以来，我国城市社区建设进入了社区多元主体治理的全新发展阶段。以习近平同志为核心的党中央通过一系列重要文件、政策，从顶层设计层面对社区治理的战略地位进行了调整。随着经济社会发展和国家工作重

第四章 当代中国城市社区治理的演进发展与未来方向

心的调整,其职能、性质、制度建设、成员素质和办公条件等都发生了深刻变化。党的十八大将"社区治理"的概念首次写入党的纲领性文件之中,并在这次会议报告中强调了社区治理的重要意义。❶ 2013年,党的十八届三中全会提出全面深化改革的目标是推进国家治理体系和治理能力现代化,会议把社区治理作为国家治理现代化的基础性工程,并纳入党和国家的战略部署之中。❷ 2014年,党中央提出推进基层治理法治化,重视社会组织和人民团体在法治建设中的作用。2016年,全国社区建设部际联席会议第二次全体会议通过了《城乡社区服务体系建设规划(2016—2020年)》,紧密衔接上一阶段规划的安排,继承并发展了我国城乡社区服务体系建设的基本思路、经验及做法;同时根据我国社区治理的实际与实践经验,提出了适应全面建成小康社会决胜阶段、新形势新任务的多项创新举措。❸ 2017年,中共中央、国务院出台《关于加强和完善城乡社区治理的意见》,这是中华人民共和国历史上第一个以党中央、国务院名义发布的关于城乡社区治理的纲领性文件,对于城乡社区治理工作具有决定性的影响作用。这一文件开启了我国城市社区治理的新时代,在社区发展历史中具有划时代意义,真正意义上推进了城市社区建设向城市社区治理转型。2017年,党的十九大进一步强调加强社区治理体系建设的重要性,强调其是打造共建共治共享的社会治理格局的重要举措,指出要"实现政府治理和社会调节、居民自治的良性互动"❹。2022年,党的二十大进一步指

---

❶ 中国共产党新闻网.胡锦涛在中国共产党第十八次全国代表大会上的报告[EB/OL].(2012-11-18)[2019-05-16]. http://cpc.people.com.cn/n/2012/1118/c64094-19612151.html.

❷ 共产党员网.中共中央关于全面深化改革若干重大问题的决定[EB/OL].(2013-11-12)[2019-05-16]. http://news.12371.cn/2013/11/15/ARTI1384512952195442.shtml.

❸ 民政部.关于印发《城乡社区服务体系建设规划(2016-2020年)》的通知[EB/OL].(2016-10-28)[2019-05-16]. http://www.mca.gov.cn/article/gk/ghjh/201709/20170915006082.shtml.

❹ 共产党员网.习近平:决胜全面建成小康社会 夺取新时代中国特色社会主义伟大胜利——在中国共产党第十九次全国代表大会上的报告[EB/OL].(2017-10-18)[2019-05-16]. http://www.12371.cn/2017/10/27/ARTI1509103656574313.shtml.

出持续推进基础社区治理现代化意义重大,强调打造人人有责、人人尽责、人人享有的社区治理共同体。❶ 2023年,第十四届全国人民代表大会提出要加强和创新社会治理,推动市域社会治理现代化,完善基层治理,优化社区服务。党的二十大以来,以习近平同志为核心的党中央在社会建设和社区治理实践中形成了新观点,得出了很多优秀的理论成果,必将有助于解决社区建设和治理中的各种困境和问题。2013年至2023年,习近平总书记曾多次强调社区的重要地位和社区治理在国家治理体系中的基础性地位,要求全面提高我国社区建设水平和治理能力。习近平总书记在基层考察时的社区治理讲话重点包括以下内容:一是强调基层工作的重要性,城乡社区是加强和创新社会治理的落实重心,是城市治理的"最后一公里"。二是重视基层党员在社区治理中的作用,强调社区基层党组织的干部队伍建设、基层组织体系建设、群众工作机制建设。同时,他还强调实现群众生活方便和诉求渠道畅通是基层党组织的工作重点。三是强调社区的公共服务功能,要求健全社区的管理与服务体制,整合社区治理资源,增强公共服务能力。社区是党和政府联系群众服务、服务群众的神经末梢。他强调社区应当在党的领导下,充分发挥其服务作用。同时,党中央多次在重要会议中强调社区治理的作用和地位,并对其进行全局性的战略部署。国务院政府工作报告及国家级和地方级的重要规划也都将社区作为一个重要部分进行强调。在党和国家的政策推进下,我国城市社区治理发展态势良好。

根据民政部发布的《2021民政事业发展统计公报》数据显示,截至2021年年底,全国共有省级行政区划单位34个,地级行政区划单位333个,县级行政区划单位2843个,乡级行政区划单位38558个。全国基层群众性自治组织共计60.6万个。其中,村委会49万个,比上年下降2.5%,村民小组395万个,村委

---

❶ 王静.新时代群众参与基层社会治理的生成逻辑、实践模式与发展路径[J].河海大学学报(哲学社会科学版),2023,25(2):97-107.

第四章　当代中国城市社区治理的演进发展与未来方向

会成员208.9万人，比上年增长0.8%；居委会11.7万个，比上年增长3.1%，居民小组135.2万个，居委会成员65.7万人，比上年增长6.6%。全年共有45.1万个村（居）委会完成选举。❶ 如图4-1所示，随着我国城镇化进程加快，作为城市社区自治核心主体的居民委员会数量逐年增长，表明城市社区的数量和规模不断扩大，在向着社区自治的路上不断迈进。

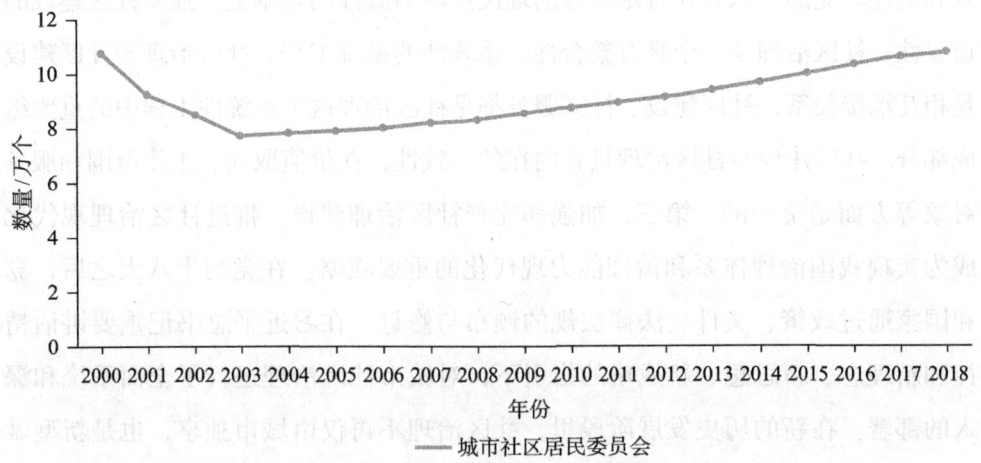

图4-1　城市社区居民委员会的数量发展变化

虽然我国城市社区治理的最初构建，借鉴了全球范围内社区治理的实践与理论经验，特别是参与式治理、协同式治理理论、社群主义理论等。但是我国党和政府一直在探寻中国特色社会主义中的社区治理之路，特别是党的十八大以来，实现一种具有中国特色的城市社区治理的发展路线成为国家治理、社会治理的基础性工程。第一，党的十八大以来在中国城市社区发展实际的前提下拓展了社区治理的理论内涵、服务内容和价值取向。社区治理是构建和谐社会的基

---

❶ 民政部．2021年民政事业发展统计公报[EB/OL]．(2022-08-15)[2023-5-12].https://www.mca.gov.cn/images3/www2017/file/202208/2021mzsyfztjgb.pdf

"双碳"目标下城市社区治理创新研究——基于互动式治理视角

础,是中国社会建设的起点。❶党和国家在这一历史阶段进一步确立了社区治理的首要标准是落实社区人民的根本利益,公平正义为其价值取向,通过利益和资源整合,不断提高城市社区居民的生活质量和水平。社区治理内容也相应扩展,涉及社区的教育、就业、扶贫、社会福利保障、医疗卫生和治安等众多领域。第二,这一时期的城市社区治理具有基层民主政治建设和社会建设的双重背景和属性。党的十八大在肯定社区治理民主政治属性的基础上,强调社区建设的重要性。社区治理是一个具有整合性、系统性的系统工程。社区治理与社区建设是相互承接关系,社区建设、社区服务都是社区治理这个系统性工程中的重要组成部分。社区建设与社区治理具有内在的一致性,在价值取向、工作范围和服务对象等方面是统一的。第三,加强和完善社区治理建设,推进社区治理现代化成为实现我国治理体系和治理能力现代化的重要战略。在党的十八大之后,党和国家通过政策、文件、法律法规的颁布与修订,在习近平总书记重要讲话精神和新理念、新思想、新战略的指引下,对城市社区治理进行了全面系统和深入的部署。在新的历史发展阶段里,社区治理不再仅由城市独享,也是新型城镇化背景中乡村治理的未来发展方向。城市社区治理和乡村社区治理虽然在起点、内在特点、发展进路中都不尽相同,但是其治理的目标、治理方式、治理原则又有一定共性。因此,党的十八大以来,中央重视城乡社区治理的协调和统筹发展。

第二节 低碳社区转型:城市社区治理的未来方向

在互动式治理视阈下,当代中国城市社区治理具有从"管控"到"互动"的演进特征,主要体现为治理主体多元化转变、制度不断转型、治理行动网络

---

❶ 陶希东.共建共享:论社会治理[M].上海:上海人民出版社,2017:3.

第四章　当代中国城市社区治理的演进发展与未来方向

型演进三个方面。"双碳"目标为我国城市社区治理带来了新的转变方向，可以预见的是，未来社区治理将逐步向低碳、绿色、可持续性转变，社区生态治理将成为基层治理值得重视的领域之一。

一、当代中国城市社区治理发展的演进特征

当代中国城市社区治理发展的演进特征主要体现为从"管控"到"互动"发展，这种演进特征：治理主体在结构特征层面上，实现了由行政一元化、政社二元化到一核多元化的转变。治理制度是从单位制和街居制为主，向社区制的演进过程。治理行动的基本特征是由行政控制的社区管理向行政推进的社区建设，再向党政协调的社区治理不断演进的过程。治理行动在策略层面上，则实现了从单一纵向型到纵向主导与横向扩展型，再到纵横网络型的过程（见表4-2）。

表4-2　当代中国城市社区治理发展的演进特征

发展阶段	治理主体结构	治理制度	治理行动基本特征	治理行动策略
行政管理时期 （1954—1990年）	行政一元化	单位制 街居制	行政控制的社区管理	单一纵向型
全面建设时期 （1991—2011年）	政社二元化	社区制初建	行政推进的社区建设	纵向主导、 横向拓展型
多元治理时期 （2012—2019年）	一核多元化	社区制转型	党政协调的社区治理	纵横网络型

（一）一元化向多元化演进的治理主体

1954—1999年，在计划经济体制中的城市社区长期受制于一元行政化主体的管控，这主要体现为治理主体的单一性和治理导向的管控性。一方面，中华

人民共和国成立后，中国城市基层治理结构、治理方式都发生了重大历史变革。单位制的出现，塑造了一个相对封闭、稳定的社区结构，为党和政府进行基层社会管理奠定了良好基础。实际上，城市单位社区本身是对计划经济体制的回应，便于政权的基层渗入，是不折不扣的计划经济附属物。社区行政管理阶段的街道办事处和居民委员会只经历了短暂的权力膨胀期，长期以单位的补充形式而存在。另一方面，城市社区行政管理时期的治理导向是管控与维稳。通过政治运动、政治权威、强制命令和强势干预等方式，将基层纳入国家政权体系中，这表现出自上而下的单一行政控制导向。在这样的治理导向内，社区中的其他主体只被动地接受管理与命令，缺乏参与社区事务的积极性与热情。同时，政府作为社区治理的主要行动者，全面控制了社区中的资源配置、政策确定与方案选择等，社会与市场力量相对薄弱。社区居民成了社区治理中的被管理者和服务接受者，各主体间的互动渠道被堵塞。这不仅与社区居委会建立之初的自治理念背道而驰，而且还会极大影响社会资源配置效率，引发社区治理的合法性危机。❶

城市社区进入全面建设阶段之后，政社二元互动的特征开始逐步凸显。政府开始重视社区自治在社区治理中的重要意义。20世纪90年代后，市场化的全面推进带来了经济发展方式的急剧变革。为迎接这种急剧变革给基层治理带来的挑战，重建与当时经济发展相适应的基层治理制度，社会组织参与社区治理和社区服务的作用逐步凸显出来。❷ 项目制是用于培育社会组织的主要制度形式，以此对社会进行"反哺"。❸ 城市社区治理间主体的互动真正开展还是在党的十八大之后，一核多元的社区治理体制逐步确立。与传统的社

---

❶ 郑杭生，黄家亮. 当前我国社会管理和社区治理的新趋势 [J]. 甘肃社会科学，2012（6）：1-8.

❷ 沈永东，赖艺轩. 撬动资源、凝聚共识与形成规范：数字赋能社会组织提升社区治理的机制研究 [J]. 中国行政管理，2023（4）：22-29.

❸ 周飞舟. 财政资金的专项化及其问题——兼论"项目治国"[J]. 社会，2012，32（1）：1-37.

第四章 当代中国城市社区治理的演进发展与未来方向

区治理不同，现代社区治理最重要的特征是治理主体的多元化。2012年之后，我国城市社区治理进入多元治理时期，政府不再是唯一起决定性作用的治理主体，也不再是唯一的权力来源。社会组织、社区委员会、业主委员会和物业公司等非政府主体，都成为参与社区治理的重要主体。在社区党组织的领导下，鼓励多主体的积极参与社区治理，极大地改变了传统政府单一行政主体主导的社区治理模式，能够有效增强社区治理的活力。此外，在城市社区的一核多元治理结构下，社会组织等主体和政府部门并不是简单地基于对关键资源的行政依赖。社会组织等主体以更加独立的角色参与治理，并与政府主体进行协商与互动。

（二）单位制向社区制演进的制度转型

我国城市社区的行政管理阶段经历了街居制初建、单位制掌控、街居制复归的三个历史阶段，直到2000年社区制初建，才打破了街居制和单位制力量博弈与互动的过程。党的十八大之后，社区制发展进入了一个全新的历史阶段，追求治理现代化、法治化、科学化是新时代城市社区治理的价值诉求。从街居制、单位制到社区制的历史流转中，可以发现三者并非割裂存在的，而是紧密衔接的制度演进过程。

街居制是我国城市的基层管理体制。在当时的历史条件下，党和政府以街居制为制度主体，管理和建设城市基层社会，能够充分发挥城市在国民经济和社会建设中的主导作用。依照法律规定，街道办事处是区级政府的派出机关、居民委员会是基层群众性自治组织，是由居民自治组织进行日常运作的社区社会管理机制。街道办事处与居民委员会为城市居民，特别是机关、企事业单位以外的群众提供了有效的管理和服务。居民委员会下设居民小组，设主任、副主任和委员。工作内容包括日常工作与政府性工作，如协助治安、卫生防控、

"双碳"目标下城市社区治理创新研究——基于互动式治理视角

防火防盗、调解纠纷、水电路灯等基础设施维护、救济贫病、扶贫帮困、分发福利和收取费用等。❶工作性质是大多为行政性、福利性和义务性,接受政府领导与街道指导。街居制的建立是对旧中国以保甲制的基层社会管理体制的革命性变革,是国家行政权力向社区延伸的标志。

单位制是基于中国特色社会主义政治制度和计划经济体制所形成的一种特殊组织,是国家进行社会控制、资源分配和社会整合的组织化形式,承担着包括政治控制、专业分工和生活保障等多种功能。单位制实现了国家对以具体单位为中介对人民社会生活进行全面管制,是我国传统计划经济条件下社会管理体制的核心。它将所有劳动者纳入各类劳动组织(单位)。根据国家总体计划,由劳动组织对劳动者进行劳动分工、组织生产生活和全面管理,同时为其支付各类生活必需品的制度。❷单位制的典型主体形态是党和政府机构(行政单位)、国有管理及服务机构(事业单位)和国有企业单位。❸以单位制为主的城市单位社区具有整体性、全面性、层级性和隔离性的特征。一是随着社会主义经济改造的完成,城市社区居民绝大多数成为单位职工,被广泛纳入高度集体化的单位中进行工业生产和生活。单位不仅负责组织经济生产,同时全面负责组织和管理单位成员的社会活动,使之与单位整合相适应,反映其整体性特征。二是单位向城市居民提供全方位的福利保障,如住房、医疗、教育和治安等。这种福利保障不仅囊括了能够进行生产的城市居民,而且还包括其未就业家庭成员的一切福利保障。特别是对于单位中的"老、弱、病、残"成员有政策倾斜,这反映出全面性特征。三是作为全能主义国家的缩影,单位是在国家计划体制与政策框架内,服从国家要求与上级管理的同构性社会组织。❹虽然具体单位

---

❶ 钟阿城. 日常中国 50 年代 [M]. 北京:中华书局,2017:82.

❷ 邱梦华. 城市社区治理 [M]. 北京:北京大学出版社,2019:61.

❸ 李路路. 单位制的变迁与研究 [J]. 吉林大学社会科学学报,2013(1):11-14.

❹ "同构性"主要指全国不同职能的企事业单位组织具有同一模式组织结构,且接受中央统一号令。参见雷洁琼. 转型中的城市基层社区组织 [M]. 北京:北京大学出版社,2001:80-82.

第四章 当代中国城市社区治理的演进发展与未来方向

可以相对独立运行,组织单位成员的生产生活,但是必须对上级单位负责,接受上级的管理与监督。同时,各单位内具有与行政级别相适应的党组织,对单位进行领导。❶ 行政级别是单位的重要属性,它规定了单位在相关职能领域的纵向链条中的位置,直接关系其社会政治生活中的地位与资源分配❷,进而影响其成员的福利保障,这反映出层级性特征。四是单位本身具有政治、社会、专业分工等多种功能。但单位是财务独立核算的基层法人,作为企业,其资源具有相对独立性和非流动性。同时,单位将城市社区空间划分出"墙内"与"墙外"两个空间领域,"单位人"在"墙外"的生活空间则极为有限❸,这反映了单位制隔离性特征。

21世纪以来,社区制成为城市基层治理的主要管理制度,这是时代发展的必然要求。一方面,改革开放打破了单位制的高墙,原来的封闭社区结构被开放性的社区空间所替代。随着"下岗潮"的到来,"无归属单位"人群与日俱增,丧失单位依赖的人口大量走入社会,由"单位人"向"社会人"转型。市场经济的发展加快了城镇化的道路,进城务工人员成为此时城市社区的主要流动人口。为此,社会整合成为当时城市基层管理的首要任务。传统的街居制在应对社区发展环境的巨变导致的一系列问题时,显得有些力不从心。社区制的诞生,能够缓解政府与党组织的行政负担,加强与社区联系,并且促进党和政府将工作重心由社区管理向社区服务转移。社区制还能够借助社会力量,及时满足社区居民的利益需求,提供优质社区公共服务,进而实现个人与社会的发展。另一方面,随着人民物质文化水平的提高,城市社区居民不再只满足于吃饱穿暖的基本生存需要。生活质量和生活品位提升成为21世纪以来的普遍心理诉求。

---

❶ 朱光磊. 当代中国政府过程 [M]. 天津:天津人民出版社,1997:350.
❷ 邱梦华. 城市社区治理 [M]. 北京:北京大学出版社,2019:61.
❸ 薄大伟,David Bray. 单位的前世今生:中国城市的社会空间与治理 [M]. 柴彦威,等译. 南京:东南大学出版社,2013:17-21.

社区是人民实现美好生活愿望的现实空间，是人们社会生活的温馨家园，因此，城市社区居民对社区建设与社区服务水平有了更高的期待。从基础设施建设到居住环境优化，从教育、卫生、治安服务到社会福利保障，社区承担了巨大的改革重任。社区居民也迫切想成为自己生活空间的治理主体，实现其自治诉求。而单位制和街居制无法实现上述要求。在这种情境下，社区制的出现具有必然性。社区制不是对街居制、单位制的简单替代，而是从理念、形式和目标方面的全面超越。在理念上，社区制坚持以人为本，强调对人的物质关怀、精神关怀、社会关怀与政治关怀。在形式上，社区制强调由行政控制向协调社区居民参与治理的转变，尽力改变以往的命令式科层管理模式。在目标上，社区制则强调社区治理"善治"，政府将一些无力承担的社区事务归还于社区，形成政府、社会、市场之间的良好的互动合作模式。❶

（三）纵向型向网络型演进的行动策略

在城市社区治理的历史沿革过程中，治理主体间存在纵向型向网络型演进的行动策略特征。在城市社区行政管理阶段，政府一元主导的管理模式是自上而下的纵向型策略，是基于科层体制与官僚体系的纵向社会整合，而由下至上的互动情况极为稀少。❷这种纵向型的行动策略虽然会提高政府行政效率，加强政府对基层的管控，但是也会带来严重的治理问题，包括市场交易机制、社会自愿机制和协作机制在内的非政府治理机制功能被动弱化，从而限制了社区治理的绩效提升。从我国城市社区治理的全面建设时期开始，这种纵向型行动策略开始向纵向主导、横向互动转型。虽然政府依旧在社区的各项事务中占据主导地位，但是也逐渐开始重视社会力量的重要性。虽然社

---

❶ 邱梦华，秦莉，等.城市社区治理[M].北京：清华大学出版社，2013：67.
❷ 黄冬娅.多管齐下的治理策略：国家建设与基层治理变迁的历史图景[J].公共行政评论，2010，3（4）：111-140，204-205.

第四章 当代中国城市社区治理的演进发展与未来方向

会组织的运作方式体现出行政特征❶，但政府也积极培育社会组织，并直接促进社会组织的井喷式增长。横向互动的行动策略是指这一时期内，社区的多种治理主体通过多样化方式进行互动。这具体表现政府通过积极培育社区意识，增强社区居民和驻区单位的认同感和归属感，进而提升社区其他治理主体的参与与自治意识。通过积极培育社区组织，社区逐步建立起相对健全的社区组织体系，即以社区党组织为领导，协调居委会自治组织和其他非政府组织的关系。这为我国城市社区建立各尽其责、相互配合的良性互动机制，实现有效互动提供组织保障。

　　近年来，我国城市社区治理的行动策略逐步向纵横交错的网络型转变。任何单一向的互动策略都无法形成稳定机制，这种网络型互动策略在城市社区治理之中具有更强稳定性。❷这种网络型治理行动策略既包括上下互动的纵向网络，又包括左右联动的横向网络。纵向互动网络是社会组织与政府之间的联结机制，强调政府通过协调、统筹的方式参与治理社区事务。纵向互动网络是社会组织成长的重要力量，社会组织能否获得政府的政策、财政和资源等方面的支持，直接影响其发育程度。横向互动网络是社会组织内部成员间平等地协商沟通的互动网络，各治理主体通过合作、协商和互动等方式参与治理社区事务，是一种基于市场原则、公共利益和认同的合作。❸横向互动网络也包括政府各职能部门在社区治理过程中的合作、协调与双向互动。构建纵向网络和横向网络互动的行动策略体系，需要一种基于多中心、开放式的纵横协调机制。这种协调机制是在多方"同意"的基础上，通过利益集团、各方的平等协商而协调多方利益的机制。纵横协调机制的运行还取决于以下若干重要条件：一是基本

---

❶ 桂华.项目制与农村公共品供给体制分析——以农地整治为例[J].政治学研究，2014（4）：50-62.
❷ 汪锦军，张长东.纵向横向网络中的社会组织与政府互动机制——基于行业协会行为策略的多案例比较研究[J].公共行政评论，2014，7（5）：88-108，190-191.
❸ 孟荣芳.国家与社会关系视角下的我国城市基层管理体制变迁分析[J].兰州学刊，2013（6）：143-149.

"双碳"目标下城市社区治理创新研究——基于互动式治理视角

前提是社会中存在相对独立的多元主体，横向协商具有基本的可能性。二是在国家政治和体制层面，确认协调各种力量的框架，以此保证纵横协调的有效性。三是加入横向谈判的主体应拥有"责任""理性"等基本素养，以确保协调机制的有效运行。我国城市社区治理的行动策略向纵横交错的网络型转变的特征，与互动式治理中行动者的互动策略不谋而合。

综上所述，在社区多元治理的历史阶段，通过纵横交错的互动网络构建：一是能够实现国家、社会、市场各方利益平衡和效果优化；二是可以实现多治理行动者之间的共同协商、共同讨论、共同决策，能够有效调动各方面参与社区治理的积极性，形成治理合力；三是有利于构建社区福利服务、互助服务和市场有偿服务相结合的多层次、广覆盖的社区服务网络，方便居民生活，提高居民生活质量。

二、低碳社区转型：城市社区治理的未来方向

社区是人们生活、生产的主要场所，承载了人们对美好生活的无限向往。社区是应对全球气候变化、建设低碳城市的重要空间载体之一。❶不论社区的概念被国内外学者赋予何种内涵与定义，社区的建立本身都需要一定的地理位置，都与其所在地的自然生态基础关联密切。社区范畴内的水、空气和能源等自然资源与其所生活的居民环境息息相关，影响着社区居民的日常活动，也直接影响着社区治理的效能与高质量发展。气候变化不仅是全球当下面临的最严峻的挑战之一，更是需要政府与社会力量共同采取措施应对的难题。

在"双碳"目标下，基层社会治理现代化的一个重要要求是需要加大推进城市社区治理的低碳转型。这种转型不仅是经济层面的低能耗、低污染、低排放，而是在治理层面的人们生产方式、生活习惯、价值观念和思维逻辑的转型。

---

❶ 叶昌东，周春山. 低碳社区建设框架与形式 [J]. 现代城市研究, 2010, 25 (8): 30-33.

— 112 —

第四章 当代中国城市社区治理的演进发展与未来方向

源于对气候与生态问题的关注，为倡导尊重自然与以人为本，发达国家曾推崇过一段时间的可持续社区的建设，大约持续了几十年。可持续社区的目标，是通过运用可持续发展理论解决社区面临的经济、社会和环境问题，建立一套符合生态需求，并在经济、社会中皆具有可操作性的社区决策运作和治理机制。可持续的社区其实与低碳社区要求已然不谋而合：既有低碳交通系统，又要有社区节能设施，从建筑设计到社区内的水、电、气等资源都应符合节能需求。在可持续社区建设发展后期，全球各地城市治理中开始主张低碳社区或碳中和社区建设，如英国贝丁顿、德国弗班、瑞典维克舍等城市，皆采取了一系列措施以推进社区低碳转型。这些社区通过最低碳排放、加强生态绿化、降低能源消耗、影响居民行为模式、提高能源利用效率等措施，致力于达成零碳排放目标。

我国对低碳社区的关注可追溯到21世纪初期，最早将低碳社区建设作为低碳经济实现的基础，并称低碳社区为"未来的居住形式"❶。低碳社区建设可以依据社区的基本情况，如基于地域空间、职业空间、生活空间和虚拟空间等不同性质的社区，将其划分为四种主要低碳社区形式。❷

低碳社区转型主要路径包括自上而下的社区低碳规划与自下而上的社区参与。早期比较重视城市社区的低碳规划建设，将其视为低碳城市的主要基础与关键技术❸，也认为其是低碳社会发展的基本要求。❹低碳社区规划的框架体系包括规划的体系、流程和策略等诸多方面。❺ 2009年，宁夏地方政府通过公共服务购买的方式，与社会组织达成契约合作，在社区开展"酷中国

---

❶ 辛章平，张银太.低碳社区及其实践[J].城市问题，2008（10）：91-95.

❷ 叶昌东，周春山.低碳社区建设框架与形式[J].现代城市研究，2010，25（8）：30-33.

❸ 黄文娟，葛幼松，周权平.低碳城市社区规划研究进展[J].安徽农业科学，2010，38（11）：5968-5970，5972.

❹ 李志英，陈江美.低碳社区建设路径与策略[J].安徽农业科学，2010，38（21）：11516-11518.

❺ 余侃华，蔡辉.基于低碳视野的我国社区规划体系重构与机制探新[J].生态经济，2012（7）：184-188.

—113—

2009 年全民低碳行动试点项目"的契约合作,此项目是在全国 8 个省份选取 10 个城市试点,并在每个城市选择 330 户家庭进行家庭碳排放调查和分析,通过结果对其有针对性地开展环保宣传活动,实现降碳减排的低碳社区规划。❶广州亚运城社区低碳生态规划坚持"绿色亚运"的理念,向国际社会展示了我国社区低碳行动与可持续城市化的实际努力。❷武汉着力推进宜居型社区建设,而主要措施之一是低碳生态社区的规划设计。❸学者们还通过了解广州市城市居住社区碳排放的影响因素,为进一步完善低碳社区规划提供建议。❹为实现低碳社区转型,除自上而下的社区规划外,人们逐渐认识到社区参与力量的基层行动是不可忽视的一项重要因素❺,个体行为改变对低碳社区构建产生一定基础性作用。❻

2020 年,结合"双碳"目标的发展需求,我国低碳社区建设工作有了新的发展。社区本质具有特殊性,其兼具空间和社会双重属性。因此,"双碳"目标下的社区低碳转型与低碳更新,是"双碳"目标实现的重要着力点,也是未来社区治理的主要方向。一方面,政府需要规划低碳社区发展模式,以主导力量推进低碳社区建设发展;另一方面也需要加大社区居民在低碳社区建设与治理

---

❶ 李东林,杨海洪.契约合作:地方政府公共服务购买的选择与实践——以正茂社区"居家养老服务"和"酷中国 2009 低碳"项目为例 [J].宁夏大学学报(人文社会科学版),2009,31(6):169-171,195.

❷ 肖荣波,蔡云楠,吴婕,等.基于生态问题导向下的广州亚运城社区低碳生态规划 [J].现代城市研究,2010,25(12):16-23.

❸ 闵雷,熊贝妮.宜居型社区规划策略研究——以武汉低碳生态社区规划为例 [J].规划师,2012,28(6):18-23.

❹ 江海燕,肖荣波,吴婕.城市家庭碳排放的影响模式及对低碳居住社区规划设计的启示——以广州为例 [J].现代城市研究,2013,28(2):100-106.

❺ 王芳.生态责任、草根行动与低碳社区的能力建设——英美案例及其启示 [J].江苏行政学院学报,2011(6):61-66.

❻ 蒋惠琴,张丽丽.基于个体行为改变的低碳社区建设研究 [J].科技管理研究,2013,33(5):202-205.

第四章　当代中国城市社区治理的演进发展与未来方向

中的参与度与获得感。[1]在总结低碳社区试点工作的典型做法和工作经验基础上，探索低碳转型的创新路径，可以为低碳社区转型提供助力。互动式治理理论与机制在社区治理中的应用，正是为此提供了新的思路和方法。

在前人的阶段划分基础上，将研究对象不单纯限定在狭义上、官方定义之后的社区治理上，而聚焦于广义的城市社区治理历史中。基于互动式治理理论分析视角和"行动者—制度—行动"分析框架，中华人民共和国成立以来的城市社区治理历史沿革划分为三个历史时期：城市社区行政管理时期（1949—1990年）；城市社区全面建设时期（1991—2011年）和城市社区多元治理时期（2012—2019年）。这个划分依据是治理主体的转变和治理制度、治理政策的变化。由于三个不同历史时期具有不同的治理主体、治理制度和治理行动策略，所以，我们在分析和考察当代中国城市社区治理时，可以发现其在新中国成立之后的演变特征。总体而言，从传统社区到现代社区转向，是当代中国城市社区治理的发展趋势，而从管控到互动则是当代中国城市社区治理的演进特征。更可预见的是，在城市更新和"双碳"目标实现的双重背景下，城市社区更新和低碳绿色转型将会是未来城市社区治理的重要发展方向。

---

[1] 陈一欣，曾辉. 我国低碳社区发展历史、特点与未来工作重点 [J]. 生态学杂志，2023，42（8）：2003-2009.

第五章 "双碳"目标下城市社区治理的创新实践

党的十八大以来,我国城市社区治理迈向新时代,也是基层社会治理的一个全新历史时期。❶中国特色社会主义进入发展的新阶段;我国社会主要矛盾的新转变。❷新阶段的"新",体现为新需求、新交集和新格局:社区居民幸福与归属的精神新需求;自上而下行政要求和自下而上利益诉求的新交集,以及共建共治共享的社区治理新格局。为应对全球气候变化,各个国家在对碳排放量进行有效控制方面已达成共识。2030年我国力争实现碳达峰,2060年实现碳中和的"双碳"目标实现,需要各个城市社区治理的积极实现与积极响应。因此,在新阶段时代背景下,城市社区治理也有着不同的发展,在我国城市不同社区治理类型中有着百花齐放的创新实践,又表现出了不同的特点。

第一节 不同社区治理类型的实践探索

社区治理类型是在社区地域范围内,不同治理主体在一定制度框架内进

---

❶ 卢磊.社区治理迎来新时代[J].社区,2017(30):1-1.
❷ 习近平.我国社会主要矛盾已经化为人民日益增长的美好生活需要和不平衡不充分的发展之间的矛盾 [EB/OL].(2017-10-18)[2019-04-15]. http://m.people.cn/n4/2017/1018/c204500-9999520.html?from=timeline.

第五章 "双碳"目标下城市社区治理的创新实践

行互动与相互作用的模式与过程。西方学者将社区治理模式的划分，大致分为"政府主导型""社区自治型""多元混合型"三种模式。❶这种划分方法显然不符合我国社区治理的现状。基于我国社区治理的实践情况，我国社区治理是以党组织为领导核心，以政府为主导力量的治理模式，社区治理的顶层设计、政策制定、成效验收基本由党政机构进行持续性推进。这种治理模式是符合我国长久以来的历史文化传统、政治经济社会背景和中国特色社会主义制度建设的时代选择。因此，在党政主导社区治理的前提下，按照社会和市场力量的参与程度，中国城市社区治理类型可划分为"行政导向""社会导向""市场导向"三种类型。在差异化社区治理类型中，国家行政力量、社会力量和市场力量相互进行了不同程度的博弈与互动，可以被认为是互动式治理的创新实践与初探。从大都市边缘社区的社会融合到运用"互联网+"理念的智慧社区建设，再到新型城市社区中市场力量的参与，我们不难发现基于差异化治理导向的城市社区面对新环境、新问题所进行的互动性实践创新。

一、行政导向：大都市边缘社区治理实践

"行政导向"社区治理以党组织为领导，政府作为城市社区治理中建设和供给公共服务的主导力量，公共权力权威在社区治理过程中发挥着重要作用，呈现出一种"自上而下"的治理逻辑。❷城市社区治理的互动以行政权力为中心，政府在互动过程担任重要角色，社区公共事务管理的领导者、执行者和监督者，承担风险和责任。鉴于城市社区事务的复杂性和艰巨性，政府将部分职能下放社区，引导和鼓励社区内的社会力量参与治理（社区居民委员会、

---

❶ 张铮，姜鞠.困境、反思、探索：城市社区治理中政府职能的角色重构与转变创新[J].新华文摘，2017(10)：11-14.

❷ 郭亚杰，周洁.社区建设：背景、模式和发展趋势[J].学习与探索，2004(6):42-44.

物业管理公司、业主委员会)。"行政导向"型社区治理是我国最典型也是最普遍存在的城市社区治理模式，坚持政治力量和行政力量主导社区事务，在社会问题较为集中、秩序尚未完全规制好的边缘社区中有着无可比拟的优越性。

城市边缘社区，与城市中心社区相对应，是大城市中的"城乡边缘地带"(urban-rural fringe)、城市阴影区(urban shadow zone)，是城市中一种特殊的社区存在形式。❶边缘社区是新时代城镇化中的"转型社区"❷，是人群与空间进行"入侵—渗透"的动态社区形态❸，也是城乡融合的关键场域。从党的十八大至党的二十大这10年时间，我国城乡一体化战略在全国范围内顺利开展，中国新型的城乡关系逐步确立，并开始进入城乡融合的新阶段。社区治理是我国社会治理创新的重要基石，也是在城乡融合阶段必须重视的关键问题。城市边缘社区是城市和乡村链接的纽带，也是新时代下我国社区治理实践中矛盾和冲突最频繁的地带。边缘社区符合城市社区的性质，又有乡村社区缩影，因此具备城乡二元体制特征，并呈现出异质性、分散性、过渡性和流动性等特点。❹

上海市是长三角的唯一大城市，是长江经济带发展的"龙头城市"。❺上海作为大都市的典型代表，其边缘区是环绕中心城区的连续、环状实体行政区域。

---

❶ 住房和城乡建设部办公厅. 智慧社区建设指南（试行）[EB/OL].（2014-05-04）[2019-04-15]. http://www.mohurd.gov.cn/wjfb/201405/t20140520_217948.html.

❷ 王振坡，张安琪，王丽艳. 新时代我国转型社区治理模式创新研究[J]. 城市发展研究，2020，27（1）：89-94，101.

❸ 李志刚，于涛方，魏立华，等. 快速城市化下"转型社区"的社区转型研究[J]. 城市发展研究，2007（5）：84-90.

❹ 金太军. 从"边缘"治理到"多中心"治理：边缘社区治理体制创新研究[J]. 中共中央党校学报，2018：77-83.

❺ 长江经济带发展规划纲要正式印发[EB/OL].（2016-09-12）[2019-04-15]. http://www.gov.cn/xinwen/2016-09/12/content_5107501.htm.

第五章 "双碳"目标下城市社区治理的创新实践

目前，上海市边缘社区治理面临一系列治理难点：空间结构和布局复杂、公共设施配套与中心城差距明显、人口流动性大难以管理、生态环境问题严重、矛盾和冲突频发等。❶ H 社区位于上海市边缘区。在快速城镇化的背景中，H 社区经历"农村社区—城镇社区—城市社区"的三个转变过程，具有明显的"城市—乡村"过渡性特征。❷ 如今的 H 街道社区让曾经的边缘社区面貌焕然一新，呈现出勃勃生机。

2020 年，我国"双碳"目标提出之后，上海市政府及各区先后发布了碳达峰的具体实施方案，出台了与社区试点建设相配套的建设指南与工作方案（《上海市低碳示范创建工作方案》（2022—2024 年），积极推进上海市"十四五"期间低碳示范创建工作。通过低碳社区治理的制度配套，不仅在能源、产业、建筑和交通等层面提出了绿色低碳的工作目标，还提出了"绿色低碳全民行动"倡议，并要求开展"低碳社区"创建活动等低碳建设与宣传活动。

"行政导向"社区治理中行动者互动主要包括以下三方面内容：一是行政力量直接介入。这种做法能密切联系群众，发挥政府在城市社区治理中组织群众的优势。社区居民委员会脱离"群众自治组织"属性，成为政府介入社区治理的基层单位，受政府行政领导。二是政府牵头构筑互动协商平台。这是政府间接参与社区治理的主要表现形式，有助于实现社区治理主体间的良性互动。三是社区公共服务供给方面实现政府力量、社会力量和市场力量三方互动。政府以主导性力量整合社会资源、企业资源，充分发挥市场作用。例如，政府购买居家养老服务，即由政府将购买服务开支纳入财政预算，购买公共服务，由非政府组织进行项目具体操作运行，实现三方协调互动。

上海 H 街道社区治理的行动者以基层党组织为核心、多方行动者共存，政

---

❶ 陈琳，黄珏，陈星，等.上海市城镇圈空间组织模式及规划实施模拟研究[J].上海城市规划，2017（4）：57-64.

❷ 王稼祺.上海城乡接合部"过渡性社区"的福利治理研究[J].现代管理科学，2019（11）：66-68.

"双碳"目标下城市社区治理创新研究——基于互动式治理视角

府为多方行动者构建党员参与平台、党群组织联动平台、民生需求和问题导向平台、企业文化平台、和谐劳动关系平台和保障机制平台。❶该社区的行动者互动运作机制是"五位一体"协调互动机制,即以"社区通"为互联网技术物质载体,充分发挥社区党组织、政府组织、居民委员会、业主委员会和物业管理公司等主体进行协调互动,共同参与到社区公共事务治理之中。"行政导向"治理逻辑是符合我国国情的城市社区传统治理导向,能够短时间高效率整合社区,适用于社会治理资源匮乏的老旧小区和亟须秩序重建的边缘社区治理,具有其合理性和可行性。所谓"集中力量办大事"❷,在"行政导向"治理逻辑下,上海H街道社区公共政策运行具有高度衔接性,政府在对边缘社区发展规划、综合管理方面具有较高统合力和效率,确保社区治理中的行动者各司其职,充分发挥主体力量,规范社区治理的和谐秩序。

2006年,上海市政府"撤二建一",将两个城镇社区改组成为现在的S街道社区。上海市政府重视边缘社区在城乡融合中的地位和作用,也致力于解决边缘社区中的利益冲突和社会问题,旨在构筑新时代下的城乡共生关系,促进城乡尤其是两者边缘融合地区的社会融合,实现城市社区低碳治理。目前,H街道社区人口构成为本地原住居民、中心城转移居民和外来流动性居民。其中,2012年非户籍人口占据了总人口的1/3。人口流动性大、成员结构复杂、加之"农村—城市"二元性质特征,治理难度颇高。

为实现边缘社区治理中的良性互动,2014年上海市委开展以"创新社区治理,加强基层建设为主题的一号调研课题,推进"管理"向"治理"转变。2015年,作为"一号课题"的成果,上海出台创新社会治理加强基层建设的"1+6"文件,其中"1"是核心文件,即《中共上海市委上海市政府关于进一

---

❶ 何绍辉.陌生人社区:整合与治理[M].北京:社会科学文献出版社,2017:78.
❷ 邓小平文选(第3卷)[M].北京:人民出版社,1993:377.

第五章 "双碳"目标下城市社区治理的创新实践

步创新社会治理加强基层建设的意见》❶；6个配套文件为深化本市街道体制改革、完善居民区治理体系、完善村级治理体系、组织引导社会力量参与社区治理、深化拓展网格化管理提升城市综合管理效能、社区工作者管理的实施意见和管理办法。❷ "1+6"文件成为上海市社区治理中各方行动者互联互动的制度保障，能够实现治理的纵向贯通与横向发展，以党建为核心，组织多方力量共同参与社区治理创新的实践中来。2017年，《中共中央 国务院关于加强和完善城乡社区治理的意见》则为上海市社区治理指引了发展方向。三部地方性法规《街道办事处条例》❸《居委会工作条例》❹《村委会组织法实施办法》❺相继出台，以完善上海市社区治理法治保障体系。同时，地方政府还推行一系列具体工作制度，以此保障边缘社区治理及各主体间的良性互动，如错时工作制度、首问负责制度、日常走访制度和"全岗通"制度等。在制度化保障前提下，上海市城市边缘社区乃至基层治理能实现健康有序地在法治轨道运行。

该社区主要的治理探索包括以下五个方面内容：①划定明确权责边界。该社区地理位置处于行政社区管理边缘的交会地，曾出现"一地两府""一地多主"的格局❻。上海市政府出台相关文件，科学、合理、适时调整行政区划边

---

❶ 中国共产党新闻.解读上海市委一号课题成果"关于进一步创新社会治理加强基层建设的意见"[EB/OL].（2015-01-05）[2019-04-15]. http://dangjian.people.com.cn/n/2015/0106/c117092-26336495.html.

❷ 中国上海.什么是"1+6"文件？[EB/OL].（2015-08-25）[2019-04-15]. http://www.shanghai.gov.cn/nw2/nw2314/nw32792/nw38901/nw38903/u21aw1047760.html.

❸ 上海人大.上海市街道办事处条例 [EB/OL].（2016-11-02）[2019-04-15]. http://www.spcsc.sh.cn/n1939/n2440/n3334/u1ai135344.html.

❹ 上海人大.上海市居委会工作条例 [EB/OL].（2017-04-27）[2019-04-16]. http://www.spcsc.sh.cn/n1939/n1948/n1949/n2329/u1ai145920.html.

❺ 上海人大.上海市实施《中华人民共和国村民委员会组织法》办法 [EB/OL].（2017-03-01）[2019-04-16]. http://www.spcsc.sh.cn/n1939/n1948/n1949/n2329/u1ai140427.html.

❻ 刘君德.中国大城市基层行政社区组织重构：以上海市为例的实证研究 [M].南京：东南大学出版社，2013：132.

"双碳"目标下城市社区治理创新研究——基于互动式治理视角

界,进而解决因区划引发的管理体制矛盾,为良好的社区治理提供前提条件。②尝试建立边缘社区向城市平稳过渡的治理政策。建立过渡性社区治理政策及乡镇治理体制,一般包括镇管社区模式❶、分片管理模式和街镇并存模式。完善的管理体制结构能够加强顶层设计和基层创新的融合,因地制宜地展开城市边缘社区治理工作。③保障城乡人口的双向自由迁徙,应对边缘社区的跨界管理矛盾、人户分离、人口流动性大等问题。④推行"美丽街区"政策,一是推进以拆违为重点的市容环境综合整治。目标是做到"三个全面清除",即全面清除违法搭建、全面清除违法经营、全面清除违法居住,累计拆除违法搭建达28.6万平方米,消除违建安全隐患。二是加强社区的基础设施改造和建设(包括道路改造、铺设沥青路面、建筑物外立面美化、围墙修复、绿化、景观灯光优化、绿化改造、增添停车位和无障碍坡道等基础设施),打造边缘社区的宜居环境。在推进"美丽街区"建设中,坚持结合城市精细化管理、大调研及创建全国文明城区;坚持天际线(空间)清理行动、腰际线(立面)清洁行动、地平线(平面)整治行动;做到进一步提升城市景观形象、生态环境水平和H社区文化内涵。三是推进城乡公共服务均等化,调整边缘社区的资金运作,优化医疗、教育、环境、就业和就学条件,与城市中心社区尽力同步。⑤实行以"更安全、更有序、更干净"为中心的"美丽家园"社区治理政策,一是坚持党建领导的社区自治,协同推进各方共同推进社区治理。二是提升社区文化建设,编撰《街道志》,挖掘和发扬社区文化历史传统。在社区建筑建设中体现文化元素,凝固社区历史。三是积极推进边缘型开发区—社区治理体制新模式,处理好边缘社区与开发区的关系。

---

❶ 镇管社区模式涵盖政府管理、服务职能在基层的延伸,也涵盖构建社区共商共议平台,推动社区基层党建和社区自治等内容。此模式是一种基层治理模式的创新,是一种中间、过渡性质的体制安排,能够低成本、动态化地对城市化中的社区治理进行体制调适。参见叶敏,熊万胜. 镇管社区:快速城市化区域的镇级体制调适——以上海浦东新区H镇的镇管社区建设经验为例 [J]. 中国行政管理,2018 (10):98-103.

第五章 "双碳"目标下城市社区治理的创新实践

总而言之,在"行政导向"社区治理中,以党政为主导力量对于推进社区发展、供给社区服务、实现绿色低碳转型层面发挥了巨大优势。在社会矛盾相对复杂、社会冲突相对频发、社会治理问题相对集中、社区治理秩序相对混乱的城市边缘社区,这种治理导向能够快速整合社区治理资源,进行有效社区治理行动。鉴于城市社区低碳治理事务的多样性、复杂性和艰巨性,党政力量也开始逐步吸纳社会力量共同参与治理,成为构筑互动平台、主导社区治理进程、协调多方力量的主要行动者。

二、社会导向:智慧社区建设的治理实践

智慧社区建设与数字技术驱动在低碳社区转型中承担关键性作用。数字技术能够帮助进行海量数据中的精准挖掘与内容整合,不仅能够做到实时观测与管理,还能够继续科学有效分析与预测,从而避免风险的发生概率,在及时掌握社区碳排放总量、关注民情民意动态、社区低碳发展的智能分析与评估中发挥不可估量的作用。在社会导向型社区中,智慧社区建设与社区低碳治理实践表现较为出色。"社会导向"社区治理是指在党组织为领导核心的前提下,政府通过负责提供规则、制度、政策和基础性的公共产品来实现自身在社区的主导性地位。核心在于国家权力逐步从社会领域退场,城市社区权力主体不断下移,进行社区权力重构,达到政府放权与分权,强调社区组织在社区治理中的主体地位与功能。社区治理方式也从单一中心领导向一核多元的多主体互动转变。在这种社区治理类型中,国家力量可以被看作宏观性地参与社区治理,减少直接"下场"参与的次数,或者以协调者的身份参与治理过程。韦伯认为,"一个自治的团体应是自己制定章程,并由团体自身任命领导班子,而非假以他人"[1]。我国城市社区治理模式无法达到韦伯理论

---

[1] 马克斯·韦伯. 经济与社会[M]. 林荣远, 译. 北京: 商务印书馆, 1998: 83.

认定下的完全自治，社区建设与发展的政策选择、顶层设计、监督考核，甚至人事任免都需要政府力量参与，这是由我国国情、历史和社会发展状况而决定的。但是从目前实践来看，以网络治理、智慧治理等新技术手段为前提，以自媒体发展为媒介，以互联网信息平台为空间，社会力量日益成为社区治理的重要力量。贵阳市Y社区是这样一种典型社区，源自社区规模不大、人口流动性小、居住区相对密集，呈现出半"熟人社会"特质，社会力量的参与性及与其他行动者的互动性较强。

2012年11月5日，根据《关于撤销四十九个街道办事处设立九十个社区服务中心的通知》要求，贵阳市所有街道办皆撤销，建立新型社区，推行"社区党委—居民议事会—社区服务中心"治理模式，将社区服务真正推行到群众中间，开展"一站式"服务和"一条龙"服务。目前，贵阳市已实现从"市—区—街道—居委会"向"市—区—社区"三级管理转变，加强社区管理服务功能，夯实城市基层政权，被誉为"贵阳模式"。这标志着贵阳市社区治理结构的重要转型。

中国正在积极推进网络建设，让互联网发展成果惠及中国人民。❶党的十八大提出，2020年全面建成小康社会的目标之一就是要实现"信息化水平大幅提升"❷。智慧社区建设是基于互联网发展和信息化水平提升的成果之一。所谓智慧社区，是通过综合运用现代科学技术，整合区域人、地、物、情、事、组织和房屋等信息，统筹公共管理、公共服务和商业服务等资源，以智慧社区综合服务平台为支撑，提升社区治理和小区管理现代化，促进公共服务和便民

---

❶ 人民网.习近平的6个"互联网思维"[EB/OL].（2014-11-20）[2019-04-16]. http://politics.people.com.cn/n/2014/1120/c1001-26064303.html.

❷ 人民网.胡锦涛在中国共产党第十八次全国代表大会上的报告[EB/OL].（2012-11-18）[2019-04-16]. http://politics.people.com.cn/n/2014/1120/c1001-26064303.html.

利民服务智能化的一种社区管理和服务的创新模式。❶ 2013年8月，全国第二批智慧城市的试点名单之中贵阳市名列其中。自此，贵阳市的智慧社区建设进入全面推进阶段，社区信息化和网络化建设取得了较大进步（见图5-1）。Y社区是贵阳市实行"新型智慧社区"的试点社区，社区治理工作依托智慧社区综合信息服务平台，将物业智能化、服务便捷化为实施目标，为社区居民提供更优服务和互动平台，建设现代美好生活。

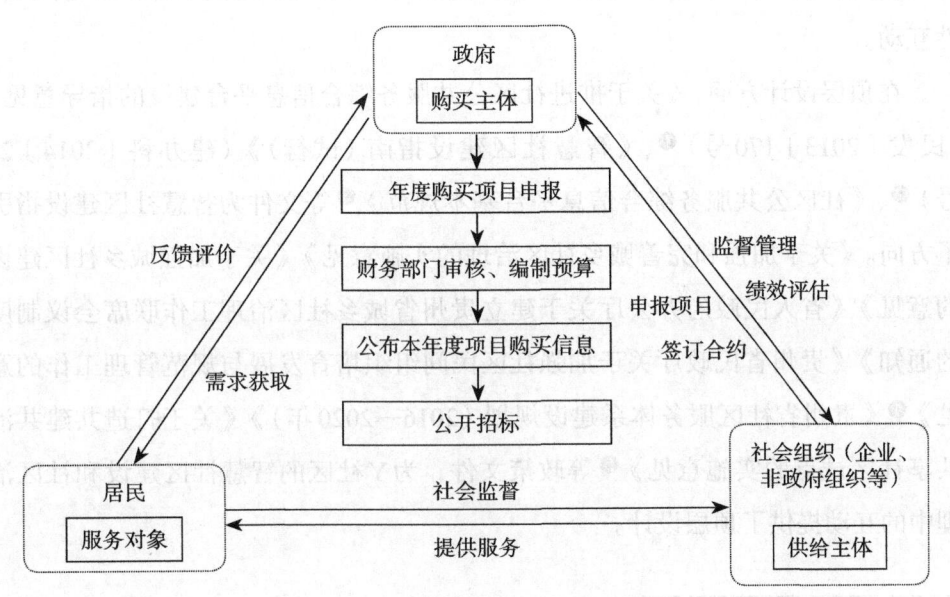

图5-1　非竞争性政府购买服务流程图

"社会导向"社区治理的主要表现形式（多元力量）参与社区公共事务处理。Y社区的治理行动者包括社区党委、社区工作站、社区居民委员会、驻区单位、业主委员会、物业管理公司、社区非政府组织、社区企业及社区居民。

---

❶ 住房和城乡建设部办公厅. 智慧社区建设指南（试行）[EB/OL].（2014-05-04）[2019-04-16]. http://www.mohurd.gov.cn/wjfb/201405/t20140520_217948.html.

随着社会发展水平的提高,社区非政府组织的发育态势良好,社区居民参与治理意识也随之显著提升。社会力量拥有更多自主权并逐步扩大化参与到城市社区治理。因此,在"以社会为导向"的社区治理类型中,多元主体互动渠道和方式是关注重点,加之智慧社区建设为载体,为多元主体间的沟通与互动提供更多可能性。例如,基于信息化网络技术建立社区统一的智慧共建共享共治信息平台,以此确立自上而下政治合法性和自下而上社会合法性,实现"党委领导、政府负责、社会协同、公众参与"的格局以及多元主体在社区治理中的良性互动。

在顶层设计方面,《关于推进社区公共服务综合信息平台建设的指导意见》(民发〔2013〕170号)❶、《智慧社区建设指南(试行)》(建办科〔2014〕22号)❷、《社区公共服务综合信息平台基本规范》❸等文件为智慧社区建设指引了方向。《关于加强和完善城乡社区治理的实施意见》《关于加强城乡社区建设的意见》《省人民政府办公厅关于建立贵州省城乡社区治理工作联席会议制度的通知》《贵州省民政厅关于加强社区民间组织培育发展与规范管理工作的意见》❹《贵州省社区服务体系建设规划(2016—2020年)》《关于打造共建共治共享社区试点的实施意见》❺等政策文件,为Y社区的智慧社区建设和社区治理中的互动提供了顶层设计。

---

❶ 国务院新闻办公室.关于推进社区公共服务综合信息平台建设的指导意见[EB/OL].(2013-12-05)[2019-04-15]. http://www.scio.gov.cn/ztk/xwfb/2013/gxbjhshggcxcjmzsyfzdqkfb/zcfg29743/Document/1353028/1353028.htm.

❷ 住房和城乡建设部办公厅.住房城乡建设部办公厅关于印发《智慧社区建设指南(试行)》的通知[EB/OL].(2014-05-04)[2019-04-15]. http://www.mohurd.gov.cn/wjfb/201405/t20140520_217948.html.

❸ 民政部发布《社区公共服务综合信息平台基本规范》[EB/OL].(2014-10-30)[2019-04-15]. http://www.gov.cn/xinwen/2014-10/30/content_2772937.htm.

❹ 贵州出台政策规范社区民间组织的培育发展与管理[EB/OL].(2006-05-08)[2019-04-15]. http://www.gov.cn/gzdt/2006-05/08/content_275446.htm.

❺ 廖黎明.赵德明主持召开市委全面深化改革委员会第二次会议[N].贵阳日报,2019-08-04.

第五章 "双碳"目标下城市社区治理的创新实践

在社区治理运作制度方面，搭建智慧社区平台，实现信息共享和互动，建立社区党员代表大会、居民代表大会、居民议事小组工作制度；落实社区与驻区单位共建机制；制定社区党建参与社区治理制度、居委会议事制度、民主决策和听证制度、"党务—居务—财务"公开制度等。通过全面、具体的制度制定，实现社区治理工作的制度化、法治化和规范化。社区法律法规体系建立、社区治理政策体系完善、治理工作制度的落实，为该社区智慧社区治理推进提供制度保障，能够最大限度发动群众参与治理互动、参与社区管理服务、共同协商社区各项重大事务，形成居民自治组织常态化工作格局。同时，社区强调多元治理理念，融入多元治理机制和共建共享机制，鼓励社区中多方行动者共同参与治理之中；主张完善议题形成机制、规则约束机制和监督评估机制，为智慧社区建设中各主体参与治理的协调互动提供保障机制。

Y社区智慧社区治理探索包括以下四个方面内容：①搭载人工智能、云平台、大数据和物联网等信息技术的社区智能化建设。社区智能化包括智能化物业服务、智能化便民服务、智能化社区安保系统、智能化居家养老服务、智能化"线上—线下"购物、智能化缴费系统等，提升社区服务效率和居民生活品质。②"社会和云"平台建设与大数据在社区治理中的应用。"社会和云"是贵阳市社会治理的大数据云平台，配套形成较完善的管理体制、工作方式和技术手段，协调社区服务、网格管理等其他应用系统，形成"脑"（"社会和云"云平台），"眼"（网格警员和执法部门基层人员），"耳"（12345、12319等热线电话），"手"（"政府之手"与"社会之手"）协调联动的社会治理和社区服务供给的工作体系。③社区智慧网格化管理。贵阳市政府通过网格化服务管理办公室（网格办）对社区的网格化服务管理工作站进行调度，以确保社区具有专门网格阵地及专职工作人员，及时发现社区治理中"痛点"。搭载"和贵阳·网格易"手机App等个人终端软件，全面提升社区网格员的工作效率和工作质量。④社

—127—

区公共服务综合信息平台建设。贵阳市社区治理通过建立人口、法人和空间地理三大数据库实现可视化管理，打破各部门间业务壁垒和数据壁垒。完善政务服务系统和社区便民大厅的综合服务窗口，集中受理辖区内案件，实现"一站式"服务。

总的来说，智慧社区治理是"社会导向"社区的重要实现路径和行动策略之一，通过搭载信息服务智慧化平台和社区智能化建设，智慧治理为社区行动者的治理互动，以及实现社区低碳治理提供了更广阔的空间和平台。党建嵌入到社区治理是未来我国城市社区治理的发展前景和必然趋势。❶以社区智慧治理的方式提升社区居民参与意识、扩大有序互动，有利于实现社区有效治理和主体良性互动，有利于打造"党委领导、政府负责、社会协同、公众参与"的"社会导向"治理格局，进而实现社区绿色低碳转型的美好愿景。

三、市场导向：新型商品房社区治理实践

"市场导向"是近年社区低碳治理的发展方向，市场逐渐成为社区中不可忽视的力量。在深圳，诞生了国内首个"近零碳与可持续发展示范社区"，市场力量在其中发挥了重要作用。在遵循"以人为中心"原则的前提下，能够以清洁能源为先导，设计规划绿色建筑，倡导资源回收与再利用，建设低碳的智慧治理平台，宣传绿色生活方式等手段，实现社区低碳治理。通过全国首个近零碳智慧管理平台"云碳智慧中心"，实现二氧化碳排放总量控制，形成多方行动者的互动网络，吸纳个人、企业和社会组织等社会力量，实现碳排管控与低碳生产生活方式的更新转型。

---

❶ 罗敏. 从"自治"到"共治"：党建引领社区治理的运行机制与创新模式 [J]. 中共天津市委党校学报，2023，25（3）：35-45.

第五章 "双碳"目标下城市社区治理的创新实践

市场导向社区治理类型,又称"物业管理模式"[1]或"消费型社区"[2],是以物业管理公司或政府购买的方式进行公共服务供给,与业主委员会和社区委员会协调互动,共同参与社区公共事务治理。这种模式一般出现在经济较发达地区,生活质量与生活水平较高的新型商品房小区。深圳市就是最早出现且最为典型的城市。作为中国第一个经济特区,深圳取得了举世瞩目的市场经济和社会改革成果,是市场力量参与社区治理的先行城市。一方面,2000年以来,在国家力量的推动下,全国范围内开展的社区制改革,为深圳市社区治理的创新与变革提供了政策指导。另一方面,随着市场经济高速发展,以物业管理公司为中心的市场化社区服务,在新兴的商品房住宅小区逐步普及,通过政府购买等方式为社区社会组织提升社区公共服务水平,鼓励志愿组织参与社区治理互动。这代表着社会和市场力量也开始进入传统的社区治理结构中,国家力量、社会力量和市场力量在社区空间内持续互动,共同成为社区治理的有力行动者。同时,创新社会治理、"营造共建共治共享社会治理格局方面位居前列"是党中央对深圳市社区治理创新的时代要求[3]。

实际上,在全国实行社区治理改革之前,深圳市已经开始推行物业管理参与社区治理的改革,被称为"住宅小区制"[4]。1980年,我国首家房地产企业——深圳经济特区房地产公司成立,并基于香港物业管理模式对其旗下开发的中国第一个商品房小区"东湖丽苑"进行管理。深圳市推行"住宅小区制"实际上是一种新型的商品化社区,这是深圳市社区治理走向市场化道路的起点。深圳市罗湖区是全国第一个物业管理小区的诞生地,是社区低碳治

---

[1] 郭亚杰,周洁.社区建设:背景、模式和发展趋势[J].学习与探索,2004(6):42-44.

[2] 孟翔飞.莫地的变迁:内城贫困区整体改造与社区治理研究[M].北京:中国人民大学出版社,2011:180.

[3] 人民网."四个走在全国前列",新时代广东光荣而艰巨的使命和责任[EB/OL].(2018-03-23)[2019-04-15]. http://gd.people.com.cn/n2/2018/0323/c123932-31374785.html.

[4] 曾宇青.双重驱动与深圳社区治理体制改革40年[J].特区实践与理论,2019(4):52-58.

理执行的典型社区。Q社区是罗湖区物业服务企业参与基层治理工作的重点社区，是党的十九大之后设立的物业品质提升行动改革试点。Q社区辖区范围内涉及商业、商住混合小区11个，住宅小区18个，物业管理公司共计23个。2005年，在《深圳市社区建设工作试行办法》的指导下，设社区工作站和社区服务站为街道办在社区职能延伸的工作平台，分别协助开展社区行政管理工作以及社区公共服务工作❶；居委会则主要负责协调社区多方力量参与社区自治事务。Q社区经历由"居站合一"向"居站分设""一站多居"转变❷，治理理念由单一治理向"一核多元""多元共治"的转变。至此，物业管理公司及相应的业主委员会成为该社区内重要的社区治理主体，是进行社区自治的核心行动者。

深圳市Q社区是以市场导向的社区治理，它一般采取分权自治的治理组织结构表现形式，以社区党组织为领导核心，以社区业主委员会和物业管理中心为社区自治核心，以"业主代表大会—业主委员会—业主理事会"为分权制衡，分别实现对社区重大事项的决策、日常事务管理以及监督。❸因为利益和群体的一致性，居民委员会与业主委员会在这个过程中能够做到相互配合和良性互动，推动社区自治。"市场导向"社区治理的重要表现形式是实现物业管理公司职能及政府购买公共服务。社区对物业管理公司选择直接与其品牌形象、社会口碑、服务资质和服务质量直接挂钩。一个优秀的物业管理公司入驻社区，将会为社区带来企业化、专业化和市场化的高质量服务。政府购买社区公共服务

---

❶ 刘敏."国家+"治理：社区治理模式的新探索——以深圳为例[J].新视野，2017（2）：83-88，128.

❷ 社区工作站是街道办在社区的工作平台，主要协助街道开展行政管理和社区服务工作。所谓居站合一，即社区工作站和居委站统一在同一机构内，包括社区党组织在内实行的是"三块牌子，一套人马"组织结构方式。所谓居站分设，即工作站与居委会独立运作，社区党组织与工作站是一套人马，居委会则为另外一套。参见杨浩勃.城镇化建设中的社区治理：深圳宝安区的经验[J].中国行政管理，2016（3）：153-155.

❸ 杜珂.小区业主们的"三权分离"[J].中国改革，2006（5）：84-90.

是市场导向社区治理中公共服务供给的重要渠道。我国城市社区政府购买公共服务内容以公共性和公益性服务为主，购买模式包括非竞争性购买和竞争性购买。❶非竞争性购买模式中政府与承包商的关系为依赖或半独立关系，通常由政府牵头邀请，以定向委托的方式向非政府组织购买服务，政治黏性强。竞争性购买模式中，政府与承包商的关系更符合市场化的契约伙伴关系的要求，基本环节为政府向社会公开招标、多方社会力量竞争、双方订立契约合同，最后由政府负责监督与成果验收，以此作为日后选择的评估依据。在Q社区治理中，以政府购买服务为互动纽带，实现政府机制、市场机制和社会力量中的有机协调与融合❷。

"改进社区物业服务管理"是《中共中央 国务院关于加强和完善城乡社区治理的意见》中对补齐社区治理短板的重要要求。❸为"市场导向"社区治理提供顶层设计和法治保障的相关法律、政策包括：《物业管理条例》（2003年）、《物权法》（2007年）、《区政府机关物业管理办法（试行）》及4个实施细则》（2012年）、《关于规范物业管理工作的指导意见》（2014年）、《物业管理改革实施方案》（2016年）、《关于创新物业管理提升社区治理能力专项行动方案》及3个配套文件（2018年）、《深入推进物业服务企业参与基层社会治理工作方案》（2019年）、《罗湖区物业服务企业参与基层治理扶持工作实施办法》（2019年）等。

运行治理制度具体包括以下内容：一是物业管理诚信管理制度、激励制度，将物业公司信用度纳入征信系统，建立信用"红黑榜"。二是建立物业管理品牌制度，树立行业标杆、打造物业参与社区治理的品牌小区示范小区、特色小

---

❶ 姜郁,薛永光.供给者与购买者：我国社区公共服务中的政府转型[J].中国行政管理,2019(6):26-29.
❷ 王浦劬.政府向社会力量购买公共服务的改革机理分析[J].北京大学学报(哲学社会科学版),2015(4):88-94.
❸ 中共中央 国务院.中共中央 国务院关于加强和完善城乡社区治理的意见[M].北京：人民出版社,2017：14.

区、低碳社区，以此激发社区居民的归属感。三是建立"区级—街道—社区"三级监督和评估制度。区级监督由区住建局对该社区物业管理工作全面统筹、政策支持和业务指导。社区工作站负责对社区内物业管理公司进行常规性检查，并实现月度考核和初评，协调各方行动者参与社区自治。四是建立联席会议制度。这是由社区党组织、社区居民委员会、社区物业管理公司、社区业主委员会、社区社会组织和社区企业单位多方参与的会议制度，能够对重大社区管理问题进行及时沟通和协商。五是建立"物业分级管理+奖惩制度"的运作机制，委托行业协会分类制定物业管理标准（高档住宅小区、普通住宅小区、老旧住宅小区、城中村采取不同的管理标准），通过评估物业服务水平指数进行分级管理，在激励机制和惩罚机制双轨进行，对于服务水平不理想的物业采取撤换物业管理处、取消竞标资格措施进行惩罚，开创了深圳市物业服务企业争先创优的先河。六是鼓励物业公司进入行业协会，增强行业协会的影响力和约束力，同时以自律公约明确其权利义务和责任。

在"市场导向"社区治理类型的Q社区案例中，行动创新实践主要包括以下内容：①治理组织机构创新。Q社区选择"党建进物业"示范试点小区，稳步推进全部小区实现党建工作进物业。推进一核多元联动治理模式，以社区基层党组织为核心，联合社区物业、业委会、居委会和其他社会组织建立联席会议制度，实现多方行动者参与社区公共事务治理，推进社区自治实现。②社区将各小区的综合事务管理纳入社会化、专业化和规范化的物业管理轨道，形成"一体化模式"。③负责社区矛盾纠纷的专业化调解。委托法律服务团队和建立专业机构，以法治化途径化解社区内部纠纷和矛盾。④实现智慧物业平台建设，公开物业财政预算支出、共有账户使用情况、业主大会、物业服务等相关信息，打破信息孤岛，实现信息公开化、透明化，为社区治理行动者的互动提供信息保障。

新时代城市社区治理发展进程与实践创新，是一个多元行动者共存和互动

第五章 "双碳"目标下城市社区治理的创新实践

的过程，国家力量、社会力量和市场力量几乎存在于每个社区之中。因此不论是"行政导向""社会导向"，还是"市场导向"，都不是指社区内只存在单一力量发挥效能，而都是多元力量进行博弈的结果。这种博弈结果而引发的不同治理导向，与不同社区的差异化特质息息相关。"行政导向"社区治理一般在传统社区、老旧小区、转型社区、混合社区内具有较大优势，能最大限度发挥统合力，缓解社区矛盾，推进社区低碳建设与发展；"社会导向"社区治理多存在于邻里密切、规模较小、有"熟人社会"特质或者社会组织发育良好的社区内，在政府为其划定一定框架之后由社区党组织领导社会力量开展社区自治；以中高档住宅小区为核心的商品化社区一般采用新型"市场导向"社区治理模式，在此类型中，业主委员会成为社区居民自治的载体，与物业公司、居委会在社区党组织的领导下实现对社区公共事务的共同治理。

第二节 城市社区治理创新中的互动特征

现代性孕育着稳定，而现代化过程中却滋生着动乱。❶现代城市在"失序"与"秩序"间不断博弈、流转，城市社区的产生是城市对"秩序"追求的深远结果之一。我国城市社区治理是党和国家解决城市现代化进程中各类危机与冲突的突破口，承载着基层社会治理创新的重要责任。当前，我国城市社区治理实践可谓"百花齐放"，甚至同一城市的社区都会有不同的治理逻辑、组织结构、互动方式和发展路径。城市差异化社区治理类型的形成源自不同社区因地制宜的选择，以期符合本地发展特点和治理模式，这表现出治理行动者间的差异性行为互动。上文选取的案例是我国城市三种导向的社区治理类型中的典型案例，是新时代和新形势下我国城市社区治理创新与社区低碳治理的实践。虽

---

❶ 塞缪尔·亨廷顿.变化社会中的政治秩序[M].王冠华，等译.上海：三联书店，1989：39.

"双碳"目标下城市社区治理创新研究——基于互动式治理视角

不能以偏概全以此来代表中国城市社区治理的全部特点，但其在治理行动者构成、治理制度化、治理行动逻辑等方面均具有一致性。因此，在剖析具体实践案例和对我国城市社区治理总体发展情况、演变脉络的基础上，可以发现我国城市社区治理的现状特征：党政力量是社区治理的核心行动者，同时吸纳其他行动者参与其中，主体逐步呈现出多元化特征；制度化体系是社区治理的行动规则，从顶层设计和具体运作方面指引治理行动；社区治理行动是多种治理方式并存、交织和重叠的调适性互动过程。这种治理特征模式，在社区低碳治理过程中能够有效引导行动者积极行动与顺利推进相关制度规划。

一、治理行动者：党政为核心的多元主体治理转型

我国城市社区治理的发展，以全国社区建设浪潮、市场经济发展、政府促进和改造为主要推动力，其中国家力量在其中扮演了关键性角色。❶社区中国家力量投射是社区基层党组织和基层政府，分别承担社区治理的领导者和主导者。这种以国家力量为核心的治理逻辑并不是一蹴而就产生的，而是从社区建立之初开始，贯穿了整个城市社区治理变迁过程。一方面，党政国家力量的领导和主导地位表现为其对社区治理的主动建制。城市社区治理发展是在我国国家力量设计和推进下的"规划性变迁"❷。不同于西方社区的"自然演进"意味，我国城市社区是"自上而下"的、法律设定的社区，是党和国家为重整社会秩序、缓解社会矛盾、加强社会治理而主动建立的新型社会基层治理形态。因此，社区治理必然具有基层国家治理、社会治理的工具性意味，是无法完全脱离行政管理系统体系而独立存在的。这表明基于我国社会发展情况，至少在短时间内无法实现西方语境下的"完全自治"。我国"社区自治"是基于国家

---

❶ 曾宇青.社区治理的三种模式——以深圳为研究文本[J].理论前沿，2007（17）：35-37.
❷ 徐勇.论城市社区建设中的社区居民自治[J].华中师范大学学报（人文社会科学版），2001（3）：5-13.

第五章 "双碳"目标下城市社区治理的创新实践

力量领导下的自治,是政党、政府、社会个人或团体在社区层面的协商互动,是社区中国家力量和社会力量的权力互动。❶另一方面,党政作为社区治理的核心力量是我国社区治理战略决策的总体要求。《中共中央 国务院关于加强和完善城乡社区治理的意见》中指出,我国城乡治理体系的总体目标是形成"基层党组织领导、基层政府主导的多方参与、共同治理的城乡治理体系"❷。"坚持党的领导"也是城乡社区治理工作的基本原则之一。这是从顶层设计层面,确立了城市社区治理中党的领导地位和政府的主导角色,并设定了多方参与社区治理的目标。

就目前我国城市社区治理实践来看,基层党组织确实发挥着无可比拟的领导核心作用,党建引领社区治理是差异化社区治理中必然实行的重要工作。社区党建工作包括党组织的全面覆盖、社区秩序维护及社区服务的供给。按照政党介入和居民参与两个维度可以将党建引领社区治理的方式分为三种,即主导式、协商式和自治式。主导式是自上而下的垂直治理方式,以培养体制内组织力量为活动导向。"协商式"是"垂直—横向"多元参与治理方式,除提升组织能力,还将动员、协调和整合体制外社会资源及利益主体。"自治式"是自下而上的自发治理,以开发、培育和扶持社区自治力量为主要活动导向,同时进行监督和协助。❸除了党政机构宏观的职能❹,在实践案例的分析中,我们发现基层党政力量以或直接或间接的方式实质性参与了社区治理的具体过程。在不同治理导向类型的社区中,三种治理方式并存。社区内的党政力量根据社区内具

---

❶ 刘晔.公共参与、社区自治与协商民主——对一个城市社区公共交往行为的分析[J].复旦学报(社会科学版),2003(5):39-48.

❷ 中共中央 国务院.中共中央 国务院关于加强和完善城乡社区治理的意见[M].北京:人民出版社,2017:3.

❸ 陈毅,阚淑锦.党建引领社区治理:三种类型的分析及其优化——基于上海市的调查[J].探索,2019(6):110-119.

❹ 如出台文件明确治理的指导思想和目标任务,政策性支持等。

体公共事务的不同进行选择,从而实质性进入治理过程。对于迫切需要解决的公共事务,如供水、违建和污染等涉及人们基本生活保障问题,党政力量可以采取相对强制的主动式治理方式;对于涉及多方行动者相关利益的公共事务事项,如绿化、治安管理、公共空间使用等问题,特别是在社会发育度高的商品房社区里,则主张由党政力量主导多方信息共享、互动讨论、协调协商,最终达成共识;对于社区自治事务,如兴趣活动开展、技能培训及社区纠纷化解等,党政力量则采用"自治式"工作方式,对其治理过程进行协助与监督。

党政行动者除发挥自身政治领导、行政管理和社会服务功能,在协调社区多元主体进行治理转型方面也表现出色。以H社区为例,该社区积极探索"网格化党建"创新,在社区区域网格基础上初步实现了党建工作的"组织全覆盖""管理精细化""服务全方位"。通过整合党建资源,实现社区网格内单位的党组织覆盖,延伸党建服务点空间,全面促进党性教育、重要工作推进、公益志愿服务、干部队伍建设、多主体互动交流的党建工作。在"市场导向"型的Q社区是商品房社区,其物业公司是随居民购买房产而直接配备的,业主委员会也是自发建立的。为了更好地将社区治理中的多方力量联合到一起,实现良性互动,政府直接参与到社区治理中,并建立政党主导的多元合作物业管理模式。在Q社区不仅实现了党组织对社区内各物业公司的全覆盖,同时向社区物业管理处派遣联络员。社区居委会则负责在政府引导下,协调业委会和物管处这一对"天生的冤家"之间的关系,对其进行监督和协调,以促进其良好合作关系的建立。社区联席会议则为多方力量参与社区治理提供互动性平台,有效调整社区治理中各行动者的互动关系,实现社区事务的协同治理。总体来说,现代城市的治理与发展是对政府职能由微观管理向宏观统筹转变的要求,也是由具体参与向总体协调的过程。❶国家力量在社区的高度嵌入性和核心领导力,

---

❶ 魏娜. 我国城市社区治理模式:发展演变与制度创新[J]. 中国人民大学学报,2003(1):135-140.

第五章 "双碳"目标下城市社区治理的创新实践

不仅要求发挥政党政治领导功能、社会服务功能的高效措施❶，而且重要的发展目标是实现政府治理和服务职能相结合，并成为协调社区多方行动者沟通与互动的重要引导力量，推进国家力量为核心的多元治理主体的转型，实现人们美好生活的愿景。

二、治理制度：顶层设计与具体运作的制度化体系

也许"完全自治型"社区治理在现实发展中是一个近期难以实现的悖论，但是不断扩大的社区治理的制度性网络也并非是行政管理和社会控制的增强。❷因为城市社区治理是一项系统性工程，而这项工程的良好运作则必须被纳入法治化和制度化体系之中。以对三个差异性社区治理案例的分析为基础，目前国内城市社区的制度体系包含顶层设计和具体运作制度两个维度。顶层设计即社区治理的法律体系和政策法规，为社区治理具体运作制度指引方向、提供指导。建设法治社区和健全社区治理法治体系，是全面依法治国的基础性要求，也是增强社区依法办事能力的着力点。❸通过对我国城市社区治理重要文献的梳理，可知在我国社区治理相关法治体系中：法律法规10部（见本书附录六），约占总数11.2%，2000年以来中央及部委文件56份。其中，中共中央文件9份，约占总数13.6%；国务院文件12份，约占总数18.2%；中央国家部委文件35份，约占总数53%（见本书附录七）。此外，还有若干地方性政策文件，具体内容涉及城市社区居委会建设、社区志愿服务促进、社区服务站管理、加强社区工作、发展社区社会组织（公益类、生活类）、加强物业

---

❶ 陈毅，阚淑锦.党建引领社区治理：三种类型的分析及其优化——基于上海市的调查[J].探索，2019（6）：110-119.

❷ 周平.中国单位体制的演变与城市社会政治控制方式的调整[J].思想战线，2000（3）：103-107.

❸ 民政部.《中共中央 国务院关于加强和完善城乡社区治理的意见》辅导读本[M].北京：人民出版社，2017：104.

管理工作、推进网格化管理和服务、社区基层党组织建设、推进城乡社区建设、社区专职人员管理和社区干部队伍建设、和谐社区建设、推动"政社互动""三社联动"工作、社区体制改革、基层群众自治组织协助政府工作和依法履责事项、发展社区服务业、深化社区服务管理和提升服务水平、加强基层自治和创新社区治理、社区减负等。顶层设计制度有如下特点：一是法律和行政法规在确立社区治理合法性的文件中所占比例较小。其中新修订的《城市居委会组织法》《物业管理条例》对新时代下我国城市社区治理具有重要影响。二是2012年党的十八大之后，我国城市社区治理迈向新时代，政策文件制定进入快车道。党和国家的政策文件对指导我国城市社区治理方向更具权威性，相较于法律法规也更具有灵活性、可操作性和适应性。三是地方性政策文件是对法律法规、中央及部委文件的拓展，是符合地方实际的法治规则体系。因此，其内容更加丰富、范围更加宽泛。

具体运作制度是城市社区多方行动者自身行动和彼此互动的手册，如前文提到的H社区居民委员会的日常性工作制度（错时工作、首问负责和日常走访等制度）；Y社区内组织各方力量协调互动的相关制度（社区党员、居民代表大会、居民议事小组工作制度、驻区单位共建制度、党建参与制度、民主决策和听证等制度）；Q社区内对治理行动者，尤其是规范市场行动者的监督性制度（诚信制度、激励制度、奖惩制度、评估制度和联席会议制度等）。具体制度是顶层设计在社区基层的实践性和创新性延伸，符合党和国家政策的指导思想和目标建设。因此，顶层制度设计和具体运作制度是系统性的有机整体，前者为后者规制方向，后者为前者补充内容。Q社区针对社区物业的监督评估制度是按照《关于创新物业管理提升社区治理能力专项行动工作方案》《创新物业管理提升社区治理能力工作检查实施计划》的要求而设立的，由街道物业管理综合治理监督委员会对社区物业管理从公司业主满意度、管理评价值、综合评价值

第五章 "双碳"目标下城市社区治理的创新实践

等三个方面，进行治理能力检查和量化型评分，并设置评分"红黑榜"。评估成果优秀的物业公司可以依据评分树立品牌及升星，以此实现政府、社区对市场参与社区治理工作的指导和协调。

总的来看，我国城市社区治理的制度化体系是以《城市居民委员会组织法》为核心，以中央和地方的各类行政法规、政策文件为主体，以具体运作制度为补充，以强调社区服务性、社区自治性、社区治理和谐性、社会组织和物业的参与性的动态调整型法治体系。

三、治理行动：多样化治理方式交叠的调适性互动

中国城市社区治理变迁过程是调适性的过程，是在外在环境和内在情况的变化与发展前提下进行调整、适应和互动的过程。从宏观层面看，国家力量与社会力量的博弈与互动推动了中国城市社区治理的发展。从中观层面看，党政行动者基于环境变化下不断调整城市社区治理的理念、制度框架体系与治理行动方式，并吸纳多元主体共同参与治理，以适应社会发展的新特点、新变化、新形势的过程。从微观层面看，中国城市社区治理变迁过程主要是分析社区治理实践中的具体行动措施。张静认为中国特色治理实践是一种"反应式理政"形式，即没有固定行为模式，实际上能够根据社会变迁、价值观转换、实践发展进行自我调整和主体间关系适应性改变，"非正式渠道"和"群众路线"是其核心要素。❶社区治理行动表现出的"调适性互动"特征，是在"反应式理政"的基础上，强调行动者主体关系的调整及互动行为的协调。因此，在社区治理现实实践与具体操作中，调适性互动是多方行动者在社区空间内，依据实际情况和环境改变，运用多样化治理方式，作出对彼此关系的调整、适应和互动行为，以求实现共同目标和公共利益。城市社区治理行动是微观角度的动态实践，

---

❶ 张静.反应性理政[J].经济社会体制比较，2010（6）：108-111, 116.

是超越了静止状态、具有多样化治理方式的调适性互动过程，其方式主要包括网格化治理方式、情感治理方式和智慧化治理方式等。

第一，网格治理是城市社区治理调适性互动的基础方式。实际上，网格治理的前身是网格化管理。相较于传统管理模式，网格化管理模式革新了城市治理的运行过程❶，就是将城市社区划分为若干单元网格（一般每个网格常住人口4000~5000人），结合数字化信息综合平台，通过加强对单元网格内部件和事件的巡查，建立起一种监督与处置相分离的基层管理机制。❷随着"治理"在全国理论界和实务界成为"热词"，各地社区开始从治理理念、价值目标、权力逻辑、功能定位和运行机制等方面进行转换，实现从网格化管理"到"网格化治理"的升级（见表5-1）。网格化治理是新时代中国城市社区治理中较为流行和普遍的基层治理方式，责任网格的产生代表基层政权行政力下沉，成为基层公共服务管理的组织载体，在社区建设与服务方面独具优势。

表5-1 网格化管理与网格化治理的区分❸

	网络化管理	网格化治理
治理理念	管控思维	以民为本，服务为主
治理目标	维护社会稳定	打造优质公共服务满足公众需求
权力逻辑	单一权力运行逻辑	自上而下与自下而上的双向互动，公私部门的内外协调、多维平行
功能定位	社会风险监控网络基层维稳平台	社区服务协同网络基层社会自治平台
运行机制	各部门、层级林立碎片化管理运行	整体性治理模式跨部门协作机制、网络化治理机制

---

❶ 王亚星，陈子韬，谢志彬，等.城市运行"一网统管"：演进历程与建设路径——基于上海静安区的案例分析 [J]. 城市发展研究，2023，30（4）：53-59.

❷ 田毅鹏，薛文龙.城市管理"网格化"模式与社区自治关系刍议 [J]. 学海，2012（3）：24-30.

❸ 姜晓萍，焦艳.从"网格化管理"到"网格化治理"的内涵式提升 [J]. 理论探讨，2015（6）：139-143.

第五章 "双碳"目标下城市社区治理的创新实践

当前网格化治理的主要特点包括以社区服务为主要的核心内容。网格建立最初的主要目的是基层综治维稳与社会风险监控。随着社区治理的发展和人民需求的变化,当前网格化治理的目的还有一项重要的核心内容——社区服务。现行体制下,政府职能在社区延伸具有有限性❶,有时无法触及每个角落,而网格治理依据建立服务团队和划分责任网格,能够及时填补政府公共服务供给时不可避免的"服务缝隙"与"真空地带",以期达到"无缝隙服务"对接的理想目标。❷社区网格的服务团队中不仅包括社区党组织、社区工作站、居委会和辖区内行政机构的干部与工作人员,而且还吸纳了积极社区居民、服务志愿者和专业社会组织等,形成"蜂窝状"的社区服务格局。例如,根据社会公共服务的实际需求,政府通过统筹规划或购买服务等途径,为网格配备网格党支部书记、网格管理员、网格助理员、网格警员、网格督导员、网格司法顾问和网格消防员等人员为社区居民提供全方位服务。❸无论是社区工作人员的治理理念还是实际工作内容,服务是重要核心,尤其是能够关注到涉及社区网格内弱势群体利益的公共服务,如帮扶空巢老人、残障家庭、低保家庭和外来务工人员等(见案例5-1)❹。可以说,网格化治理是从"管制"到"服务"的过程,这种服务可以被称为"组团式服务",即基于网格化社区的实际情况,以对等方式整合公共服务资源,组织服务团队,提供多元化、多层次、精细化和个性化服务。❺

---

❶ 陈家刚.社区治理网格化建设的现状、问题及对策思考——以上海市杨浦区殷行街道为例[J].兰州学刊,2010(11):35-40.

❷ 所谓无缝隙服务,是服务提供者与服务承接者(顾客)直接对接的整体性服务供给方式,能够有效减少复杂的中间程序、繁文缛节和等候时间,是一种更为高效的治理方式。参见:拉塞尔·M.林登.无缝隙政府——公共部门再造指南[M].汪大海,等译.北京:中国人民大学出版社,2002:4.

❸ 陈荣卓,肖丹丹.从网格化管理到网络化治理——城市社区网格化管理的实践、发展与走向[J].社会主义研究,2015(4):83-89.

❹ 资料来源:根据调研内容整理而成.

❺ 孙建军,汪凌云,丁友良.从"管制"到"服务":基层社会管理模式转型——基于舟山市"网格化管理、组团式服务"实践的分析[J].中共浙江省委党校学报(治理研究),2010(1):115-118.

"双碳"目标下城市社区治理创新研究——基于互动式治理视角

案例5-1 第一次亲身接触网格化治理是在2017年的暑假。2017年8月16日，我们调研小组来到Y社区网格员的办公室，王女士向我们展示了挂在墙上且占据几乎半面墙的"网格基本情况一览表"。表格以绘图的形式清晰明了地将社区居委会辖区范围内24栋楼都绘制在内，每个单元和每户人家都有单独的"小格子"。同时，用不同颜色的格子标注出的是需要重点帮扶的住户：红色是空巢老人家庭、绿色是残疾人家庭、黄色是计生重点见面对象家庭、黑色是租赁户（流动人口）、蓝色是重点人员家庭。她告诉我们："网格员的主要工作其实就是服务，这些需要重点服务的对象，必须标注清楚，这样有利于工作的展开"；"表格不是固定的，每隔一段时间会根据实际情况将格子的颜色换一换，毕竟我们会花很多时间去'入户'，对社区这些居民的信息掌握还算及时的"。

二是网格治理要求以综合运用多种信息化技术为支撑。通过建立统一的网络信息管理平台，整合各个网格的党建、人口、住房、社团、医疗、就业和教育等信息，实现多职能部门条块联合互动，通过云平台与手机工作客户端发现和高效处理城市管理、环境保护、城市设施、公共交通和公共安全等问题。问题处理的流程，从巡查发现上报中心、网格调度中心派单、多部门综合处置到社会监督和考核，相对于传统治理方式更加快速、高效、完整和及时。Y社区的网格治理除依附统一的云端大数据平台，网格中心的中间调度及个人的网格治理App也扮演重要角色（见案例5-2）。据贵阳市社会治理大数据云平台统计，2017年7月经由该App处理的事件有城市管理类16658件，已结案16462件，结案率98.82%；城市设施类314件，已结案209件，结案率66.56%；公共安全类31件，已结案29件，结案93.55%；环境保护类28件，已结案27件，结案率96.43%；公共交通类23件，已结案22件，结案率95.65%；社会保障类3件，已结案3件，结案率100.00%。

第五章 "双碳"目标下城市社区治理的创新实践

案例5-2 社区的李书记在社区的综合服务活动中心为我们展示了网格员专用的App"网格易"的软件功能,李书记说:"我们每天会在软件上打卡签到,巡查的时候遇到问题会拍照和定位上传到调度中心,中心再帮我们协调其他部门。""有一次社区的电线断落,用这个软件上报,就联系到了供电局,协助我们把问题解决了""和原来比效率的确提高了很多,不用花特别多的时间走程序。"

三是关键在于协调自上而下政府治理、自下而上社区自治、社会调节的互动关系。从网格治理的具体运作来看,网格治理意味动员多元的社会力量积极地与政府部门合作完成治理任务。❶责任网格的划定很大程度上成为政府治理、社区自治和社会调节的互动载体,其中以居委会为主的自治是基础,以政府的"有距离治理"为保障❷,以社会调节为补充。三者关系与行为在网格内进行交织与互动,协调好三者关系使其达到良性互动是网格治理的关键性目标。首先,政府治理不再单独为政、条块分割。依据网格中心调度协调,政府可以联合其各相关职能部门处理相应社区问题,充分发挥政府整合性和统筹力优势。其次,社区自治不再"无依无门"。社区网格是公共服务供给的一线工作阵地,是长期与社区居民当面互动的劳动密集型服务。❸社区居民与社区网格员可以更无缝对接,更直接获取居民反馈,以此能够实现群众需求由"隐性"走向"显性"

---

❶ 杨帆.网格化政策动员:塑造基层治理新格局的实践特征、行政价值与议题创新[J].南京社会科学,2023(5):72-79,93.

❷ 井西晓.挑战与变革:从网格化管理到网格化治理——基于城市基层社会管理的变革[J].理论探索,2013(1):102-105.

❸ 埃莉诺·奥斯特罗姆等.公共服务的制度建构:都市警察服务的制度结构[M].宋全喜,等译.上海:生活·读书·新知三联书店,2000:17-18.

(见案例5-3)。❶最后,网格治理机制为其社区各类社会组织发挥力量提供了可能性渠道。虽然目前我国城市社区的网格治理面临国家力量在基层的"行政力的扩张""自治空间萎缩""社会管理麦当劳化"等风险与挑战❷,但基于网络治理机制,其有意识地吸纳、培育和鼓励社区社会组织的多元参与行为,对增强社区自治力量与社会调节力量仍有所裨益。

案例5-3 我们跟随网格员王女士用一个下午的时间对她所负责的部分住户进行了"入户"调查。网格员口中的"入户"实际上就是到小区挨家挨户走访,内容包括信息采集、调查情况、获得反馈、风险排摸和情感沟通等。我们发现在这样一个相对传统的、人口流动性不强的小区里,敲开住户的门似乎并不难,气氛也比较和谐融洽。一些居民甚至与负责他们的网格员很熟悉,并以"拉家常"的聊天方式向网格员反映自己对小区目前在建设施(道路维修)的看法。

第二,情感治理是城市社区治理调适性互动的重要方式。情感治理与"非正式渠道"治理、"非正式制度"治理间有着异曲同工之妙。"非正式渠道"可以是一种私下的、个人的沟通手段,能够有效平衡主体间的利益关系、信息传递、指令下达等内容,有效疏通正式渠道可能存在的阻塞现象。❸非正式情感治理与非正式渠道治理、非正式制度有着同构性特质,都是位于成文规范体系之外,以地缘、业缘和血缘为基础,以人情、面子和情感为沟通和互动的纽带

---

❶ 资料来源:根据调研内容整理而成。

❷ 社会管理麦当劳化,指麦当劳快餐的经营规则(高效性、可计量性、可预测性、可控制性的标准化运作规则)逐渐渗入社会各个领域和机构中的一种社会现象和文化机制。这种发展趋势容易带来治理均一化、单一化和机械化风险。参见田毅鹏,薛文龙.城市管理"网格化"模式与社区自治关系刍议[J].学海,2012(3):24-30.

❸ 张静.反应性理政[J].经济社会体制比较,2010(6):108-111,116.

第五章 "双碳"目标下城市社区治理的创新实践

的治理手段。社区治理是多方力量共同行动的过程，在社区场域内聚集各种类型的群体、差异化的个人、纷繁复杂的社区事务。尤其涉及社区居民实际生活的具体事务时，基于制度框架的非正式渠道——情感治理方式成为协调多方行动者的核心方式。贵州省Y社区是一个半"熟人社区"，虽然社区居民之间熟悉度不算高，但与社区居民委员会的交流比较频繁和密切。加之社区规模不大，每个社区居委会成员按照网格负责几户人家，以及近年社区智慧治理手段在社区中的推广，居委会工作人员与社区居民相对较为熟悉。

基于案例5-4的分析，我们发现在Y社区中情感治理方式的五项要点：一是社区治理过程只有紧紧围绕"人民利益"的坐标轴，从居民切身利益出发解决问题，才能达到较好的效果。二是政治精英在社区情感治理中发挥了重要作用，李书记在该社区工作八年，积累了大量情感资源，这对于其工作开展大有助益，能够有效实现社区情感再生产。三是社区居民委员会在社区工作时采用一种富有感情的"柔性"治理模式，通过日常化、具有人情味的社区活动"节日里包饺子"，建立居民与自治组织间的情感联系。四是面对在社区环境整治中可能产生的矛盾和冲突，强制性的"硬治理"不仅效果甚微，而且有可能激化矛盾。居委会及基层党组织工作人员通过劝说、动员、走访和疏导等非正式制度的"软治理"形式联系社区居民，出于人情、面子的考虑，居民也更愿意配合其工作。五是采用"疏堵结合""软硬结合"的治理方法，同时将居民纳入社区治理互动轨道中加强其参与性（担任楼长），实现主体角色转型，最终遏止了不文明现象。由此可见，在某些情况下"柔性"的情感治理比"刚性"的强制性手段在某些情境下更为有效。根据社区治理实践情况不断调适工作方法，加强行动间的互动联系，也是情感治理的优势所在。围绕人民利益为核心，将"硬治理"与"软治理""疏"与"堵"结合，应成为当下社区情感治理的重要转向。

案例5-4 我们调研团队在李书记的带领下到社区进行走访，在小区院里乘凉的社区居民会热情地与之打招呼。李书记介绍道："这位是王阿姨，孩子都在外地打工，平时自己一个人住。我们逢年过节会去看看她，或者组织同样情况的老人们一起在社区包饺子。""陈阿姨人特别好，就有一点儿不好。她以前喜欢在楼道堆满平时外面捡来的纸箱纸板，给别的住户带来很大不便。强制收走也不行，后来我们去劝说了好几次，再加上联系人帮她卖掉换钱，还推荐她当上了楼长，最后她都愿意主动帮我们解决楼道堆放杂物的问题了。"

第三，智慧治理是城市社区治理与信息技术结合新模式，为社区治理多元主体提供智能化信息技术型平台，同时帮助精准配置社区公共服务资源，推动社区可持续发展水平和治理能力提升。❶伴随城市化推进与科技发展，信息技术不仅成为基层政府治理现代化的重要支撑❷，也为传统的社区治理带来巨大的治理方式变革。社区智慧治理的"智"是指提升以物联网和人工智能为载体的社区智能化，硬件设施包括智能化安防建设（电子门禁、智能监控和烟杆检测等），智能化服务建设（基本设施、物业服务和居家养老等）等物质载体；软件设施包括支持信息共享和事务处理的社区综治平台、个人终端的各式App软件等。"慧"则是指社区内基于网络信息化技术平台，实现和谐治理主体关系和互动行为。❸在前文中，已经叙述了智慧社区治理在Y社区的创新及应用。实际上，在其他社区，智慧治理同样也是新时代下社区治理的必然要求。建立社

---

❶ 魏玺，甄峰，孔宇. 社区智慧治理技术框架构建研究[J]. 规划师，2023，39（3）：20-26.

❷ 梁丽. 依托新一代信息技术推进基层政府治理能力现代化——以北京市智慧社区建设实践研究为例[J]// 中国行政体制改革研究会. 第五届中国行政改革论坛——创新政府治理，深化行政改革优秀论文集. 北京：2014：491-499.

❸ 邓沁雯，王世福，邓昭华. 城市社区智慧治理的路径探索——以佛山张槎"智慧城市管家"为例[J]. 现代城市研究，2017（5）：9-15，30.

第五章 "双碳"目标下城市社区治理的创新实践

区统一信息服务综合平台既能推进社区服务职能实现，又能协调好行动者之间的良性互动，是社情民意的"显示器"和问题解决的"推进器"。

在H社区广泛推行的"社区通"是社区治理中行动者互动的重要网上平台，居民注册可通过扫描小区独立二维码和实名认证即可。以基层治理需求和治理问题为导向，"社区通"设置的功能如下：一是包括政策宣传和治理互动的板块，如社区公告、党建园地、办事指南和议事厅等；二是社区居民邻里互动的空间，如身边事、互助空间、闲置物品交换和邻里交流等；三是有关社区志愿者、社会组织、社区警卫和社区法律等社区服务的板块。❶网上平台的出现意味着治理参与行动者的年轻化和扩大化成为可能，以此有利于提高社区居民的参与热情和意识，更好地为居民提供社会服务，有利于加强社区居民与居委会、基层党组织的密切联系，进而实现社区治理行动者间的良性互动（见案例5-5）。

案例5-5 通过软件的邻里交流板块，我们采访到H社区"社区通"的活跃用户热心市民"老张"。见到本人时，我们很惊讶，原以为活跃参与社区治理的居民应该是位阿姨或者叔叔，但没想到是一位"90后"年轻人。他和我们聊到使用"社区通"的经历时说："原来觉得社区的事情离自己很遥远，注册之后发现社区的大事小事都能找到人商量，看见社区内环境问题也能及时找到居委会的人咨询。""之前广场上种菜的事儿我看到有人留言了，没有想到社区给解决得这么快，第二天居委会、城管队、物业和街道的人就都来处理这个问题了。"

---

❶ 建立"社区通"工作系统、推进乡村智慧治理——上海市宝山区利用移动互联网创新乡村治理方式[J]. 农村经营管理, 2019（7）: 18-19.

"双碳"目标下城市社区治理创新研究——基于互动式治理视角

除了网格治理、智慧治理、情感治理,城市社区治理也存在其他治理技术和手段,如运动式治理、网络式治理等。虽然我国城市社区治理无法达到多方力量的理想互动,存在"行政管理有余、自主治理不足"的问题❶,但是网格治理、智慧治理和情感治理等方式的综合运用与共存,能为协调和统筹多方行动者的互动,助力良好的未来发展。总之,在城市社区治理的行动中,多样化治理方式相互促进、相互交叠、综合运用于公共事务治理过程中。基层党组织、政府和居委会不断根据实际情况调整旧的方式或采用新的方式,以此协调其与其他行动者(物业、业委会、企业、非营利组织和社区居民等)的互动,以调适性互动的行动逻辑推进社区治理的良性发展。

"行之力则知愈进,知之深则行愈达",研究符合中国历史实际和社会发展的理论和构建中国特色的理论体系,不能从西方经典理论预期出发,必须基于对民众实践生活的认识来理解中国的社会事实。❷在互动式治理视域下,我们需要把"实践形态的社会现象"作为研究对象❸,在中国社区治理发展的语境中,运用"行动者—制度—行动"的分析框架,观察和分析我国城市社区的实践探索。正所谓"共性个性、绝对相对的道理,是关于事物矛盾问题的精髓,不懂得它,就等于抛弃了辩证法"❹,从特殊性中把握普遍性❺对任何理论研究和实践活动都具有重要意义。党的十八大以来,随着社会的急剧转型与改革的纵深发展,中国城市社区治理进入新的发展时代,进行了新的实践创新,同时也面临一系列新问题。对新时代差异化城市社区治理类型实践对案例进行剖析,

---

❶ 井西晓. 挑战与变革:从网格化管理到网格化治理——基于城市基层社会管理的变革 [J]. 理论探索,2013(1):102-105.

❷ 黄宗智. 认识中国——走向从实践出发的社会科学 [J]. 中国社会科学,2005(1):83-93,207.

❸ 孙立平. 迈向实践的社会学 [J]. 江海学刊,2002(3):84-90.

❹ 毛泽东. 毛泽东选集(第一卷)[M]. 北京:人民出版社,1991:320.

❺ 人民网. 毛泽东:矛盾论 [EB/OL].(2000-05-29)[2019-04-16]. http://m.people.cn/n4/2017/1018/c204500-9999520.html?from=timeline.

第五章 "双碳"目标下城市社区治理的创新实践

这是从具体案例的特殊性探寻中国城市社区治理普遍性的过程，有利于理解我国城市社区治理的现状特征，构建中国特色城市社区互动式治理理论，实现社区层面的低碳绿色转型，努力达成"双碳"目标，进而推进我国社会治理创新和共享共建社会治理新格局的建立。

第六章 "双碳"目标下城市社区治理的问题与反思

当前，以市场经济和资本运作为双重驱动力的前提下，中国社会正经历一场前所未有的深刻变革。新时代的中国社会不仅正经历着传统农业社会到现代工业文明社会的发展进程，也经历着社会治理和城市社区治理现代化发展所带来的社会转型，这对传统的城市社区带来变革性的影响。[1]在新时代的社会历史条件下，党和国家领导着中国城市社区治理走向了新的发展方向，进行了一系列创新探索实践。但我们也应该看到在一片欣欣向荣景象的同时，我国城市社区治理在实现政府治理、社会调节和居民自治的良性互动的路上还面临着一些问题，制约着社区治理的创新发展。

第一节 城市社区治理实践的互动桎梏

一、行动者角色迷失困境

党的二十大以来，城市社区治理现代化成为全国社会治理的重要任务之一。在中央战略部署的领导下，现阶段我国各级党委及政府在加强和完善城乡

---

[1] 王佃利，徐静冉.中国式现代化中社会治理的目标定位与路径探析——基于社会治理共同体时代特征的认知[J].西北大学学报（哲学社会科学版），2023，53（3）：139-147.

第六章 "双碳"目标下城市社区治理的问题与反思

社区治理建设方面投入很大精力，不断推进国家治理体系和治理能力的现代化。同时，通过实验区的建立，我国在社区治理创新中也取得了一定成绩，提高了城市基层的公共服务水平，稳定了城市基层社会秩序。如大连市的沙河口区和西岗区，实现社会服务精准有效、社会治理结构科学合理、多元主体合作共治、社会发展和谐有序的社区治理模式创新。❶但我国城市地理区域广阔，经济社会发展情况有所差别，因此不同城市，甚至同一城市的不同社区，也存在类型多样性和发展程度差异较大的问题。因此，我国城市社区治理中的互动关系也存在非均衡性状态。社区治理改革后的我国城市社区治理行动者，主要包括社区党组织、政府（如社区工作站或社区服务站）、社区居民委员会、物业管理公司、业主委员会、社区居民、社区企业及其他非政府组织等国家、社会、市场的多元力量。以深圳市为例，深圳市Q社区多元化与专业化治理模式具有典型与代表性意义，尤其是在市场力量引入方面，在全国范围内都位居前列。但这种"多元化""专业化"治理却在发展路径中不断向一元化治理复归，社区自治改革内卷化明显，陷入"社区去行政化（多元化治理改革）"→"居委会边缘化（社区治理碎片化）"→"再度行政化（社区治理一元化）"❷，最终又向无限接近社区行政化的怪圈。即使是深圳这样社区治理创新建设成果颇丰的城市，依然无法摆脱社区多元化治理改革与社区自治内卷化的悖论。社区治理行动者角色迷失是导致这种现象的重要原因，各行动主体难以找寻其在社区治理中的真正地位与职能，进而造成社区行政化❸，其主要表现在以下几方面。

第一，政府职能的"错位""缺位"问题。政府在参与社区治理过程中，会包揽许多本归社区的工作，过度干预社区财政、人事等问题。目前，在我国

---

❶ 张海冰，蔡小慎.我国城市社区治理模式创新研究[M].北京：人民出版社，2016：3.
❷ 张雪霖.通才型治理：城市社区治理现代化新方向[J].求索，2020（2）：104-111.
❸ 徐昌洪.社区居民委员会行政化及其治理研究[J].社会主义研究，2014（1）：103-110.

城市社区治理中,市、区等各级人民政府主要负责全面规划和统筹安排社区工作;地方街道办事处直接负责社区事务,担任领导者角色,但其作为行政派出机关需受政府行政领导;城区各职能部门及各级民政部门,对社区治理工作起研究及指导作用。除了以上政府部门在社区治理中行使职能,社区治理中还存在多元治理主体:社区居民自治机构、社区非政府组织、社区中介组织、社区企业、新兴住宅小区的业主委员会及物业管理公司等,都协调参与社区公共事务之中。但是长久以来的国家社会关系及计划经济体制,政府部门往往对社区治理工作过于主导,是领导与被领导的关系,而非指导与被指导的关系,难免产生行动僵化、效率低下的问题。

第二,社区角色设定与实际相悖问题。一是行政性工作在社区的聚合化。社区行政化实际上是社区居民委员会或社区组织的行政化,表现为组织设置行政化、工作制度行政化、人事任免行政化、运作方式行政化、经费收支行政化考核机制行政化等。❶根据北京市社区工作任务调查显示,社区任务范围包括社区党建、共建和协调发展;社区建设与社区民主自治工作;社区环境卫生及物业管理工作;计划生育及妇联工作;司法、综治和保卫工作;文化、体育科普及青少年工作;社会保障、低保、救助、社区福利、社会服务及志愿者工作七大方面,还有一些其他工作诸如开展社区各式活动、协调调查纳税、宗教信仰、组织献血等阶段性工作等。社区工作内容包括常规工作(228项),其中自治类工作92项,占常规工作总数的41.4%;协助政府工作136项占59.6%。而自治类工作又有大量与政府考核、业务指导挂钩的事项,如居委会成员班子考核、接受上级政府职能部门评议等(见本书附录一)。❷因此,虽然法律中规定居委会是"群众自治组织",但是社区工作的重要任务目标

---

❶ 向德平.社区组织行政化:表现、原因及对策分析[J].学海,2006(3):24-30.
❷ 吴群刚,孙志祥.中国式社区治理——基层社会服务管理创新的探索与实践[M].北京:中国社会出版社,2011.

第六章 "双碳"目标下城市社区治理的问题与反思

除自治、提供服务外,协助政府工作也是重要环节。因此,社区容易成为政府的"跑腿"角色❶,其自我认知及社会认知都被认定为政府外派的行政性机构,自治力量有限。二是行政性工作的过度承担会实质性影响社区的自治功能与社区公共服务供给工作。根据统计,湖北某12个社区年承担工作为215项,行政性工作为170项,高达79.07%;而服务性工作为45项,仅占总体工作量的20.93%。❷社区紧紧围绕经济指标和行政考核压力,大量时间与精力被行政类工作挤占,造成难以有效协助政府在社区公共服务的开展。三是社区工作纷繁复杂、范围宽广,如本书附录三显示,日常社区工作包含200多项内容,阶段性工作也有25项。因社区人员、资源的有限性,工作人员一般一人兼任多职,实现"通才型""万金油""全科医生式"治理。以社区网格管理员岗位为例,不仅需要配合社区其他领域的工作,接受政府的业务指导和考核,协助政府部门工作,还需要处理好信息采集、纠纷调解与业主自治指导❸等综合事务(见案例6-1)。

案例6-1 Y社区居委会的工作人员(兼任网格员)刘女士在接受采访时告诉我们:"这几天我们的主要工作是应对上面的检查,也没什么时间去入户了,正常应该保证每天都至少入户一小时,有的时候忙得不可开交,真的没办法。加班也是常有的现象,像书记这样负责的,有时候会加班到六七点钟。"

---

❶ 陈辉. 当前我国城市居民委员会面临的矛盾与职能转换 [J]. 南京师大学报(社会科学版),1999(1):41-45.

❷ 陈伟东,许宝君. 社区治理责任与治理能力错位及其化解——基于对湖北12个社区的调查 [J]. 华中农业大学学报(社会科学版),2016(1):101-107,131.

❸ 王德福. 业主自治的困境及其超越 [J]. 求索,2019(3):88-96.

"双碳"目标下城市社区治理创新研究——基于互动式治理视角

第三，市场力量在参与社区治理等问题。1978年改革开放以来，房地产业飞速发展，新建住宅小区成为城市社区中一个重要的组成部分，其构成形态、邻里关系、组织结构和内部运行和管理方式都与旧的社区有很大意义上的不同。❶生活服务（理发美容、洗衣维修、超市餐饮和照相复印等）或者家政服务（家务小时工、月嫂、保姆和护工等）则以市场化的形式走入社区，成为社区居民新的市场消费项目。社会服务和家政服务市场化不可避免地探讨市场力量在社区治理的参与问题。一是市场化服务降低社区治理行动者间的互动频率。传统社区中，人们资源互换与扩展需要不断进行互动和社会交往增加社会资本，市场化服务的出现则降低了互动的需求。这在一定程度上加大了社区居民离心力，造成社区"陌生人化"，降低行动者尤其是社区居民的治理参与程度。二是市场力量介入可能造成社区矛盾源头。在城市社区治理市场化和分权化的发展导向下，党和政府在社区进行的管理与公共服务也开始采取市场化、专业化的方式，如引进物业管理公司进行物业管理、雇佣保安公司实现社区安全保障、购买社会组织的养老助残服务等。在这一快速博弈的过程中，服务主体与服务客体不可避免会出现矛盾与纠纷，进而转化为社区矛盾和社会矛盾，影响社会秩序。例如，S社区商品住宅小区的物业管理公司基本固定，缺乏市场化竞争，因实际操作和运行成本问题，社区居民基本没有选择权与更换权。而国家力量对市场力量在社区的参与行为又缺乏直接和间接的管控力度，这让社区间的互动关系变得更为复杂与混乱，导致政府、社区和市场间难以形成良性互动和有效协调，进而影响城市社区的治理水平。

二、社区资源整合的困境

社会整合是指社会体系内各部分的和谐关系，体系达到均衡状态，避免社

---

❶ 张林江. 走向"社区+"时代：当代中国社区治理转型 [M]. 北京：社会科学文献出版社，2015：139.

第六章 "双碳"目标下城市社区治理的问题与反思

会解体，也指对社会体系内已有成分的维持，以对抗外来压力。[1]城市社区整合则比较关注城市社区空间内的整合，是指"各种功能不同、性质不同的社区构成要素和单位在不同纽带的连接下形成一个整体，各部分在整体中按照社区公共生活的需要发挥自己的功能，从而造就社区整体的功能，维持社区存在和发展"。[2]城市社区资源整合就是指在社区场域内对城市社区内资源的整合，是保障社区治理良性运行的前提保障，直接关系到社区行动者之间的治理互动情况。社区资源主要理解为物质资源、精神资源、人力资源及综合资源等；社区资源的整合方式主要有借助传统型、交换协调型和行政主导型等。[3]城市社区资源整合是社区建设和社区可持续发展的关键，也是社区自组织能力建设的基础。[4]城市社区资源整合主要是指如何提取社区资源的方式，其核心是提取合法的资源。这种提取通常是基于政府组织此前对社区的投入。过去政府对社区的投资有其特殊性，即政府对社区的投资不是主要以社区为直接对象，而是以社区居民工作单位为代表的单位人的方式。这种投入模式使社区民众没有直接体验到其优势所在。到目前为止，同住一个社区的人都与原单位有着密切的心理上的联系，他们的福利待遇也是由原单位提供的。社区的许多工作是执行上级行政组织的指示和任务，但是当很多工作需要社区居民的配合时，就会发现资源供给不足。因此，谈论城市社区资源整合问题的前提应该是探讨如何"给予"。然而，当前社区治理中面临的资源整合困境主要表现在以下方面。

首先，在物质资源配置方面，社会中包含许多企业、事业单位、机关和部队等单位。这些单位以不同的形式存在，单位的职工也比较集中于本社

---

[1] 胡乔木，等.中国大百科全书（社会学卷）[M].北京：中国大百科全书出版社，1991：351.
[2] 吴开松.城市社区管理[M].北京：科学出版社，2006：49.
[3] 邱柏生.论社区资源类型及其整合方式[J].探索与争鸣，2006（6）：33-35.
[4] 杨贵华.社区共同体的资源整合及其能力建设——社区自组织能力建设路径研究[J].社会科学，2010（1）：78-84，189.

区，这些居民与本单位有比较密切的联系。企事业单位为本单位提供资源配置和福利性设施，会影响社区资源利用和服务设施闲置，造成人力资源的浪费。其次，在人力资源方面，我国还没有形成专业的社区服务队伍，社区服务的专业化和职业化程度还很低。目前，我国从事社区服务的人员主要有下岗职工、进城务工人员、失业人员和退休人员等。他们大多没有接受过高等教育，没有接受过系统的专业培训，基本没有掌握社区服务专业知识和社区服务的方法和技能。他们提供的服务一般只能满足客户日常生活的基本需求，很难达到更高的层次的需求。最后，在组织资源方面，中国传统社区的组织结构是一种"无纬型"结构，即它只是"经典"的自上而下的政府体制，没有横向的社区自治组织体系进行"填充"，抹杀了社区自治组织的社会独立性。社区内部资源开发利用不足和资源闲置，这与我国社区日益增长的需求相冲突。因此，必须通过整合社区资源，实现社区资源共享和单位资源的开发利用。

三、陌生人社区治理困境

陌生人社区是市场经济发展与现代社会生活塑造的必然后果之一，是"以情动人"熟人社会的反向发展。❶陌生人社区治理困境对社区多行动者间的互动问题主要体现在以下两个方面：第一，社区公共道德培育与建构。在传统的熟人社会为表象特征的单位社区，伦理和道德成为维系社区运转的精神纽带，也成为社会秩序维持的内在力量。在现代化与市场化的冲击下，传统的熟人社会不复存在，取而代之的是以"陌生""理性""公私分明"为关键词的新型陌生人社区邻里关系。第二，社区互动缺失，社区整合难度加大。根据调查显

---

❶ 贺雪峰，刘锐.熟人社会的治理——以贵州湄潭县聚合村调查为例[J].中国农业大学学报（社会科学版），2009，26（2）：111-117.

第六章 "双碳"目标下城市社区治理的问题与反思

示,选择从来不与邻居进行互动的选项,居住在"未经改造的老城区"中有17.1%;居住在"单一或混合的单位社区"有20%;居住在"保障性住房社区"中有12.3%;居住在"普通商品房小区"中有28.5%,居住在"别墅区或高级住宅区"中有26.6%;居住在"村改居社区"的有8.8%。❶相对于农村社区的6.8%,城市社区的居民之间缺少互动和联系成为客观现实,那么就难以形成对社区的认同感与归属感。实际上,社区互动缺失与陌生人社区困境是互为因果关系,社区互动缺失会造成困境的产生,而陌生人社区的困境也会进一步造成互动难以实现。

四、互动渠道不畅通困境

互动渠道不畅通主要关注的是在城市社区治理中协商与沟通的平台失效问题,如前文所述,虽然依托网络化技术和电子社会服务平台,但是这个平台应用仍显互动性不足,呈现出一种单向的治理行动特征:自上而下的通知、宣传,或者自下而上的反馈,缺乏真正良性互动的运作机制和协商互动过程。这种不畅通主要体现在纵向、横向两个方面。

第一,纵向互动渠道不畅通。"一切影响集体的决策都涉及外部风险,即从外部接受决策的人遭遇的风险"。❷一是政治沟通渠道不畅通。政治沟通有助于政治决策的科学化,推进民主建设,构建和谐社会。❸由于计划经济体制所产生的路径依赖和心理惯性,即使存在议事会或者联席会议的平台,也倾向自上而下地传达指令,缺乏互动意识。二是互动渠道建设较为单一,难以实现行动者间的良性互动。

---

❶ 何绍辉.陌生人社区:整合与治理[M].北京:社会科学文献出版社,2017:60.
❷ 阿尔蒙德,小鲍威尔.比较政治学:体系、过程与政策[M].曹沛霖,译.北京:东方出版社,2007:5.
❸ 解红晖.城市基层政府与社区自治组织的良性互动关系[J].社会科学家,2013(1):45-48.

—157—

"双碳"目标下城市社区治理创新研究——基于互动式治理视角

第二,横向互动渠道不畅通。横向互动渠道不畅通是造成社区矛盾和冲突的主要推手。在城市社区治理中,物业管理公司和业主委员会是一对关系密切又相互对抗的"冤家"。例如,小区业主对物业占据公共用地、提高物业费、基础设施建设有问题的许多现象存在诸多不满,但因缺乏合法合理的互动渠道,而不断隐忍,最终导致矛盾激化现象屡见不鲜。业主委员会本应是社区居民进行自治的平台,但是很多社区居民却不知道其具体运作及组织结构,甚至有的业委会高层违背业主利益,接受物业公司的收买,擅自选聘物业或者伙同物业侵占小区公共用地和公共设施进行商业经营等(见案例6-2)。究其原因,除了规则框架建设不健全及内外监管不力,缺乏有效的互动渠道和平台也是重要原因之一。

案例6-2　Q社区H小区的居民在采访时和我们抱怨道:"其实现在很多业主对物业的服务不太满意,小区总是停电停水,路上总是被挖开大洞,说是修什么管线,可能也是开发商留下来的烂摊子。我们的物业费很贵的,一年好几千,可是并没有得到良好的服务。听说有业主委员会和业主大会,但是不知道在哪里参加,估计也没有什么用。""小区里总是立一些广告宣传板,给人感觉也不是特别好。尤其是广场那边,很影响居住环境。"

第二节　"双碳"目标下城市社区治理的困境反思

如要实现"碳达峰"和"碳中和"的愿景,城市社区的绿色低碳转型是基础条件与必由之路。当前我国大部分省份开始了"双碳"目标下的城市社区治理转型,以期实现社区绿色低碳、高质量发展。但是,在目前的城市社区的

第六章 "双碳"目标下城市社区治理的问题与反思

创新实践中,仍然面临着困境与挑战有待解决。基于互动式治理视角与"行动者—制度—行动"分析框架,可以分析出当前困境在于以下四个方面。

一、主体公共性认知不足

公共问题始终是社会转型和建设高度现代化社会的核心问题。社区治理能力现代化的关键是解决居民的公共问题。没有民众公共素养的进步,社区治理就没有主体的支撑,就会成为无源之水、无本之木。从社区治理的角度来看,公共性是指社区中人们超越个人主义的共同利益和价值观。从动态角度看,居民的公共性是指居民从私营部门中走出来,以实现公共利益为价值取向,通过民主协商、对话交流和妥协让步等方式讨论相关问题,采取行动实现公共利益。这为构建和谐社区、克服集体行动困境、降低治理成本、提高治理综合效果提供了非常重要的理论视角和实践路径。目前,我国社区居民较为缺乏公共性意识,这种缺失既有先天性的缺失,也有后天成长不足的影响,即缺乏促进公共性发展壮大的社会空间。

城市社区是公共生活的主要空间,低碳转型的公共性认识不足容易带来实践困境。互动式治理理论视角强调的主体协同互动,有利于在社区低碳转型过程中加强对公共性问题的重视。现有社区治理过程中应用于低碳方面的工作措施一般集中在行政、技术等层面,对于城市社区治理主体意识提升和引导参与层面仍存在欠缺。缺乏公共性从根本上制约了社区低碳治理的推进,这主要表现在以下方面。

第一,城市社区基层的社会组织的数量零星与参与频率低。一方面社区社会组织的数量太少,而这些社会组织实际参与社区治理与社区低碳转型的则更是寥若晨星。上海一些学者在社区事务的抽样调查发现,经常参加自发社团活动和有组织活动的社区居民只有5%的人,有时能到15%;38%的社区居民认为社区公共事务是政府部门或居民委员会的事情，居民不需要关心。❶另一方面，在许多城市社区公共服务中，居民自治组织、社会组织和志愿者组织则表现为"缺位"问题。根据学者对武汉市8个社区的调查结果，只有12.5%的居民委员会能够独立开展工作，部分社区每年需要完成近93%的社区工作。❷在社区交往和邻里活动中，大多数居民的生活就像两条平行线，几乎没有交叉点。

第二，社区居民参与绿色低碳改造程度低。社区居民作为社区众多行动者中的最重要主体之一，需要担负参与社区公共事务、进行公共管理的责任。特别是在社区绿色低碳转型工作中，应当"主动式参与"而非"被动式接纳"；应当"积极型规划"而非"消极型改造"。但在目前的实践过程中，能够看出面临着社区居民较多从个人利益出发，而非基于社区公共利益思考，个体间协助互动也相对较少，再加上社区硬件配套设施不足、参与机制不健全等问题，直接导致了社区居民积极主动、自发性参与低碳治理行为不多的困境。

第三，社区活动的象征性参与。在社区公共活动中，很多人只参加象征性的活动。在多个社区进行田野调查的实践中，我们发现虽然社区居委会大力组织和动员居民参与社区公共活动，并采取了增加活动互动、赠送小礼品等多项措施，但参与的效果并不令人满意。根据实践走访调查发现，无论是在哪种社区治理类型中，经常参加社区活动的人通常是固定的一小部分，他们中的大多数是退休教师、退休干部和退休工人，而且多为中老年妇女，参与群体极为固定。例如，社区绿色低碳的宣讲活动，社区居民对其兴致不高，宣传效果欠佳。这都体现了在社区治理中公共性和公共精神的缺失。

---

❶ 上海社会科学院社会学研究所"上海社会变迁研究"课题组. 上海市民意愿调研报告 [M]. 上海：上海社会科学院出版社，2008：67-68.

❷ 陈伟东, 张大维. 选聘分离：社区治理转型与管理体制创新——以宜昌市伍家岗区为研究个案 [J]. 当代世界与社会主义，2008（3）：139-144.

二、低碳治理的模糊性问题

城市社区治理中的模糊性问题是造成低碳治理困境与互动问题的原因之一,这种治理的模糊性主要体现在社区治理中"政府—社会"互动关系的模糊性,社区治理行动者互动职责界限的模糊性,及社区治理政策的模糊性三个方面。

一是城市社区治理中政府与社会互动关系的模糊性。严格地说,国家与社会的二分法是一个简单的分析框架,为了便于论证,在一定程度上忽略了复杂的社会历史因素。事实上,在社区治理的日常运作中,政府和社会之间很难分清明确的界限,政府部门和社会组织之间的协调与合作已成为常态。特别是在互联网时代,政府与社会的界限越来越模糊,跨界融合是必然趋势。社会正在分化重组,政府的职能部门和权责边界也正在调整。社区治理的多元行动者关系是复杂的。而政府本身也存在如各部门缺乏协调性、不同部门间重叠职能等问题。因此,在城市社区治理中,政府与社会的关系不断随着经济社会的发展而改变,其界限的模糊性问题则更加明显。

二是治理行动者职能界限的模糊性。政府与社会互动界限模糊,直接影响治理行动者职能界限的清晰设定,也进一步影响低碳治理的具体职能的发挥。社区主体间职能界限模糊、混乱会导致难以在社区治理中形成良性互动,充分发挥各治理主体的作用,影响我国社区互动式治理机制的建构。社区治理实践中的多元主体并未出现"共治"格局,而是呈现主辅关系。主辅结构及其协作关系是对中国传统基层治理中的简约主义原则的延续和发展,奠定了当下社区简约治理运作机制的基础。

三是社区治理运作机制为"模糊化运作",包括模糊化分工、人情化动员、梯度化资源配置与柔性化权力运用等主要策略。❶陌生人社会是社区简约治理

---

❶ 曹现强,张霞飞.刚柔并济:社区冲突视域下地方政府治理的双重逻辑——基于配建"共享小区"冲突的多案例对比研究[J].中国行政管理,2019(12):58-64.

演变的主要特点。基层组织脱嵌化,这将透支简约治理赖以维系的社会性资源。社区低碳治理具有这种"模糊化运作"特征,当前城市低碳社区建设中,绿色低碳的治理目标尚不够明确。虽然政府重视标准与模范低碳社区的打造,但是试点成功经验在其他社区推广程度不高,其中一个重要原因就是对于治理目标的不明晰。这会导致社区低碳生活宣传、低碳环境营造、基础设施绿色改造更新等方面的具体工作缺乏目标引领,影响推进效果。

三、转型中存在路径依赖

国家力量在我国现代化建设中占据主导地位,城市社区低碳建设与转型需要行政力量保障才可以顺利开展。解决社区低碳治理中政府推动力的可持续性问题,必须重视社区治理制度化。在社区低碳治理中,这种困境主要体现在治理结构不合理的问题。也就是说,政府行政权威较强,目前,多采用"自上而下"的方式进行低碳社区建设,这情况不利于社区主体积极性发挥。应当多采用平等合作、协同互动方式建设可持续的低碳社区网络。

目前,大部分城市社区基本接入智慧平台,能够采用数字技术进行治理活动。但是当前智慧平台针对碳排放管理、碳交易应用、绿色生活方式监测和引导方面的功能尚不健全,这就需要以资金投入为保障,进一步实现功能开发与平台升级。但是,我国城市社区治理中还普遍存在对政府的财政资源依赖困境。政府财政拨款是社区得以运行的主要财政渠道。部分城市为加强社区管理的服务功能,撤销街道办事处一级,从"市—区—街道—居委会"向"市—区—社区"三级管理转变,代替街道办事处的社区服务中心财权被上收,导致现行社区治理实践中的一个突出问题就是社区资金捉襟见肘、无钱无力办事的问题,

---

❶ 王德福.主辅结构与模糊化运作:城市社区的简约治理机制[J].北京行政学院学报,2019(3):16-24.

第六章 "双碳"目标下城市社区治理的问题与反思

社区居委会的工作开展困难。这种情况会引发社区治理中"财权"与"事权"失衡，不利于建立社区良好互动的协调关系。

四、治理制度化建设滞后

近年来，我国城市社区治理虽然在制度化方面取得了一定的成绩，但仍存在许多问题。社区低碳治理存在参与机制不健全、规划设计不合理等问题，治理制度化建设滞后是其中较为重要的影响因素。比如，缺乏系统性、完整性的低碳治理法律体系。同时，社区治理本身的关联法律效力尚且薄弱。在社区治理中有关居民自治的法律规定，没有达到预期的效果。一是，社区各类管理主体的法律地位和法律关系不明确，导致职权范围不明确。政府部门、业主委员会、物业管理委员会和居委会之间的关系和责任需要在法律层面上明确界定。二是社区公共事务的范围不明确，以及社区管理者的工作任务和职责虚拟化之后，社区管理程序体系不完善，导致管理者不当使用管理权的现象。三是社区低碳治理的制度滞后、法律不完善，一般以党和政府的政策性文件为治理的总体规范和纲要。在我们收集的社区治理的各种制度文本中，以地方人大及其常委会名义制定的地方性法规很少。在形式上，这些文件以市委、市政府、组织部、民政局、社会建设办公室、区委、区政府办公室的名义印发。从内容上看，没有实质性的有力措施来保证这些任务能够得到执行。就社区治理而言，这种方式虽然在一定程度上为社区治理提供了制度和基础，暂时解决了治理体系不足的问题。与政策相比，法律法规更加稳定规范，法律在制定、实施、程序和废止等方面更加严格、严肃和明确。我们要贯彻依法治国的精神和理念，培养社区低碳治理相关的法律工作者，努力实现"基层治理法治化"的发展目标。

近年来，尤其是党的十八大以来，全国各地社区治理机制和模式的创新

"双碳"目标下城市社区治理创新研究——基于互动式治理视角

为实现政府治理、社会调节、居民自治间的良性互动,为实现社区治理现代化提供有力助推。但目前新时代下中国城市社区处于变革的状态,虽然许多城市社区在治理现代化建设中取得一定成绩,但也面临着治理困境。因此,本章在不同类型的城市社区低碳治理的创新实践中,发现"双碳"目标下我国城市社区治理面临的若干问题,并进行相应反思。在这样的实践逻辑中,我们必须探索更为科学化、现代化的治理手段和治理机制,破除社区治理困境,而互动式治理理论与机制不失为一个符合当前中国城市社区治理发展情境的合适选择。

第七章 "行动者—制度—行动"：
城市社区互动式治理机制构建与实现路径

机制原指机器的构造和运作原理，借指事物的内在工作方式，包括有关组成部分的相互关系及各种变化的相互联系。❶中国城市互动式治理是在中国城镇社区区域范围内，为实现人民美好生活向往和达成共建共治共享的社会治理格局的共同目标，强调以"民主法治""责任理性""合作共治"为理念宗旨，以协调政府治理、社会调节和居民自治为行动路线，促进"国家—社会—市场"行动者在公共事务中良性互动的治理过程。本章基于一种可能的分析框架——"行动者—制度—行动"，深入剖析中国城市社区互动式治理的机制构成，包括分析行动者要素、制度要素和行动要素的三个组成部分，进而为其构建提供可行性路径建议。

第一节 多元动态主体、制度空间与互动逻辑

通过尝试以"行动者—制度—行动"的分析框架，对中国互动式治理机制架构进行具有创新意味的全景展示。这是一种以行动者为中心，静态和动态相结合的微观分析框架。在行动者层面上，本书阐述了中国互动式治理具有不同

---

❶ 邱梦华，秦莉，等. 城市社区治理[M]. 北京：清华大学出版社，2013：60.

价值取向、利益偏好、资源权力的行动者——国家行动者、社会行动者、市场行动者,并在此基础上,对三方行动者之间互补互嵌的关系进行分析与研究。在制度层面上,本书从内在逻辑和外在联系两方面进行分析。在行动层面上,即在行动者行动的动态行动空间中,本书则关注行动者的行动共同目标、精神内核和互动逻辑等。

一、行动者:城市社区互动式治理中的多元动态主体

行动者被界定为"社会治理权力的行为主体"❶,"是在具体场域下的具体行动者,能够基于各自利益诉求,在有限理性下进行行动者间互动,运用合适行动策略,以达到争取有意义资源的目标预设"❷。行动者不断生成新的内容,从而促进整个社会治理机制的协调运转。❸在以行动者为中心的"行动者—制度—行动"分析框架中,中国城市社区互动式治理的"行动者"是指参与社区治理互动过程的动态行为主体。在这个动态分析框架中,从中国城市社区这一空间出发,从微观和具体的角度把握国家行动者、社会行动者和市场行动者的利益诉求、权力互动与行动策略选择。

(一)国家行动者——党组织、政府和居委会的治理参与

按照R.爱德华·弗里曼(R. Edward Freeman)对利益相关者的经典划分❹,国家行动者代表着党政力量在社区治理中的运作,其主要包含两个亚分类:政

---

❶ 蒋小杰,王燕玲.县域社会治理的行动者分析与模式构建[J].行政论坛,2019,26(2):110-116.
❷ 马卫红,桂勇,骆天珏.城市社区研究中的国家社会视角:局限、经验与发展可能[J].学术研究,2008(11):62-67.
❸ 杨月.关系互构与新交往:社会治理的媒介化[J].青年记者,2023(2):50-52.
❹ R.爱德华·弗里曼.战略管理——利益相关者方法[M].王彦华,梁豪,译.上海:上海译文出版社,2016:30-45.

第七章 "行动者—制度—行动"：城市社区互动式治理机制构建与实现路径

治性行动者和行政性行动者。政治性行动者和行政性行动者是社区治理中的有合法性确认的正式权力主体。政治性行动者指社区的党组织。行政性行动者指社区治理中的地方政府。社区居民委员会兼具行政性行动者和社会行动者的特征，是处于两者之间的中间地带主体。我国法律规定居委会的性质是基层群众性的自治组织，但是它与其他社会组织不同，具有行政性和服务性的二元性质。鉴于居民委员会在我国城市社区的设立、实际工作任务、工作目标和权力来源等因素，居委会带有较为强烈的行政色彩，将其划分到行政性行动者之中进行分析。国家行动者（政党、政府和居委会）在城市互动式社区中的治理嵌入，是指国家行动者采用各种方式进入社区治理的过程中，并与其他行动者共同在社区行动空间的场域内互相影响和交互运动。

1.作为社区互动式治理领导核心的社区党组织

社区党组织是社区互动式治理的领导核心。俞可平所言"中国呈现一种以党领政的治理结构。中国的治理主体已经多元化，但是在所有治理主体中，最重要的是中国共产党的各级组织"❶。社区基层党组织是城市社区内具有官方性质的正式组织，是城市社区互动式治理的政治性行动者，是制定治理政策规则、把握治理发展走向、宣传国家政治意志、汇集民众意愿、团结其他治理主体的治理行动者。政党是维系中国社会和社区治理的最重要的行动者，其对空间内资源整合的组织力量强弱决定治理的成效。《中国共产党章程》中规定了社区党组织的性质是中共基层组织，其在社区中成立、以社区党员为组织对象。根据社区党员的人数，可划分为社区党总支或社区党支部、党小组等组织形式。如前文所述，《中共中央办公厅、国务院办公厅转发民政部关于在全国推进城市社区建设的意见的通知》《关于加强和完善城乡社区治理的意见》等一系列社区治理相关的重要政策文件中都规定了社区党组织的领导核心地位。

---

❶ 俞可平. 中国治理评论[M]. 北京：中央编译出版社，2012：34.

职责定位方面和利益诉求方面，社区党组织是各项路线方针政策和国家法律法规的宣传者，是促进社区治理任务完成和整合社区资源的组织者，是督促社区治理自治发展的推进者，是以身作则发挥模范作用的服务者。以上既是社区党组织的职责定位，也是其在社区治理中利益诉求。在行动策略方面，社区党组织在互动式治理中的主要行动策略包含两个方面：一是政治导向行动。社区基层政党领导和组织社区民主政治的建设与发展，包括引导居民依法参与民主选举、民主决策、民主管理和民主监督的过程中，在制度空间和行动空间内组织社区行动者间的互动与协商，实现基层民主建设的总体目标。二是利益协调行动。社区基层党组织与社区居民朝夕相伴、休戚与共，通过开展经常性的服务活动过程中❶，引导其他社区行动者在互动式治理过程中，充分表达利益诉求，化解行动者间的矛盾，促使互动式治理间的协调合作和良性互动的建立。

2. 作为社区互动式治理中元治理主体的地方政府

城市社区互动式治理的行政性行动者是地方政府，是治理行动中的直接责任行动者，也是具有科层化结构体制和常规性执行权力的行动主体。❷地方政府应着力将社会组织纳入基层治理网络。❸社区治理中政府主要职能：提供社区公共产品与公共服务、引导社区自治、对社区事务的处理过程进行行政性规制等。各地进行撤销街道办事处实行"二级政府，三级管理"的治理改革以来，社区工作站或者社区服务中心成为政府行政权力在社区延伸的机构，更强调政府在社区的服务职能，而非行政职能。地方政府在接受党组织的领导外，还接受上级政府的业务指导。

---

❶ 陈家喜. 中国城市社区治理的新变化：基于政党功能视角 [J]. 政治学研究，2023（1）：122-132，160.
❷ 樊红敏，周勇振. 县域政府动员式社会治理模式及其制度化逻辑 [J]. 中国行政管理，2016（7）：64-69.
❸ 白志华. 社会组织"悬浮"社区的治理进路：从脱嵌到嵌入 [J]. 青海社会科学，2023（1）：111-122.

第七章 "行动者—制度—行动"：城市社区互动式治理机制构建与实现路径

为此，社区互动式治理将尽量规避这种治理风险，取代自上而下的传统行政式治理。互动式治理有多方行动者参与，主张治理参与的常规化与行动者间的平等互动。但在中国治理语境下，互动式治理并不意味着"去政治化"，而是将政府的地位定义在"元治理"（对治理的治理）的主导角色。"元治理"的主导角色，一方面强调促进政府通过法律法规和相关政策实现互动式治理的制度化，提供良好的制度环境和安排，规范社区治理的总进程❶；另一方面则主张政府在参与治理时采用刚柔并济的方式，在政府行政性、控制性等刚性治理手段之外，采取相对柔性、灵活和具有弹性的治理方式（如契约谈判、协商参与等）来协调互动式治理之中的多方行动者关系。❷

3. 作为社区自治与服务载体的居委会

社区居民委员会是我国城市社区内的基层群众性自治组织，这种自治具有以下特点：一是居委会其组织建设、机构设置、人员编制和薪酬激励受政府的行政性控制；二是居委会其在财政经费、工作内容、任务目标、日常运作和绩效考核要向地方政府负责❸；三是现行法律中规定社区居民委员会及其下属委员会应协助"市及市辖区政府及各部门的工作，并接受其业务指导"❹，协助政府工作和接受其业务指导可能会给社区工作带来趋向行政机构的可能性。因此，社区居民委员会介于国家行动者和社会行动者之间，具有双重代理人的特殊身份。它既是社区居民意见表达和利益诉求实现的居民自治组织，又是从事

---

❶ 蔡小慎，牟春雪. 治理现代化背景下我国城市基层治理模式的比较与选择 [J]. 学习与实践，2016（2）：65-72.

❷ Torfing J, Peters B G, Pierre J, et al. Interactive Governance: Advancing the Paradigm [M]. New York: Oxford University Press, 2012：3.

❸ 张林江. 走向"社区+"时代——当代中国社区治理转型 [M]. 北京：社会科学文献出版社，2015：89-90.

❹ 民政部. 中华人民共和国城市居民委员会组织法 [EB/OL].（2019-01-27）[2019-08-15]. http：//www.mca.gov.cn/article/gk/fg/jczqhsqjs/201911/20191100021349.shtml.

"双碳"目标下城市社区治理创新研究——基于互动式治理视角

大量行政性事务、协助政府各领域工作、受国家意志影响明显、承担政府公共服务供给的社会组织。"上面千条线,下面一根针"是对社区居民委员会行动逻辑的高度概括,表明居委会是国家行政力量在社区发挥作用的神经末梢,具有浓厚的行政色彩。

我国城市社区互动式治理中,双重代理人身份的居委会在国家行动者和社会行动者之间的嵌入具有重要意义:第一,作为国家行动者和社会行动者之间的中介层与结合层,是国家力量与社会力量在社区治理过程中进行交会的缓冲层,有助于化解国家、社会之间存在的各类矛盾,是向上利益表达的合法平台和向下政策落实的实际驱动平台。第二,是国家行动者、社会行动者在社区治理中互动行为的协调者,是对彼此利益诉求、意见表达、行动策略和互动模式实现统一化的协调。

(二)社会行动者——业委会、非营利组织的治理参与

社会行动者或社会性行动者是互动式治理中的主要行动者,也是社群治理理论中的核心行动者。虽然互动式治理是一种"非中心化"的、倡导行动者平等互动和民主协商的治理模式,但是社会行动者依然在治理中处于重要地位。社会行动者是内生于城市社区发展进程中的、具有自治需求倾向的行动者,主要包括业主委员会及各类社会组织。业主委员会最早在1991年诞生于深圳市,是20世纪90年代国家住房政策改革、房地产市场壮大发展、大量商品房出现的背景下,与物业管理公司几乎同时产生的业主联合性社会组织。根据《物业管理条例》所述,业主是拥有社区内房屋所有权的自然人、法人或者社会组织。与社区居民委员会相比,业委会似乎更倾向一种社区居民的民间自治性组织。政治哲学的保守主义认为,拥有产权的公民会更加积极地参与公共事务,具有更频繁的政治活动和更加支持民主政治原则,被称

第七章 "行动者—制度—行动"：城市社区互动式治理机制构建与实现路径

为"基于产权的民主"❶。在社区治理的实践操作中，一般受居民委员会的业务指导，与物业管理公司进行经常性的博弈行动。社会行动者中社区社会组织主要指社区中的非营利组织（非政府组织），其参与社区治理能够更好地配置社区内资源，供给尤为优质的公共服务，主要凸显其服务性。同时，非营利组织也是居民进行自我管理和有序参与的平台具有自愿性和公益性的特点，如志愿组织、兴趣类或专业社团、各类（如老年人退休生活）协会、商会、俱乐部、联盟和帮会等。可以说，非营利性组织既是对公共服务供给的补充者，又是邻里交往和守望互助的互动平台。

社会行动者是中国城市社区互动式治理的三大机制之一——社群治理机制的核心行为者。社会行动者在社区的发展，对于服务社区居民、优化基础社会生态，对打造共治共享共建的社会新格局，有着积极的推动作用。业委会和非营利性的社区社会组织，被看作社区治理中的一种自发、自治力量，采取一种自下而上的治理方式参与到互动式治理中。社会行动者成员内部交往和互动较为密切，能够及时对权益和诉求予以回应与反馈，是"平等互助"关系和"社群精神"的集中体现。❷

（三）市场行动者——社区企业等市场力量的治理参与

市场是互动式治理中的经济性行动者，是超越"国家—社会"分析范式的体现。在市场经济的发展进程中，市场对于整个社区的治理形态具有重要的影响作用。社区是市场的组成部分：其一社区居民的消费需求能够促进市场的发展壮大，而市场的繁荣和竞争性也可以为社区提供更优质的服务与产

---

❶ 李骏. 住房产权与政治参与：中国城市的基层社区民主 [J]. 社会学研究, 2009, 24（5）: 57-82, 243-244.

❷ Etzioni A. The Spirit of Community: Rights, Responsibilities, and the Communitarian Agenda [M]. New York: The Group Publishing, 1993: 2-40.

品；其二，市场力量介入城市社区治理中，因其多层次的市场结构、多样化的商品服务和多元化的供给主体及供给方式，能够弥补政府公共服务供给的有限性，为社区提供更加优质的服务。城市社区场域中的市场行动者以社区企业为主，物业管理公司是典型代表，这是房地产市场在社区治理中的功能延伸和扩展；除此之外，还包括居民生活业（以固定场所提供居民所需的日常生活服务）、家政服务业（以劳务为基础的服务）、互联网市场等其他社会市场力量。

但是，值得注意的是，社区中市场力量的介入可能带来一定治理风险，如随着经济关系的建立也会产生许多社会矛盾；发达的服务性市场，尤其是依托互联网的市场为人们带来生活便利的同时，削减公共生活和人际交往时间，容易导致"陌生人社区"的出现；物业公司可能与建构性行动者（居委会）或业委会高层形成利益合谋，以求获得更多利润和更大利益。为此，中国城市社区的互动式治理，必须纳入一个准市场机制，即强调市场的行政嵌入性，纳入政府监督之中。

（四）行动者间关系："国家—社会—市场"行动者在互动式治理中的互补互嵌

互动式治理的良好实现，只有国家行动者、社会行动者和市场行动者三者互相嵌入与互相补充，才能最终达成相得益彰的治理效果。也就是说，互动式治理中的三个行动者，它们既拥有自主性，又包含互补互嵌性。第一，国家领导者处于核心地位。坚持党的领导和政府主导基本原则，彰显我国社区治理不可忽视的行政性色彩。但是这种行政性色彩并不是行政中心倾向，而是确保社区良性治理的必要手段，是具有深刻的历史经验和社会现实需要的必然选择，也是社区治理发展和民主政治建设的路径依赖。当前我国社会正

第七章 "行动者—制度—行动":城市社区互动式治理机制构建与实现路径

处于变革时期,社区这个场域空间内承载一定的矛盾与冲突,社区自治情境下则易产生秩序失衡和治理失效的问题,必须有相对强力的主导,由党和政府来进行规制其发展框架,保障行动者间的良性互动及健康发展进程。第二,"国家—社会—市场"行动者是协调统一在互动式治理的系统行动中,而不是分立存在、各自为政的。原因如下:一是根据三方行动者的本质特征和利益诉求,国家行动者具有较强的治理动机和实际影响力,是社区治理的积极行动者;市场行动者则动机和影响力较弱,常以被施政者的角色出现;社会行动者则具有被治者和施政者的双重角色潜力。二是三方行动者的治理方式也具有差异性,国家行动者的治理方式和手段通常是具有刚性的控制性、强制性的行政手段;社会和市场行动者则多为柔性、灵活性的治理手段。因此,由于社区治理中行动者的治理动机、利益诉求、影响力和治理手段的不同,所以在互动式治理的过程中需要这种互嵌性,以保障多方行动者互动和合作的良性状态,达到治理最优的效果。第三,不同于行政化治理较为清晰的职责界限,在互动式治理中存在行动者职责边界的模糊性,表现为行动者在职能范围的互相补充。我们可以从图7-1中得出城市社区互动式治理的行动者在职能层面的互补。这种做法有利于社区公共服务供给的优化,提升社区治理的自主治理性。❶

总的来说,在中国城市社区互动式治理中,国家行动者是处于核心地位的,党是领导核心,政府是主导核心。在具体治理运作过程中,党和政府则更应该发挥"元治理"的作用,协调多方行动者的治理行动,发挥多方行动者职能的互补互嵌,最终实现社区良性互动与良好治理。

---

❶ 徐林,吴咨桦.社区建设中的"国家—社会"互动:互补与镶嵌——基于行动者的视角[J].浙江社会科学,2015(4):76-82,157.

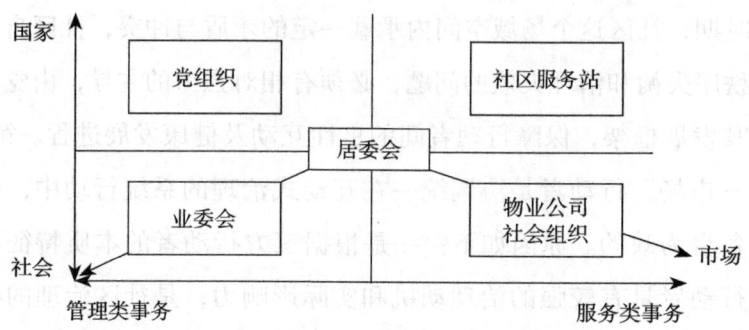

图7-1　城市社区互动式治理行动者的职能互补

二、制度：城市社区互动式治理行动者与行动的制度空间

"行动者—制度—行动"分析框架中的制度要素又可被认为是制度空间。空间是一种社会性产物，是行动者之间实现互动的中间的领域或者介质，而行动者间的互动关系也可以推动空间再生产。❶中国城市社区互动式治理是基于制度空间展开，是社区中多元行动者在制度化框架下和社区特定空间场域内的互动行为。空间的内涵包含有物理空间、治理空间的双重意味。城市社区的互动式治理的行动空间可以是具体的物理空间、生活空间，也可以是抽象的治理空间，是行动者在社区开展治理活动的场域；互动式治理的制度空间则更倾向一种无实体化的抽象空间，是一种治理空间，为行动者间互动提供一个抽象的行动框架和平台。我国城市社区互动式治理的制度变迁和制度空间构建并非自发形成的，而是基于政府意愿和能力的主导下形成的。政府主导型的制度空间构建包括正式制度及非正式制度，研究其内在逻辑及其外在联系性对于互动式治理理论构成具有重要意义。

---

❶ 亨利·列斐伏尔.空间：社会产物与使用价值[M].上海：上海教育出版社，2003：47.

第七章 "行动者—制度—行动"：城市社区互动式治理机制构建与实现路径

（一）城市社区互动式治理制度的内在逻辑

诺思（Douglass North）提出，正式制度包含法律规则、政治规则、经济规则和契约化规则等，具有内在强制性、外在约束力和强大权威性❶，具体表现为法律、政策和规章等成文规范。❷其"制度刚性"会对个体或群体行为产生重要影响。❸正式制度的内在逻辑包括制度架构的取向性、制度体系的系统性及制度关系的互动性。

1.制度架构的取向性

制度取向分为约束性制度和激励性制度，制度的功能就是将约束与激励进行协调统一。在社区互动式制度空间内，为多方行动者的行动策略提供规制和引导，是行动者行为的系统性规则系统，集合了行动者行动的规则、行为边界等关键性信息。制度设计取向可以是建立社区与组织间的关系型契约、心理契约，促使行动者之间形成互信互赖关系。这是一种长期的、默认的、隐形的契约形式，具有一定约束力，有助于行动者间长期行为关系的良性互动。激励性制度是有助于社区自我治理，包括限定成果分享范围、自主治理事务的可选择性，回报和动力机制等。

2.制度约束的差异性

按照社区治理中制度的约束能力，制度也可分为正式制度与非正式制度。正式制度包括成文的、具有法律规范或者强制力的制度。基于前文所述，非正式制度因其内在特征可以被认定为一种制度，也可以被视为治理的一种手段。非正式制度是与正式制度相对的概念，是指无设计意识、在长期交往过程中自

---

❶ 道格拉斯·诺斯.制度、制度变迁与经济绩效 [M].杭行，译.上海：格致出版社.2014：56.
❷ 章荣君.乡村治理中正式制度与非正式制度的关系解析 [J].行政论坛，2015，22（3）：21-24.
❸ 黄毅.对我国地方政府社会管理创新的理论考察 [J].武汉科技大学学报（社会科学版），2012，14（6）：613-617.

发形成的行为规则❶，如意识形态、道德规范、风俗习惯和文化传统等，这些规则在发展和演进过程中不断被社会关系所强化。正式制度与非正式制度之间在社区互动式治理中存在天然的连接，正式制度和非正式制度作为两种具有不同适用环境、合作机制的秩序系统，对社区治理互动者的行为选择和社区的发展轨迹有不同的影响模式。在正式制度与非正式制度之间复杂的替代、互补、冲突关系，以及它们的关系在社区治理中的作用交替和动态演化，都对社区互动式治理的良好运作产生重要影响。❷

3.制度体系的系统性

制度体系是一个具有系统性、完整性和规范性的有机整体，社区治理的制度体系也是一个规范性规则集合，其主要部分如下：①宪法秩序，规定制定制度的一套基本规则，被称为"规则的规则"❸。宪法秩序包括一系列与政治、经济和社会等领域的法律法规。中华人民共和国成立以来，指导城市社区治理实践的代表性法律与行政法规包括《中华人民共和国宪法》《地方各级人民代表大会和地方各级人民政府组织法》《城市居民委员会组织法》《中华人民共和国物权法》《物业管理条例》等。②基于我国政治体制，党的章程、纲领、方针政策和思想路线在制度系统中处于领导核心地位，是官方意志形态集合的重要形态，主要体现在党的重大会议报告、决定、意见及领导人讲话的精神中。其代表性文件包括《关于在全国推进城市社区建设的意见》《关于加强和改进社区服务工作的意见》《关于加强和改进城市社区居民委员会建设工作的意见》《关于加强和完善城乡社区治理的意见》《城乡社区服务体系建设规划（2016—2020年）》等。③软法体现在社区治理中乡规民约、居民自治规范等。深入研

---

❶ 道格拉斯·诺斯.制度、制度变迁与经济绩效 [M].杭行，译.上海：格致出版社，2014：6.
❷ 李光宇.论正式制度与非正式制度的差异与链接 [J].法制与社会发展，2009，15（3）：146-152.
❸ 马克思.马克思全集（第 1 卷）[M].北京：人民出版社，1956：82.

第七章 "行动者—制度—行动"：城市社区互动式治理机制构建与实现路径

究社区治理中软法、硬法相结合的治理形态，是继承我国优秀传统文化和弘扬社会主义核心价值观❶，对我国社会主义法治建设和国家治理、社会治理和社区治理现代化统筹建设具有重要意义。④地方政府政策与监管，主要指对社区建设的一系列政策，具有行政性的规则。⑤具体运作制度。这主要指地方社区根据各地特殊性和本土性制定的各类创新制度，包括各类协商、参与、协调和监督制度。

4. 制度关系的互动性

制度关系是指在制度空间内，制度系统是制度进行统一集合的系统体系。在这个系统体系之中，相关制度之间可能存在相互支持、前后衔接、互相补充和相互耦合的关系；也可能新旧制度之间相互抵触、相互冲突、关系紊乱和衔接断层的关系。因此，社区互动治理制度的建立必须考虑既有制度的规范，既需要考虑横向差异性领域的相关制度，也需要考虑新旧制度的衔接性与匹配性问题。只有将社区治理的制度纳入一个耦合性良好的制度体系之内，才能达到制度对行动的约束力和激励作用。

（二）城市社区互动式治理制度的外在互动

城市社区互动式治理制度的外在互动主要指以行动者为中心，制度与行动两者的互动。依据前文论述，制度空间与行动空间有学者提出"恰适性"的学术概念，即在政治制度中选择恰当与合适的行为，这是行动者的内在行为逻辑。❷ "恰适性"体现了制度对行动的约束作用，是一种自上而下的静态规定，要求行动具有符合制度的静态特质。实际上，"恰适性"逻辑可以运用到与环境的关系中，制度的推行需要符合"情景适当与环境适宜"两个先决条件，必须

---

❶ 顾朝曦，等. 社区治理现代化探索研究 [M]. 北京：人民出版社，2015：3.
❷ 詹姆斯·马奇，等. 重新发现制度：政治的组织基础 [M]. 张伟，译. 上海：三联书店，2011：262.

符合具体实际情况。❶但是,将其用于解释互动式治理中制度与行动关系似乎力度不足。从前文案例分析可知,城市社区的互动式治理强调"互动"二字,而"互动"是一种动态的过程。因此,用单纯依赖制度的单向约束阐释其与行动的关系,似乎过于片面。因而,我们选择"调适性"的概念代替"恰适性",强调协调和适应,是不断变化的动态过程。在制度与行动间动态调适的互动中,任何一方都不是单向运作,而是互相促进互相影响。互动式治理的行动必须被规范在制度空间范围内,而制度空间也随着治理行动的变化进行适应与调整,使最终意图达到最佳平衡点。

三、行动:中国城市社区互动式治理中行动空间与互动逻辑

"行动者—制度—行动"分析框架中的行动要素是指在制度空间内,城市社区互动式治理的行动者的行为与互动,包含行动的空间、目标、精神内核与互动逻辑。

(一)社区互动式治理的行动空间内涵

城市社区互动式治理的行动空间可以是一般意义上的物理性质和地理性质概念,也就是作为居民生活空间的社区辖区范围。在政治社会学领域,它也可被认为是空间规范和价值的建构,与制度空间相对应。行动空间一般被认为是链接动态的、多维度的行动形态与制度规则的互动场域,体现出行动者行动开展的公共空间范围。❷场域(field)是指社会由若干相对独立自主的社会小世界构成,这些社会小世界包含其特有逻辑与客观关系、存在不同力量进行博弈的

---

❶ 潘加军,蔡小慎.社会治理制度创新的恰适性路径探析[J].理论探讨,2014(4):174-176.
❷ 徐建宇,纪晓岚.迈向社区规制治理:一个分析框架[J].新疆大学学报(哲学·人文社会科学版),2019,47(2):24-34.

第七章 "行动者—制度—行动"：城市社区互动式治理机制构建与实现路径

社会空间系统。❶根据场域理论的特质，城市社区互动式治理的行动空间是一个复杂的社会空间系统，是各种行动者的行为及互动进行博弈的空间，其关键性要素如下。

第一，行动空间包括社区互动式治理行动者存在的行动形式、行动过程和方式，是一个复杂的空间系统。空间系统内行动者处于平等互动的地位，主要行为形式包括协商和合作的互动。协商的空间为不同行动者行动达成协调一致在同平台内进行对话、谈判和交流。合作的空间是指在行动空间内通过信息和资源互换，达成目标一致性进而采用合作的行动策略。互动的空间是指行为者之间行动的相互作用和影响。第二，行动空间与制度空间是相互融合、相互嵌入的，不是单独或对立存在的。社区互动式治理的多方行动者在实行行动策略时必须位于制度空间的范围内，符合制度系统的框架要求；行动空间也为制度空间的优化升级提供更多可能性。第三，行动空间是一个弹性空间。实际上，行动空间和制度空间都具有这种弹性化性质，在空间范围内没有决定性的权威和制约因素。行动者可以按照自己的行为逻辑和偏好进行行动选择，采取协商、合作等方式进行互动，也可以对自身行为不做改变。在行动空间和制度空间范围内，行动者的行动被赋予这种弹性化、灵活化的特质。

（二）社区互动式治理行动的共同目标

1.实现社区公共服务供给优化

公共服务主要是指"由法律授权的政府、非营利性社会组织、企业在公共物品的生产和供给中所承担的职责"❷。实现社区公共服务供给优化是社区互

---

❶ 皮埃尔·布迪厄.实践与反思——反思社会学导论 [M].华康德，译.北京：中央编译出版社，2004：134.
❷ 马庆钰.公共服务的几个基本理论问题 [J].中共中央党校学报，2005（1）：58-64.

动式治理的重要目标。20世纪80年代之前，计划经济体制下人口流动较低，"单位"是中国政治和社会制度的重要基础。❶以"单位制"为基础，政府是当时社区公共服务的主要供给者，包揽社区医疗、教育、养老和公共安全等各项公共服务。随着经济体制转型，单位制逐步瓦解，中国城市化进程不断加快，城市人口剧增，社会老龄化情况加剧，就业压力严峻，新的公共服务需求与日俱增，政府开始重新审视社会力量在公共服务供给中的重要作用。❷因此，中国城市社区互动式治理在公共服务供给方面的目标体现在以下两个维度上：第一，改变政府单一供给者的传统模式，实现政府在公共服务供给过程中的角色和职能转变。改革开放以来，城市社区成为中国政府实现基层治理现代化及公共服务供给的重要载体，社区公共服务供给模式由政府包办向政府购买转变。❸2013年，《国务院办公厅关于政府向社会力量购买服务的指导意见》文件出台标志政府购买服务正式启动。❹这为政府在公共服务中的角色转换提供了改革思路：政府作为基础公共服务的供给者，需提高政务服务效率；作为公共服务的购买者，政府需要大力推广与社会力量、市场力量的合作模式，实行公共服务供给市场化，并将这一过程纳入进政府监管下，向准市场模式转变。

第二，塑造"国家—社会—市场"协调互动的公共服务供给模式，以此规避单一主体供给公共服务时可能存在的风险。当前，我国社区公共服务供给现实状况中存在以下治理风险，即"需方缺陷"与"供方缺陷"。"需方缺陷"主要指政府内源性缺陷，即政府公共管理能力不足的表现，包括政府在社区公共

---

❶ Bray D. Building "Community"：New Strategies of Governance in Urban China [J]. Economy and Society，2007，35（4）：530-549.

❷ Luova O. Community Volunteers' Associations in Contemporary Tianjin：Multipurpose Partners of the Party-State [J]. Journal of Contemporary China，2011，20（72）：773-794.

❸ 姜郫，薛永光．供给者与购买者：我国社区公共服务中的政府转型 [J]．中国行政管理，2019（6）：26-29．

❹ 国务院办公厅关于政府向社会力量购买服务的指导意见 [EB/OL]．（2013-09-30）[2019-04-20]. http：//www.gov.cn/zwgk/2013-09/30/content_2498186.htm.

第七章 "行动者—制度—行动": 城市社区互动式治理机制构建与实现路径

服务购买中需求获取困难、代理方和委托方之间博弈问题、社区公共服务内容及范围界定等。"供方缺陷"指政府进行购买行为中所面临的外部矛盾与问题,主要指购买服务的市场机制缺陷,如承包商单一、缺乏既定市场,第三方评估缺陷等。"供给者""购买者""消费者"是公共服务购买的三元主体。❶为实现城市社区公共服务结果最优化、绩效最大化,公共服务购买过程需要以互动式治理模式为纲,保持"国家—社会—市场"多方行动者的协商互动,而非束缚于封闭独断的状态,实现公共服务供给的主体互动性、过程的开放性、程序的规范性、信息的公开性。

2. 实现社会基层民主建设要求

中华人民共和国成立后,以街居制为基础,城市形成了高度政治化的社会融合和管理模式。随着改革开放时代的到来,社区建设的发展为社会自我调节开创了一定空间。在坚持党的领导与政府主导的前提下,在社区层面,一方面,继续坚持党的领导和政府主导的基本原则,彰显了党和政府在我国社区治理中的中心色彩。坚持党的领导,具有深刻的历史经验和社会现实需要,成为中国民主政治发展的路径依赖。社区民主是依法保障社区自治和充分发挥人民群众的创造精神,是社会主义民主政治中的基本组成部分。在社会主义市场经济条件下,城市社区与居民的关系日益密切。城市社区是广大城市居民生活和休息的场所。它不仅是社会生产和再生产的重要场所,而且也是基层社会公共活动的重要载体。

随着改革开放的深入,社区治理层面出现多元的利益群体,包括国家组织管理者、私营企业主、专业技术人员、个体工商户、工人和农民等,社区治理中群体利益也随之多元化。这主要体现在利益主体多元化、利益关系多元

---

❶ 王浦劬,莱斯特·萨拉蒙,等.政府向社会组织购买公共服务研究:中国与全球经验分析[M].北京:北京大学出版社,2004:3-10.

化、利益表达多元化。为回应社区中多元的治理环境，互动式治理是一个良好的选择。一方面，能够为国家权力与社会自治之间协商、合作和互动的关系提供理论上指导，拓宽政府、社会和市场互动渠道，助推多元民主基层治理格局建设和良性互动关系的实现。另一方面，基层民主建设是互动式治理的重要行动内容，民主法治是互动式治理的宗旨之一。以人民群众利益的核心，实现城市社区基层民主建设，能够在党组织领导和政府指导下，提高社会自组织和自我管理能力。其内容主要包括民主选举——社区自组织（居委会、业委会）成员的选举；民主决策——在社区空间内各类公共事务议事会、听证会的召开；民主管理——社区公共事务如环境治理、安全治理等纳入制度空间内；民主监督——居民对公共事务具有监督权应该实现信息公开等。基层民主建设和多元利益诉求都要求互动式治理这一创新范式在社区治理中的嵌入，最终实现多元行动之间协商合作、良性互动的动态治理过程。

（三）社区互动式治理行动的精神内核

在追求中国特色的城市社区互动式治理发展的道路上，必然面对不同价值目标和思想内核的追求与建设。目前，我们面临各种转型危机与治理风险："社会非均质性与断裂性加深、社会利益矛盾冲突凸现、转型社会中传统因素、现代因素与后现代因素杂糅交织"❶，确定社区互动治理的民主法治、责任理性、合作共治的精神内核，是防止陷入西方互动式治理的窠臼，展现中国语境下的现代化内涵的价值目标与思想内核。

第一，民主法治是中国城市社区互动式治理的首要价值要求。党的十八届三中全会提出"加快推进社会主义民主政治制度化、规范化、程序化，建设社会主义法治国家，发展更加广泛、更加充分、更加健全的人民民主"。作为不

---

❶ 张雅勤.论国家治理体系和治理能力现代化的价值目标——基于现代性分化与融合的视角 [J]. 中国行政管理，2015（10）：52-58.

第七章 "行动者—制度—行动":城市社区互动式治理机制构建与实现路径

可分割的有机整体,民主确保法治不至于走入集权专制,法治为民主提供秩序与稳定保障。民主作为社区互动式治理的政治价值取向,"寄托了人们道德或伦理的期待,即在社区生活中应赋予居民拥有更多选择和决定其社区未来的机会"。互动式治理模式下的城市社区治理,一切行动的首要标准就是以人为本,应从维护人民的利益出发,依法保障社区治理中群众的自我管理、自我服务、自由教育和自我监督的权利。在制度现代化的发展过程中,法治是对规定权责、维护权利、监督义务的最有效手段,也是互动式治理实现的重要衡量标准,严格要求治理行动者、治理行动对法律依据、法定程序、法定权责的遵循。同时,法治还是城市社区互动式治理的实现路径和目标取向,要求在治理过程中实现"过程法治化""结果法治化"。例如,社会行动者的居民或社会组织若出现利益表达不畅和权益受损问题,应寻求司法与行政救济,积极解决矛盾,而非聚众滋事等非法极端方式进行维权。作为国家行动者的党政机构应运用法治思维和手段,协调社会关系和资源,积极应对社会冲突和社会风险,化解社区内可能出现的利益矛盾。

第二,责任理性应成为城市社区互动式治理的重要价值内核。这种责任包括国家行动者——政府对社区及社区对自身的责任,也就是社区居民作为社区所有者,需要对公共服务内容制定和运营及其他公共事务进行负责。博克斯(Richard C. Box)解释社区治理中的"理性"主要是指治理主体可以制定合理科学的制度,以及多元治理主体对待公共政策的某种"科学意识",这种"科学意识"即要求既能清晰条理表达自身观点,也能审慎尊重、倾听、思考他人意见的态度。❶我国社区治理现代化的目标应该是追求社区治理的"公共善",形成不仅属于单一社会行为个体的理性,同时也是对政府、政党、社会组织和社区居民间利益进行整合与调节的理性。中国现代化语境下的城市社区互动式

---

❶ 理查德·博克斯. 公民治理:引领21世纪的美国社区 [M]. 孙柏瑛,等译. 北京:中国人民大学出版社,2005:14-15.

"双碳"目标下城市社区治理创新研究——基于互动式治理视角

治理,就是以这种责任理性为价值目标与思想内核,这就要求治理行动逻辑和互动模式包含以下价值维度:①依靠技术手段不断优化升级治理行动;②多元治理行动者间达成信任与互动合作;③融合多元价值观,促成公共利益最大化,缓解社区矛盾冲突;④实现"工具理性"和"经济理性"的逻辑超越;⑤实现"合作理性""公共理性",达到社会公平正义的价值要求。

第三,基于社区公共精神的合作共治理念,是城市社区互动式治理的重要价值目标和内涵。"公共精神是一种关心公共事务并愿意致力于公共生活的改善、公共秩序的建设,营造适宜生存与发展条件的政治理念、伦理追求和人生哲学。"❶基于积极的社区公共精神,互动式的城市社区治理要求行动者的行动从"利己目标导向"向"利他目标导向"迁移,实现行动者间的良性互动与合作。城市社区互动式治理中强调国家行动者、社会行动者、市场行动者在制度化保障下协调互动,实现共同目标和公共利益。基于社区公共精神的合作共治,有助于社区内友爱合作、诚信互动的治理氛围与良性治理环境重塑,是"公共性"的价值诉求及"现代性"思想内涵的集中体现,能够确保社会公平和社区治理现代化的实现。

(四)社区互动式治理行动的互动逻辑

目前,我国城市社区治理正经历由街居制向社区转型的改革阵痛:社区治理的工作不得不面对社区自治改革深化、社会阶层分化加剧、人际社会关系逐步弱化、个体出现离散化与原子化特征等一系列问题。席卷世界学术界和实务界的治理浪潮,也给我国社区的行政化治理模式带来巨大冲击,传统自上而下的治理行动逻辑已不符合社区互动式治理新范式的要求。在这样的语境下,推动城市社区治理向互动式治理的方向转变,是社会治理的创新要求,也是实现

---

❶ 罗伯特·帕特南.使民主运转起来——现代意大利的公民传统[M].孙柏瑛,等译.南昌:江西人民出版社,2001:40-56.

第七章 "行动者—制度—行动"：城市社区互动式治理机制构建与实现路径

共建共治共享的社区治理格局建设的要求。中国城市社区互动式治理糅合了优秀的传统思想文化与时代的历史使命，是对西方互动式治理理论的超越，也是对行政治理、社群治理、市场治理的全面超越。城市社区互动式治理中的行动逻辑是强调多方行动者参与，在"元治理"主体——政府的指导下，在制度空间的框架下，实现"国家行动者—社会行动者—市场行动者"在社区场域中的平等互动，推动社区公共政策的有效制定和实施。这种平等互动是超越了行政治理中自上而下的权力互动和社群自主治理中自下而上的互动，表现为建立一个"纵向互动—横向互动"甚至包括对角互动和蜿蜒互动的民主网络治理体系。

纵横向的民主网络构建不仅是城市社区互动式治理中行动者的行为逻辑，也是保障治理有效实现的条件。首先，民主网络的建设和维护需要有多个独立自主、相互依赖的社区治理行动者。多个行动者之间的关系是平等合作，除了政府在"治理的治理"中发挥主导作用，其他行动者的行动过程基本围绕着平等、合作和互动展开。第二，横向治理是动态民主网络建设的核心，在横向治理中，政府对社区的治理也不再是行政性领导与控制，而是制度化范围内的引导，实际上，更倾向某种相互依赖与平等沟通。纵向治理则表现如果治理的事务发生在层级结构中，则政府采用助推型手段进行引导。[1]对角互动和蜿蜒互动治理表明，这种动态互动可能出现于跨国家—市场—社会的情况，而多方行动主体也成了"跨界者"。第三，一个动态的民主治理网络需要社区非营利组织的积极参与，虽然长久以来社会组织的培育都被放到关键性层面进行研究，但是可惜的是我国非营利组织还面临"入场悖论"、落地艰难和独立性缺失的问题。因此，培育社会组织参与到社区互动式治理中，并且实现政府、社会组织、居民和企业在社区独立自责又能够相互合作互动的

---

[1] Richard H, Sunstein C R. Nudge: Improving Decisions about Health, Wealth, and Happiness [M]. New Haven: Yale University Press, 2008.

"双碳"目标下城市社区治理创新研究——基于互动式治理视角

民主网络治理体系,是当前社区中行动者行为逻辑、行为策略选择的重要出发点和选择。

综上所述,城市社区互动式治理主张在制度空间思考互动式治理的法律法规、制度规范等规范性框架;在行动空间中理解行动者行动的目标、价值内核和行动逻辑。在制度空间和行动空间形成的互动关系中,调整和规范行动者的实践行动,以此达到互动式治理的有效性。

第二节 城市社区互动式治理的实现路径

社会机构转型、市场经济转轨、思想理念转化是当下我国城市社区治理的时代背景。城市社区治理体制由街居制向社区制的转型,也不可避免经历转型之阵痛,诸多社会矛盾与失序为城市社区治理带来新的挑战。党的二十大以来,党中央对社区治理在社会治理中基础性地位的重视达到前所未有的新高度,并对为实现社区治理现代化建设提出新部署、新安排。具有中国特色的城市社区互动式治理模式,是实现创新社会治理要求和实现社区治理现代化、国家治理现代化的新路径与新范式。中国特色城市社区互动式治理建构是一个系统性工程,包含互动网络建构、互动平台打造、互动精神塑造、互动规范建设四个子系统。这四个系统的相互统一,协调互动,共同组成城市社区互动式治理的建构之路。

一、互动网络:社区互动式治理行动者的关系架构

我国城市社区互动式治理的基础和总体框架在于对互动式民主网络的构建。这种互动式民主网络是基于网络化治理工具的运用,将社群治理机制、行政治理机制、市场治理机制协调统一地融合进一个纵横向、包含多方行动者的民主

第七章 "行动者—制度—行动":城市社区互动式治理机制构建与实现路径

治理网络之中,辅以关系型契约成立,最终实现多方行动者之间合作伙伴关系的建立。

(一)对互动式动态网络的构建意义的认识

我国城市社区互动式治理的总体设计与总体架构,是在中国社区发展的语境下,对互动式治理的本土化思考。互动式动态网络的内容主要包含以下几个要素。

第一,三个差异化的治理机制是相互融合与统一的关系,体现出非中心化的特质,社群治理机制占据核心地位。社群治理由奥斯特罗姆提出,即具有共同目标、价值观的密切交往人群组成的正式或非正式群体。❶在社群治理机制中,社区非营利组织的积极参与具有重要的推进意义。席卷世界学术界和实务界的治理浪潮,也给我国社区的行政化治理模式带来巨大冲击,传统自上而下的行政治理逻辑已不符合社区互动式治理新范式的要求。因此,社群治理机制和市场治理机制共同嵌入互动式治理的理论之中,与行政治理机制协同互动、相互作用,构建互动的治理动态网络。

第二,城市社区互动式治理中的动态网络建设与维护的要义之一就是强调多方行动者参与。社区互动式治理的多方行动者基本处于一个保持独立自主、平等互动的动态民主的网络中。此治理网络具有超越自上而下和自下而上权力互动的特点,表现为"纵横向"。纵向治理是指政府是对社区"治理进行治理"的元治理主体,在秩序设定和规范实行过程中,具有设计者和监督者的角色意味。我国政治性行动者——基层党组织也在这个网络中对其他行动者进行领导,促进它们实现职能。横向是指多个行动者平等互动的存在与此动态网络中。

---

❶ Ostrom E, Gardner R, Walker J. Rules, Games, and Common-pool resources [M]. Ann Arbor: University of Michigan Press, 1994: 23.

第三，动态的互动网络、关系型契约下的准市场和公私合作伙伴关系确立，被认为是互动式治理理论的三大具体操作策略。公私合作伙伴关系（PPP，Public-Private-Partnerships）指"公共部门与民营部门的合作，且由后者提供公共产品，是既能实现公共部门职能又符合民营部门利益的双向共赢"❶。PPP是互动网络建设和准市场建立所要达成的治理目标，也是社区实现善治的基础。❷关系型契约下准市场是由自我规制向政府监督走向的市场，是动态网络建立的保障，是市场治理机制嵌入的重要体现。❸关系型契约是一种长期的、隐形的非正式契约关系，是指两个或以上的行动者（在经济学领域为企业）在重复性的多次交易中，构成互相依赖、互担风险、互相合作的组织形式。❹在社区治理中让多方行动者建立关系型契约，是能够降低治理成本、规避治理可能存在风险的一项灵活性措施。

综上所示，在社区治理的多方行动者之间要建立一种动态的治理网络，包含以下几方面重要内容：在平等互动的治理行动者之间建立动态网络，合作伙伴关系和成立关系型契约，并引入准市场机制，实现行动者们在互动式治理过程中的利益共享、风险共担和权力共享的过程。

（二）对互动式动态网络的构建策略的思考

互动式动态网络构建关乎着社区治理的成效，对城市社会互动式治理模式的构建具有重要意义。如何在社区治理的行动者之间建立动态网络？主要行动策略有以下几个方面。

---

❶ 中国财政学会公私合作（PPP）研究专业委员会课题组,贾康,孙洁.公私合作伙伴关系（PPP）的概念、起源与功能 [J].经济研究参考, 2014（13）: 4-16.
❷ 张洪武.公私合作是达致社区善治的基础 [J].探索, 2006（5）: 66-69.
❸ 林仲豪.关系型契约的特征、内容及履约机制 [J].改革与战略, 2008（5）: 9-11.
❹ Denters B, Oscar van Heffen, Huisman J, et al. The Rise of Interactive Governance and Quasi-Markets [M]. New York：Springer Science & Business Media, 2003.

第七章 "行动者—制度—行动":城市社区互动式治理机制构建与实现路径

第一,实现社区治理行动者间的信任互动,其核心是国家行动者与社会行动者间的信任的良性互动。这种信任互动是指以信任为桥梁和纽带,基于社区居民或社区组织对政府的合理预期、政府回应及时性而确立的"政府—社区"间互动和合作的新型关系。一是明确信任互动关系的利益一致性原则、公开性原则、客观求实原则和整体性原则。❶政府与社区居民和社区组织的信任互动关系是以共同利益和共同目标为出发点,要求既能符合人民的利益,又能够符合政府视角下的全局利益。客观求实原则即要求信任互动是建立在事实的基础上。公开性原则表明行政机关需要做到信息公开,包括决策过程、文件资料等信息。整体性指建立政府与社区间的信任互动是长久的良性循环,是合作互动的前提。二是建立政府的积极回应机制。这就要求地方政府对涉及公民利益的公共信息向其公开,打破社区治理过程中可能存在的信息资源垄断问题,此外还要完善居民在社区治理中的决策参与制度。在社区公共事务处理的公共决策中,应实现民主化、科学化,提升居民对行政机构的信任感。三是建立政府的问责制度和承诺兑现制度,对居民的疑问有积极回应。同时,同时也应重视社区非政府组织对信任互动良性关系的协调和积极作用。因此,建立政社间的良性信任互动,是有利于互动式治理的动态治理网络建立的重要路径。

第二,实现社区治理互动过程中的知识共享。随着共享经济在全球范围内的拓展,知识共享成为产业创新的关键点。❷知识共享或者说社会资源互换的制度运用于社区互动式治理过程中,是实现社区公共利益的必然要求,也是提高社区治理效益的手段,能够最大限度发挥知识资源的内在价值。知识资源在社区治理的系统内部是一个知识双向流动的过程,包括整合、内化和运用等基

---

❶ 严云华,覃业健,万铀能.政府信任与公民信任良性互动思考[J].理论月刊,2006(10):70-72.
❷ 唐兵,李巧.网络化公共治理中的知识共享研究[J].中共福建省委党校学报,2017(11):51-57.

"双碳"目标下城市社区治理创新研究——基于互动式治理视角

本环节。❶实现社区治理中的知识共享和资源互换,能够有效调和不同利益者之间可能存在的冲突,提升治理行动者的信任互动和创新能力,降低交易成本进而提升社区治理的效率。政府行动者是社区中知识共享行动的主要推进者,其主要做法:树立知识共享的基本理念和"以知识为本"的共享文化建立,建立激励机制和技术平台,以及加强对知识共享的制度化管理。

第三,积极培育社区非营利性或非政府性社会组织。虽然长久以来,非政府组织的培育都被放到关键性层面进行研究,但是可惜的是,我国非营利组织和非政府组织还面临落地艰难和独立性缺失等问题。因此,培育社会组织参与到社区互动式治理中,并且实现政府、社会组织、居民和企业在社区独立自主又能够相互合作互动的民主网络治理体系,是当前社区中行动者行为逻辑、行为策略选择的重要出发点和选择。培育非政府组织和非营利组织主要包括以下内容:一是争取公民认同感,为其在自身发展和在社区治理中发挥良好效能获得广泛的社会基础和生存空间。特别是要重视新闻媒体在宣传非政府组织中的重要作用,能够帮助人们对其有更加全面的认识,提升公民认同感。二是建立非政府组织与政府的合作伙伴关系,建立制度化的沟通和互动机制。正像前文所阐释的那样,当两者的合作伙伴关系确认后,政府和非政府组织将会形成更为强大的合力,在互动和合作的基础上投入社区治理中,从而为满足社区居民多元化需求奠定基础。三是加强非政府组织的人力资源建设和内部管理机制。非政府组织应该吸纳更多优秀的专业人才,建立整套人力资源相关的配套机制(涉及开发、配置和管理等内容),这也是为社区治理输送人力支持的重要手段。

---

❶ Salazar A, Gonzalez J M H, Duysters G, et al. The Value for Innovation of Inter-firm Networks and for Innovation of Inter-firm Networks and forming alliances: A meta-analytic model of indirect effects [J]. Computers in Human Behavior, 2016(64): 285-298.

第七章 "行动者—制度—行动":城市社区互动式治理机制构建与实现路径

二、互动规则:社区互动式治理的制度化体系完善

在日益开放和个人自治的新时代,以法治为基础的系统科学治理已成为时代潮流和共识。社区互动式治理的制度化体系主要包括法治化建设、软法的吸纳和监督等保障机制的完善。

(一)社区互动式治理的法治之路

在日益开放和个人自治的新时代,以法治为基础的系统科学治理已成为时代潮流和共识。党的十八大报告明确指出,要"加快形成党委领导、政府负责、社会协调、公众参与、法治保障的社会管理体制,加快形成政府主导、覆盖城乡、可持续发展的基本公共服务体系,加快形成政社分开、权责明确、依法自治的现代社会组织体系"。❶这是中国共产党首次正式提出将法律保障作为加强社会治理的保障基础。党中央提出"四个全面"总体战略布局,强调了依法治国在我党治国理政思路中的重要地位。中国共产党第十八届第四次全会明确提出了全面推进法治的总体目标,明确指出全面推进法治化的根基在基层,工作重点在基层。❷这些重要战略为我国现代社区治理的法治转型提供了政策指导。社区治理是法治社会建设得以落实的基石。推进社区依法治理,提升社区法治化水平是社区治理现代化的必然要求。制度主义者认为,社会治理必须被纳入刚性制度约束中。在中国特色的城市社区互动式治理中必须具有一系列刚性制度与规则,以保障社区中各行动者高效、有序的治理行动。

目前,我国城市社区治理是以《中华人民共和国宪法》为基本核心,《城市

---

❶ 中国共产党新闻网.胡锦涛在中国共产党第十八次全国代表大会上的报告[EB/OL].(2012-11-18)[2019-05-16]. http://cpc.people.com.cn/n/2012/1118/c64094-19612151.html.

❷ 中国共产党第十八届中央委员会第四次全体会议公报[EB/OL].(2014-10-23)[2019-06-18]. http://www.gov.cn/xinwen/2014-10/23/content_2769791.htm.

—191—

居民委员会组织法》《人民调解委员会暂行组织通则》《中华人民共和国物权法》《物业管理条例》组成的法律法规体系，以及中共中央、国务院、中央和国家部委文件以及地方性政策文件的制度体系（见本书附录四、附录五）。党的会议精神和领导人讲话也为我国社区治理发展提供了精神指导方向。城市社区互动式治理的构建与模式推行，必须被规范在法律和制度框架之内。但是我们还应该注意以下几点是：第一，我国现行的部分法律颁布时间较早，应及时予以修订。应尝试起草城市社区专门法，用来解释城市社区互动式治理的行动者及其行动。第二，社区互动式治理中，行动者的行动需要以法治作为行动依据，无论是行动者的参与治理、行动者权力与责任的界定、行动者的行动逻辑与互动策略，还是治理资源和治理手段的运用等，都要建立在系统完善法律规则的基础上。第三，健全有关社会组织的相关法律，为社区互动式治理中积极的参与主体——社区非政府组织的培育提供法治化保障。

（二）社区互动式治理的软法之治

"软法"是指市民公约、乡规民约、行业规章和团体章程等社会规范，"硬法"是指国家制定的正式法律法规体系。两者都对我国城市社区互动式治理有着重要意义。第一，软法在社会治理中具有积极作用，体现了我国城市社区互动式治理的价值需求——民主，更具有灵活性、多样性。第二，在国家法治建设的过程中，我国城市社区互动式治理的建构必须进行法治化规范，兼顾硬法和软法，注重软硬法的衔接。硬法从顶层角度赋予了社区治理的合法性，为社区互动式治理的未来发展指引方向。软法则更具有灵活性，是对可能存在的制度和法律缝隙的补充。第三，推动软法发展的现代化。乡规民约等软法存在历史一般较为悠久，是中华文化传统在地方法治规范上的体现，也展示出传统文化中"和"的文化意蕴。但我们也应该挖掘其现代性价值，摒弃落后和过时的

第七章 "行动者—制度—行动"：城市社区互动式治理机制构建与实现路径

条款。城市社区是社会的基层治理，作为创新社会治理发生的社区互动式治理机制，呼吁这种软法之治和柔性治理。第四，依据软法实现社区治理的非制度化治理。首先政府应改变传统治理中直接干预社区事务的状态，适度退出一些非核心社区治理事务，最大限度引进多个社会主体的力量，发挥多主体的比较优势和优势的积极作用。在这个过程中，由社区依据非正式的软法规则，自行解决不涉及重大公共利益的社区矛盾。例如，在社区居民矛盾调解中，应该充分鼓励和支持民间力量利用非正式的社区规则与我进行协调，以此增加调解成功的可能性，降低政府参与的交易成本。

（三）第三方评估机制的监督之力

在城市社区互动式治理中引入第三方评估机制，对社区治理的效能、服务进行监督和评估具有重要意义。第一，确定互动式治理的评估维度，即实现良性互动的条件，包括权利共享、机会均等的环境建设，实现双赢、达成治理目标程度，公平正义、效率并存的程度等。第二，重新审视第三方评估机制在社区治理结构中位置和作用，将其作为评估社区互动式治理是否达到良性治理的重要主体，而不是简单的监督和评估工具。第三，对第三方评估机制的合法性地位进行确定，以求其评估成果受法律确认和公众认可。第四，提升第三方评估结果的权威性，以评估结果推动社区互动式治理的未来发展。

三、互动精神：社区互动式治理行动的文化内推力

中国城市社区互动式治理糅合了优秀的传统思想文化与时代的历史使命，是对西方互动式治理理论的超越，也是对独立的行政治理、社群治理和市场治理的全面超越。公共精神的回归和互动精神的塑造是社区互动式治理构建的重要文化内推力。

(一)对社区文化精神功能的再审视

一方面,社区公共精神是社区共同体的核心要素,是社区文化建设的重要内容。社区公共精神能够将社区居民凝聚起来,通过文化认同、思想共识和精神纽带的连接,打破"陌生人社区"的桎梏,促使城市社区向富含有人情味、归属感、认同感和幸福感的社区共同体回归。社区公共精神主要包括以参与、互动、合作及志愿者精神为内核的自治精神;以邻里和睦、守望互助为内核的社区互助精神。❶城市社区互动式治理行动的前提是拥有共同目标或意向,这种目标和意向植根于行动者共同价值观、共同精神内核、共同文化理念之中。可以说,行动者间利益诉求差异化的深层原因之一就是价值观、文化和思想精神的差异化。

另一方面,文化治理作为现代社区治理的重要内容,强调的是充分发挥文化在国家治理体系与治理能力现代化情境下的治理功能,将文化作为一种治理路径或工具,实现全方位多层次的治理目标;❷是国家力量的意志引领工具。❸因此,在城市社区治理的工作需要将文化治理摆到关键性地位,促进社区场域内形成互动的精神或文化:在社区公共精神回归、重塑社区归属感、培育社会资本与信任,凝聚共同价值观的基础上,形成规范性、程序性和理性的互动。

(二)塑造社区治理文化内推力的路径选择

第一,营造公共文化空间,提升行动者社区归属感。社区治理中互动精神的塑造需要以社区归属感和认同感建立为核心。归属感和认同感是社区行动者进行行为互动的思想内核,规定了行为者的行动逻辑。增进社区居民的认同感

---

❶ 顾朝曦,王蒙徽.社区治理现代化探索研究[M].北京:人民出版社,2015:375.
❷ 黄晓星,李学斌.从"治理文化"到"文化治理"——基于S社区治理实践的考察[J].南开学报(哲学社会科学版),2023(2):82-91.
❸ 颜玉凡.大都市社区协同治理视域下的公共文化服务[M].北京:中国社会科学出版社,2017:49.

第七章 "行动者—制度—行动"：城市社区互动式治理机制构建与实现路径

和归属感，一是要将社区公共空间进行进一步扩展，不断挖掘社区中公共资源。社区资源包含人力、物质和组织资源三类，是社区居民生活与互动的重要依托。对社区公共资源具化，可以划分为社区基础设施、公共交通和通信设施、社区教育服务、社区文化服务、社区医疗卫生设施、社区娱乐设施等一系列要素，承载了社区居民生活的方方面面，是社区文化与社区精神的物质空间载体，也为社区中"互动精神"的塑造搭建平台。二是发掘社区的本土文化资源。例如，可将民俗文化、忠孝文化、诚信文化等，作为社区互动式治理精神构成的传统文化要素。

第二，扶持文化志愿组织，培育社会资本与信任感。一是扶持民间文化组织的建立。社区居民自发产生的文化团体代表着居民在社区治理中的有序参与，也是对行动者间公共价值观塑造的有效途径。二是推动社区志愿服务发展，建立志愿服务的激励机制。志愿精神是社区互动精神的集中体现。志愿者组织的在扶贫帮困、社区建设和社区服务等领域开展的志愿服务，一般比政府组织的更具有灵活性，具有高效率、低成本的特点。志愿者组织作为社会行动者中的重要组成部分，可以有效避免集体行动困境，培育社区的社会资本与社会信任。推动社区志愿组织发展与壮大的途径：健全组织网络，打造与居民需求的对接平台；完善志愿服务动员机制、服务管理和培训机制等。

第三，创造特色文化社区，形塑行动者共同文化。一是打造社区文化的品牌，借助社区的传统习俗和特色文化，营造符合本社区文化认同、共同价值观的文化活动，如策划月度活动主题、节日活动主题和街坊节等活动。塑造文化品牌能将社区居民凝聚起来，充分发挥主体意识和建立主人翁意识，形成社区认同感与归属感，进而提高社区居民作为社区互动式治理行动者的互动热情。

四、互动平台：社区互动式治理行动中的落实载体

中国城市社区互动式治理主张，多方行动者在一定制度空间与行动空间范围内，对社区公共事务的治理和公共服务供求进行协调互动。为促进行动者间的互动行为，我们应注意到打造技术型平台、表达型平台和协商型平台对城市社区互动式治理的重要意义。

（一）信息化中的技术型平台建设

因互联网络和信息技术成为世界范围的发展潮流，现代社会较之传统社会具有不可比拟的开放性、互动性。在各国对信息化建设的重视下，一系列依托信息网络技术的新名词诞生了，如"智慧社区""社区电子化"等。一是智慧社区综合服务平台。这是综合云计算和物联网技术，对社区信息系统的全面升级，整合社区内的政务信息、商务信息和志愿服务信息等内容，以综合社区服务为导向的电子综合信息互动平台。通过建立这一技术型互动性平台，有机整合社区公共服务资源，能为社区行动者间的知识共享和资源互换提供了互动的空间。二是运用"互联网+"的元素，运用当今自媒体发展的优势，打造"指尖上的互动"平台，能够达到实现自我调节和多方行动者主体良性互动目的。其主要做法包括通过微信公众号、相关 App 和客户端等条件，以"移动业委会""掌上社区"等形式参与社区治理。比如，广州市通过了电子投票的方式进行电子决策。同时，社区基层"政府—业委会—物业公司"进行良性互动的平台也正在搭建中，这是社区中多方行动者利用电子和网络化平台进行协调互动的体现。

（二）利益诉求的表达型平台建设

社区的表达型平台是在政治沟通制度的基础上，构建的民意表达渠道，是

第七章 "行动者—制度—行动"：城市社区互动式治理机制构建与实现路径

拓宽城市社区互动式治理半径和促进国家行动者和社会行动者之间良性互动、推进有序政治沟通的平台。一是完善政治沟通制度，强化社区自治组织的沟通媒介和信息互通工具的功能。培育社区自治组织的主体意识；将社区中的政治沟通纳入制度化的规范中，实现有序沟通；增强多方行动者沟通机制的可持续性和长久性。二是搭建信息能够上下互达的多形式政治沟通平台、利益诉求和民意表达平台，将平台建设纳入制度化、规范化的范围内。在主渠道建设之外，打造多重副渠道沟通平台，最终形成信息畅通、纵横交错的利益表达和政治沟通的系统网络，实现社区内多方主体的和谐、有序和良性的互动。

（三）民主互动的协商型平台建设

社会治理创新的关键在于如何处理好纵向整合与横向协调机制间的有效衔接，即以何种方式推动公众参与并形成有效的社会协商，在激发社会内在活力的同时强化纵向秩序的合法性，实现有效的社会整合。❶协商民主是社区互动式治理中促进多方行动者平等沟通的良好社会机制，它以自由平等对话和讨论为参与公共决策的主要方式。"协商民主是社会主义民主政治独有、独特和独到的民主形式"❷，社区协商是基层协商的重要内容，也是社区互动式治理模式中的行动之一。近年来，各地治理实践探索中出现一系列社区协商互动平台的鲜活形式，如民情直通车、便民服务窗口、居民议事论坛、党员和党群议事会、听证会等丰富多彩的协商平台。这些充满智慧和探索精神的互动平台，不但丰富了社会主义协商民主的内容，也为实现互动式治理创新模式构建打下了良好的基础。

---

❶ 李友梅.中国社会管理新格局下遭遇的问题——一种基于中观机制分析的视角[J].学术月刊，2012，44（7）：13-20.

❷ 人民政协网：发展全过程人民民主凸显社会主义协商民主的价值和作用.[EB/OL]（2023-06-14）[2023-06-15]. http://www.rmzxb.com.cn/c/2023-06-14/3361270.shtml.

—197—

"双碳"目标下城市社区治理创新研究——基于互动式治理视角

无论是技术型平台、表达型平台还是协商型平台，它们都是为实现政府治理与社区自治良性互动的目标而建立的，其功能和内容范围有着千丝万缕的关联。在建设社区内互动平台时，需要注意到以下几点：一是平台搭建需要结合本地具体治理实践和特征，不可凭空想象构建。互动式治理的行动者们可以通过对各个社区间治理经验的学习、交流和借鉴，结合本地特殊性和特色，打造出符合本社区客观实际的互动平台。二是必须结合本社区的民主政治资源，以解决现实问题、实现利益诉求、满足居民需求为目标和出发点，进行互动平台搭建创新。

中国城市社区互动式治理机制构建的路径选择，主要包括互动网络架构、互动规则建设、互动精神塑造和互动平台打造四个方面。这四个方面的相互统一、协调互动，网络是基础、规则是关键、精神是动力、平台是保障，共同组成城市社区互动式治理的建构之路。互动网络架构是我国城市社区互动式治理的总的出发点和构建的基础，阐释了互动动态的治理网络的重要组成部分及其建设途径。互动规则建设则是从法治化、制度化和监督角度助力建设社区互动式治理的合法性与规范性保障。互动精神塑造对我国城市社区互动式治理具有文化内推力，其对城市社区公共精神重塑和社区公共体回归具有重要意义。互动平台打造则是我国城市社区互动式治理行动的载体。可以说，我国城市社区互动式治理建构路径的四个方面，对我国城市社区治理现代化推动和社会治理创新都具有重要价值，为探寻中国特色社区治理理论与构建增添了新的素材与论据。

第八章　低碳社区：中国城市社区互动式治理的未来图景

实现"碳达峰""碳中和"是我国向世界作出的庄严承诺，也是一场广泛而深刻的经济社会变革，绝不是轻轻松松就能实现的。在"双碳"目标背景下，推动城市社区互动式治理的建设和发展，需要构建多领域互动、多主体参与和多层次协作的体系。这是一项非常艰巨的任务，需要社会各方的共同努力。完成向绿色、低碳和高质量发展的社区转型，这是中国城市社区互动式治理的未来发展图景。

第一节　理念融入：低碳社区治理的价值引领

构建城市社区互动式治理体系，实现社区的绿色低碳治理转型，必须要视通过互动协同治理精神的培育，提高社区多元主体的互动治理效率，增强社区多元主体凝聚力，促进治理方法方式的创新。

一、树立科学协同观念

科学的协同观念能够统一政府、社区组织和公众的互动协作治理目标，从共同目标理念上指导社区治理工作。党建引领城市社区互动式治理，必须以社区党支部为中心点,充分发挥共产党在社区互动式治理中总揽全局、协调各方的领导核心作用,充分发挥社区党组织的政治引领作用和战斗堡垒作用,树立科学理念,强化引领合力。理念是行动的先导,只有树立科学的治理理念,才能完善城市社区互动式治理体系;用科学理念规划社区治理,形成引领治理合力,推进社区工作的开展,增强各方凝聚力,共同为社区治理贡献力量。要将党建嵌入社区互动式治理模式中,形成党建共商、服务共做、难题共解、文明共创的格局。此外,还要积极鼓励和引导居委骨干、社会组织和个人等广泛参与社区互动式治理,发挥党员骨干的带头作用及示范引领作用,鼓励身边群众参与到社区互动式治理中,实现社区共建共治。

从国家治理层面来讲,"双碳"目标背景下发展建设城市社区互动式治理,这与我国转变"全能型政府",构建"服务型政府"的理念不谋而合。首先,赋予治理权力。避免政府过度干涉,赋予社区、社会组织和个人等其他治理主体更大的自主权。政府、市场及社会主体在共同参与构建城市社区互动式治理过程中,应当通过明确的权责划分,构建多元主体协同治理的生态体系,提升治理效能。第二,设立治理目标。由于城市社区互动式治理发展建设的公共性、复杂性和共生性,政府在建设中必然承担主导责任。作为主导者,政府应该为社区互动式治理设定一个共同的发展目标,调动各方积极性,创造良好的沟通与协作的氛围,使各主体之间能够积极、平等地交流与协商。第三,打造治理共识。在治理过程中,多个治理主体之间难免产生矛盾分歧和利益冲突。应该在协同目标的指引下,提升行动者协同意愿。通过协商、合作和谈判等方式,由政府主导协调各方矛盾和分歧,最终形成治理的共识。

另外,"双碳"目标背景下完善城市社区互动式治理体系构建,除需基层党组织和政府积极主动创造良好的沟通与协作氛围外,社区居委、社会组织和公民等多元治理主体也必须丰富社区公共生活,强化共同体意识。共同体意识是维系社区成员关系的核心要素,是将原子化的居民纳入协同治理体系的重要纽

第八章 低碳社区：中国城市社区互动式治理的未来图景

带，也是构建内部合法性、实现承诺的保障。❶良好的公民参与能够在公共治理中发挥积极作用，提升治理质效，推动良性运转。城市社区互动式治理属于公共治理的一部分，具有公益性、公共性，这决定社区治理不是基层政府的专项工作。社区多元主体应共同参与社区治理，增强互动治理意愿，积极承担社区治理义务，通过互动协作使社区治理获得最大效益。各主体应在城市社区互动式治理中增强人人负责、人人尽责、人人享有的互动治理习惯，积极弘扬奉献精神、服务精神，积极参与有意义的社会生活，铸牢社区治理的共同体意识。

二、培育低碳社区文化

在"双碳"目标背景下完善城市社区互动式治理体系的构建，必须协调城市社区低碳治理和互动式治理相互联系的关系，把培育低碳社区文化贯彻落实到城市社区互动式治理发展建设的全过程。城市社区治理融入生态化、低碳化治理文化是推动城市治理、基层治理发展的重要途径。我们应该在日常生活和工作生产中积极提倡低碳生态文化并付诸行动，将低碳文化应根植于日常生活、生产的实践过程中。

培育城市社区的低碳生态文化，需要社区多元主体共同付出努力。例如，对于政府而言，需加大宣传力度，通过官方媒体等多种途径向社会公众传递低碳生态文化的内涵，引导公众向低碳生活转变。此外，政府还需要通过激励和处罚手段强化企业的节能环保意识，让企业能够把低碳生态文化理念贯彻到研发和生产的各个环节。对于社区组织而言，在社区建设过程中，项目建设单位应通过悬挂标语、制作墙板、印制宣传手册等多种方式，广泛宣传低碳建设内

---

❶ 闫冰.城市社区治理的碎片化及其整合：协同治理的视角[J].郑州大学学报（哲学社会科学版），2021，54（5）：27-32.

"双碳"目标下城市社区治理创新研究——基于互动式治理视角

容。在社区建成后,面向社区居民和单位发放低碳生活、低碳办公指南,张贴低碳相关标识和说明,指引入驻单位和社区居民科学利用社区内的公共设施,培养低碳消费行为和生活方式。社会组织要发挥好作用,通过组织公益活动,与政府和企业良性沟通交流等工作,营造低碳社区文化氛围。企业要承担起相应的社会责任,面向社会组织丰富多样的低碳生态文化宣传活动和科普活动,引导公众在消费层面的低碳需求。企业应当认识到节能环保、低碳发展是未来市场发展的主流模式,积极推动以低碳为导向的生产理念,既能满足市场需要,又能为国家实现"双碳"目标推进贡献一份力量。对社区居民而言,培育低碳社区文化可以从日常生活行为入手,养成良好生活习惯,增强生态环保意识,绿色出行,低碳生活,为美好城市社区建设贡献自己的力量。

城市社区互动式治理的过程中贯穿低碳社区文化,使社区多元主体养成低碳理念和行为习惯,能统一社区多元主体间的共同目标,达成个体目标和集体利益的统一,从而能在"双碳"目标背景下完善城市社区互动式治理体系的构建。

三、激发居民的参与意识

在"双碳"目标背景下推动城市社区互动式治理发展的建设过程中,大多数居民对政治参与、社区自治等概念的理解仍然相对单一,甚至存在偏差。这限制了居民主动参与社区互动治理的积极性,迫切需要通过政府及社会相关组织通过法律讲堂、讲座等形式对社区居民进行知识民主权利的普及,以提高人们对社区参与、民主权利、基层民主的认识。首先,政府应充分利用官方媒体、报刊和互联网,在社区治理中对民主权利和社区自治的相关概念进行广泛和深入的教育,以提高居民对治理参与的认识。大多数城市社区的居民受到传统思想的影响,习惯被动性地参与社区事务,需要在价值观念上对其进行引导,帮

第八章 低碳社区：中国城市社区互动式治理的未来图景

助他们逐步树立社区居民的主人翁意识，使其主动参与社区治理，主动承担责任，从而更好地参与到社区互动式治理当中。其次，可以将关于社区低碳治理的相关知识印刷成册，并广泛下发到社区当中，鼓励居民认真学习、积极参与。最后，鼓励社区内具有相关专业的居民参与社区事务的解决，支持拥有社会工作经验或者专业知识的青壮年等中坚力量，有序参与社区公共事务的治理，在社区低碳转型的相关规划中出谋划策、统筹协调。

四、增强主体法治思维

法治是国家治理体系和治理能力的重要依托，良好的法治环境日益成为一座城市吸引力、竞争力的重要组成部分。因此，城市社区互动式治理建设发展过程中，必须贯彻相关法律法规、完善社区法律服务机制和推进社区依法治理，将法治理念融入社区居民公约，将自治与法治有效衔接起来。

首先，加强法律知识宣传和培训，一方面，政府及相关社会组织应要深入开展社区基层干部的法治化培训，增强基层干部的法律知识和依法办事能力，加强基层法律服务工作者队伍建设，大力培养城市社区法治人才；基层干部只有在了解法律基本原则、规定和制度的基础上，才能更好地运用法治思维分析、解决和处理社区互动式治理产生的各种问题。另一方面，政府及相关社会组织应当持续推进法治宣传进入社区的行动，向社区居民宣传相关法律知识，提升社区居民法律知识的认知，增强社区居民的法律意识、学法能力和用法能力，依法维权用权，引导群众依法参与社区的低碳治理之中。

其次，基层政府及相关部门应当加强社区法治文化基础设施建设，如在社区宣传栏内设立专门的法治文化和法律角内容，为居民提供便捷的法律知识学习平台，营造良好的社区法治文化环境；增强社区法律保障，畅通法律援助渠道，为低收入困难群体、外来租户群体和社区老年人群体等重点对象提供及时、精准的公共法律服务。与此同时，社区居民及其他治理主体应该了解相关国家法律法规和自身的权利与义务，可以通过阅读法律宣传手册、参加法律宣讲活动等方式获取法律知识；主动尊重相关法律权威，遵守法律的约束力，并遵循法律的指导。社区居民及其他治理主体应始终意识到自身参与社区互动式治理的行为需要符合法律规定，并承担相关的法律责任。

第二节　行动者培育：强化治理主体绿色责任意识

在推动城市社区互动式治理体系构建的过程中，必须依靠党建的引领责任、落实政府的主导责任、鼓励公民承担应有责任和发挥其他治理主体的相应责任。

一、社区党建引领责任

党的二十大以来，习近平总书记高度重视城市基层党建工作，作出一系列重要指示，为新时代全面加强城市基层党建工作提供了根本遵循并指明了前进方向。在城市社区互动式治理当中，应充分发挥党建的龙头引领作用，推动党建和城市社区互动式治理深度融合，有效地将制度优势转化为治理效能。坚持党建引领城市社区互动式治理，既顺应了新时代基层治理的新要求，又有利于打通城市社区治理中堵点和难点。应加强社区党组织对社区治理的领导，强化党建治理核心，选择具有融合性的治理规则和治理资源来解决问题、提供服务。应构建城市社区互动式治理格局，推动多方主体参与社区治理，建立起一套"一核多元、党为纽带"各方参与的模式。❶

---

❶ 刘文佳. 党建嵌入社区治理的路径研究：与治理责任、方式及属性的三重耦合 [J]. 改革与开放，2020（21）：38-43.

第八章 低碳社区：中国城市社区互动式治理的未来图景

一是建立党建引领的协同治理平台。在相对条件成熟的业主委员会、物业服务公司，建立党支部，引导党员进入业委会。同时，按照组建社区大党委的工作思路，由社区党组织牵头，与所属辖区机关、企事业单位和其他治理主体在平等的基础上，以共同需要、共同利益、共同目标为纽带，建立起交流经验、研究、协调社区互动式治理的组织平台，如成立多元主体共同参与的社区协同治理工作委员会。此外，积极研究制定社区自治组织定期向基层党组织的汇报制度，巩固和发展社区党组织领导下的业主委员会、物业服务企业等治理主体协同治理的联动平台。

二是推进基层党的组织覆盖。把组建业主委员会、推进物业管理覆盖作为基础工作，由各级党组织按照有关规定，组织指导社区开展业主委员会选举，实现业主委员会全覆盖，并推动社区物业管理全覆盖。通过党建引领开展"红色物业"行动，推动基层党建与社区物业服务有机融合，全面提升社区物业服务质量，让"红色物业"成为推动社区治理的重要载体，把党的组织建在业委会和物业服务企业，推动党的组织和工作在业委会、物业服务等企业实现有效覆盖。

三是通过基层党建引领好基层服务，发挥街道（乡镇）党（工）委、社区党组织的政治龙头作用、治理轴心作用和战斗堡垒作用[1]，通过"社区党群服务中心"发挥党建引领城市社区互动式治理的作用，搭建党群连心、邻里和谐的平台载体，推动社区探索形成独具特色、居民喜闻乐见的活动载体，组织动员党员、志愿者、社会组织和群团组织等社会力量广泛参与社区治理，推动社区业主委员会不断完善自治功能，同时形成群团带动、社会参与的机制。

二、政府落实主导责任

社区互动式治理离不开政府，政府在社区互动式治理中发挥着重要的协调

---

[1] 王木森，陈荣卓. 党领共治：新时代社区治理动力的协同优势[J]. 理论导刊，2022（12）：18-25.

作用，需要厘清政府角色，发挥政府的主导作用。一方面，政府要扮演好社区建设指引者、自治组织指导者和社区资源整合者角色，落实好自身在社区互动式治理中的主体责任，以确保社区治理能够运行高效、充满活力、绿色发展。政府要充分发挥其主导地位的优势，整合社区公私资源，推动社区治理与国家"双碳"目标相结合，达到社区互动式治理助力国家可持续发展的最终目标。同时，政府组织应当充分发挥在社区治理中的主导地位，运用行政、经济等手段推动社区互动式治理体系建设，将社区治理道路指引到高效正确的轨道上，确保社区治理健康有序地进行。另一方面，政府应该积极培育社区治理的多元主体力量，推动多元主体互动协同参与社区事务的治理，培育社区多元治理主体。例如，加强社会工作志愿者和理论工作者队伍建设，培养社区工作者，使其具备优良的政治素养、优秀的服务意识等基本素质，增强社会工作者专业能力与专业素养。同时，协调好社区各主体间的矛盾关系，推动社区自治组织完善，实现社区资源的整合和多元治理主体的良性互动，进而推动社区互动式治理体系的建设。

碳排放问题和城市社区互动式治理具有复杂性、层次性、多领域特点，意味着依靠单一主体的治理模式难以实现生态治理效益，需要形成政社合作的责任性治理模式。权力下放到社区是政府培育社区自治组织内在要求，提高社区自治能力，能最大限度维护社区居民的利益。政府组织要转变不合理的职能结构，避免直接干涉和包揽社区内部事务，将附属关系转变为指导与被指导关系，并明确各自的职责。政府组织对社区自治工作也要适度介入，主要进行、服务、协调、保障和监督等工作，推动社区多元主体在治理中有效互动。政府还要积极培育城市社区自治组织，完善社区居民民主自治的参与机制，鼓励其他社区治理主体积极参与社区治理，使社区互动自治进入制度化和规范化的轨道，以此促进城市社区民主自治的持续健康发展，充分鼓励社区自治组织及其他社区组织的成长与发展。

第八章 低碳社区：中国城市社区互动式治理的未来图景

政府应采取多方措施，改善社会组织参与城市社区互动式治理的社会环境。一是要培育健全的社会环境。政府部门应该颁布专门的法律制度，给城市社区低碳治理一个相宜的法律法规环境，鼓励公民准确、全面地认识社区的地位作用，提高社区的认同感。二是要理顺政府与社区关系，完善管理体制，依靠相关法律法规和政策文件准确界定两者的服务边界，明确各方在社区治理中的权力和责任，实现有效分工、互动合作，更好地整合资源与建设和谐社区统一步伐。三是要完善体制环境。政府组织应该积极扶持和培育社会组织建设和发展，为其发展提供援助平台，并进行有效监督，鼓励内部资源整合，从而能高效地参与城市社区的互动式治理中来。

三、居民担当应有责任

在"双碳"目标背景下推动城市社区互动式治理的建设和发展，不仅需要党和政府制定相关政策，也需要社会上的公民、社会组织和企业增强碳减排和互动协同治理的责任意识。社区居民作为城市社区生活的主体，承担着推动"双碳"发展和推动城市社区互动式治理发展建设的首要责任。城市社区中的居民应当在低碳社区文化的引领下，积极参与到社区互动治理中来，这是其责任意识提升的重要体现。引导居民积极参与、有序参与和有效参与，首先要将居民的权利作为突破口。社区居民对自身权利认知和发挥的过程，同时也是社区多元利益进行协商整合的过程。参与城市社区互动式治理，既是居民的权利和责任，又是公民角色的基本属性。只有公民权利的意识增强，才能增加其参与社区治理的积极性，保证社区民意得以顺利进入社区互动式治理体系当中，进而能够在多元主体共同参与的社区治理体系中达成利益共识。

然而公民权利意识的激发、社会责任的担当和共同价值观的塑造等都需要一个接受教育的过程。这既是居民参与到社区互动式治理的前提，也是居民自治发展过程中的必然结果。尽管社区互动式治理主体的多元化决定了社会利益的不同和关系的复杂，但以"双碳"目标这个大背景为多元主体参与社区互动式治理提供了共同的发力点。不论是普通的社区居民、社区组织还是其他治理主体，在低碳社区治理和社区互动式治理这个共同利益的基础上，都要强化自身角色认同，增强自身责任意识。为此，政府相关部门及社会组织必须加强宣传教育，引导社区居民增强自身权利意识，增强社区低碳治理过程中的主人翁意识，鼓励居民在社区互动式治理过程中承担应有责任。

四、其他治理主体责任

社区治理是一种集体选择过程，是政府、社区、企业、非营利组织和居民等各主体之间的合作互动过程。政府、社区组织、居民、企业和非营利组织等都是社区治理的参与者。在"双碳"背景下，其他社区治理主体主要分为非营利组织和营利组织（特别是企业）两类。

非营利组织则是与居民沟通的桥梁，一方面要满足参与者的利益诉求和生活需求，另一方面承接政府转移的部分职能，负有组织居民参与社区治理的责任，是居民有序参与和自我管理的重要平台和依托。中国现阶段的社区非营利组织主要包括社区内各种社会团体、民办非企业单位等。非营利组织的出现突破了公共服务提供方面在政府和市场之间非此即彼的选择模式，为社区公共服务的提供拓展了可选择的空间，也成为社区公共服务提供中的重要辅助力量和独特的参与主体。现实中非营利组织以信息、经验和监督等的优势，在自愿、联合、共享和互助的基础上，有效地提供了社区发展、环境保护和卫生保健等准公共服务。社区非营利组织由于性质不同，在社区公共服务提供中的作用有所区别，大致有三点：一是适应服务对象的要求，承接政府部分公共服务职能；二是整合民间社会资源，扩大社会受益规模，提高社区福利水平；三是满足和反映社区的服务需求，提高公共服务的有效性。

营利组织在市场经济条件下是资源配置、商品和服务交换的主要方式，作为市场主体，通过市场竞争承担责任范围内的治理任务，拓展社区服务资源，全方位满足社区居民的宜居和生活需求，是社区治理和社区公共服务提供中的补充力量。在"双碳"目标背景下，营利组织——特别是企业，如物业公司等为代表的企业组织系统，引入市场化供给机制，通过市场化途径和经营性手段，为社区提供商业服务，积极引导其向产业化、市场化发展。对企业来说，功利目标是企业得以存在的前提条件，然而，超越追求唯一功利目标才是迈向企业道德、企业公民的重要一步。作为城市社区治理中社区公共服务的生产和经营者的企业，与其他治理主体互动协同治理的同时，更需要承担起社会责任，兼顾经济效益同时也要注重社会公共效益，承担起相应的社区治理责任。

第三节 制度优化：完善和健全社区互动规则体系

在"双碳"目标背景下完善城市社区互动式治理体系构建，需建立一套适当的制度、法规和机制，促进各方之间的协同合作，通过优化资源配置，保持信息沟通畅通，实现多主体间的资源共享和优势互补，实现共同目标。

一、明确主体职责关系

城市社区治理的参与主体之间一直存在着如何全责分明的问题，破解这个问题能有效推动城市社区互动式治理的建设发展。❶明确各主体职能责任，厘

---

❶ 孙静琴. 城市社区微治理研究：基于互信与互动的视角 [J]. 齐鲁师范学院学报，2020，35（3）：99-105，148.

"双碳"目标下城市社区治理创新研究——基于互动式治理视角

清各主体权责边界,能够在主体产生分歧和矛盾时提供基本的规范参考。首先,强化党建引领是在"双碳"目标背景下完善城市社区互动式治理体系构建的第一要义。一方面,通过强化政治引领,加强组织建设,把党的领导贯穿在城市社区互动式治理各方面全过程。通过社区微型党组织的协调和整合功能,确保多元治理主体在社区互动式治理过程中最大程度同向发力;❶通过激发党员担当作为,开展以党员先锋、党员突击队等为主要载体的党员争先创优活动,号召各组织党员发挥先锋模范作用,充分有序地引导社会力量参与公共服务供给。另一方面,以社区党支部为中心点,坚持把党建工作与社区互动式治理各方面工作同部署、同落实、同考核。通过建立党组织联动网络,聚集社区居民、各社会组织等社会力量,不定期组织各界代表交流议事,听取各方意见建议,共同推动社区互动式治理发展。

其次,作为党领导下的行政权力执行机关,政府在城市社区互动式治理过程中应发挥引导作用。政府可以链接不同的社会资源,有机嵌入基层治理体系,与其他主体形成良性互动,有助于社会组织了解居民的真实需求,进而为社区居民提供有针对性、更优质的公共服务。❷因此,发挥政府引导作用,是在"双碳"目标背景下完善城市社区互动式治理体系构建第一要务。在城市社区互动式治理中,厘清政府与社区的职责与权限,纠正传统行政命令模式,停止将不属于社区的行政工作下放,对社区协同治理起到指导、协助、服务保障的作用,减少对社区工作的过多干预。政府应在社区互动式治理中充分发挥联结作用,通过资金支持、奖励政策等方式积极发动社会组织和居民参与,为社区互动式治理提供专业指导和制度保障,在互动协同合作、专业人员培训等方面给予帮助。

最后,在"双碳"目标背景下完善城市社区互动式治理体系构建,明确社

---

❶ 唐晓勇,张建东.城市社区"微治理"与社区人际互动模式转向[J].社会科学,2018(10):79-90.
❷ 闫树涛.结构、行动与制度:城市社区中的社会组织有效协同治理[J].河北学刊,2020,40(6):177-185.

第八章 低碳社区：中国城市社区互动式治理的未来图景

区多主体共建权责是必不可少的要求。社区作为社区互动式治理中最重要的治理主体，应明晰自身定位，淡化行政色彩，强化社区工作人员互动协同治理观念；同时，建立健全社区互动式治理制度，在开展社区活动的过程中，增加各治理主体沟通交流的机会，促进社区、居民与社会力量的融合。社会组织应在社区互动式治理中遵守治理规范和共建原则，利用自身的技术、资源等优势，弥补政府、社区及居民在互动式治理中的力量不足，提供人力、物力和财力等方面的协助，承担起社区互动式治理中的社会责任。社区居民要建立主人翁意识，树立平等观及民主观，提高自身社会责任感，加强德行修养，积极参与社区互动协同治理。同时，社区居民有权利对社区互动协同治理各主体及治理全过程进行监督评价，积极提出个人意见及建议，提供推动社区互动式治理的原动力。❶

二、完善互动治理体系

首先，在"双碳"目标背景下完善城市社区互动式治理体系，必须规范社区互动式治理的程序。城市互动式治理是超越传统科层机制治理的新型模式，强调治理过程的秩序和规则，要求城市社区在互动式治理过程中做到以下几点：一是根据当地城市社区发展的实际，宣传党和政府的方针政策，关注社区民情、民意和民需问题，根据社区实际情况部署社区互动式治理的各项工作。二是合理选择社区工作者和居民代表，保证社区互动式治理的公开、公正，要有固定的互动协商会议，要按照约定俗成的规则，有固定的场所、固定的时间，增强社区互动式治理的规范性。三是要保证各个治理主体在互动式治理过程中新的想法、新的见解被听到，最大限度收集民意，必须在互动治理过程中明确出发点和目的都是最大限度满足公众利益。

---

❶ 王昳云. 共建共治共享视域中城市社区协同治理研究[D]. 太原：山西财经大学，2023.

"双碳"目标下城市社区治理创新研究——基于互动式治理视角

其次,在"双碳"目标背景下完善城市社区互动式治理体系,必须完善社区互动式治理的监督机制。城市社区互动式治理的过程是否民主、是否令人民群众满意、是否解决了实际问题,这些都是协商过程中监督的重要方面,具体可从以下三个方面完善互动式治理监督工作。第一,街道办等基层政府加强督查考评机制,加大对社区工作督查考评力度,及时对考评结果进行公布。通过基层政府的督查考评,可最大限度提升社区互动式治理工作效能。第二,健全社区互动治理工作的监督机制,社区各治理主体代表对互动式治理的过程进行监督,安排专门工作人员跟进互动式治理工作,便于后续的考核和改进。第三,健全社区互动式治理工作考核机制,由社区组织牵头,社区居民和其他社区治理主体共同参与。定期通过社区公示墙、社区智能治理平台等方式,向居民群众公布社区互动式治理考核的结果,以便吸收社区各治理主体提出的意见,改善社区互动式治理的行为和模式,促进社区发展。

最后,在"双碳"目标背景下完善城市社区互动式治理体系,必须落实社区互动式治理的结果。城市社区开展互动式治理,最终目的是通过社区多元治理主体共同合力,将社区的难点问题解决好,推动美好社区建设。只有把政策文件和文字宣传转化为实际行动,采取措施和行动来解决社区的难点问题,才能真正代表社区互动式治理工作完成。这要求城市社区在互动式治理建设过程中做到以下几点:一是对社会反映较高、群众反映强烈的问题,上级党委、政府领导直接抓工作部署、抓整改。二是定期公布社区互动式治理结果,在社区公示墙、微信公众号等平台向居民群众公布治理结果。如果社区居民对治理过程或治理结果存在异议,可由基层党委牵头或其他责任人牵头,了解情况的基础上向居民进行解释,以最大限度取得群众的理解和支持。三是社区互动式治理,要做出有人管、有人办、能办成事。只有在互动式治理中取得成就,获得有益于群众的治理结果,才能更加深入应对各项困难,不断提高居民的治理积极性,推动社区共同体的发展。

三、健全相关的法律法规

从行动权威性来看，法律制度是国家意志、国家权威的高度体现，是多元主体间相互作用、共同遵循的重要规则[1]，能保证各主体之间的良性互动，对于引导和规范组织与个人之间的行为，对社区互动治理过程中的日常工作高效率运转，都具有不容忽视的作用。"双碳"战略赋予城市社区治理新的要求，现行社区治理所依据的相关法律条文无法完全满足现实需要。因而，完善城市社区互动式治理的相关法规制度，必须加快进程。一方面，国家应从宏观层面制定城市社区互动治理的相关法律法规，确保城市社区互动协商治理有可依据的法律制度。将城市社区治理中多元主体互动纳入制度化渠道，是城市社区实现治理能力与治理体系现代化的必然要求。例如，明确规范社区多元主体在社区治理过程中的责任、关系、参与方式和内容等，做到依法管理、依法行政，使各主体参与社区治理有法可依、有规可循，为社区互动式治理提供合法性保障。另一方面，基层地方应根据实际需要实现制度的本土化，以国家相关政策为依据，与本地区的实际情况相结合，制定有利于社区多元主体互动治理的法律规定，不断用实际行动增强居民群众对社区互动式治理工作的依赖度，增强社区互动式治理工作的合规合法性。现阶段，城市社区互动式治理体系的建设和发展，必须根据社区治理实际情况，探索城市社区的居规民约，更加细致地明确社区不同治理主体的角色和地位，鼓励多元主体共同研究制定社区主体准入制度、参与事项目录和互动规范等，提升多元主体参与本社区治理的积极性。

---

[1] 俞苏平.未来社区多域协同共治的价值、限度与进路——以杭州市F区S未来社区为例[J].哈尔滨市委党校学报，2023（6）：57-63.

四、建立互动激励机制

弗罗姆（Victor H. Vroom）的期望理论强调，人采取某项行动的动力或激励力，取决于其对行动结果的价值评价和预期达成该结果可能性的估计。在"双碳"目标背景下，发展建设城市社区互动式治理体系应制定合理的激励约束机制，这是提高社区多元治理主体积极性、规范主体行为的重要保障。一方面，城市社区互动式治理过程中要重视物质和精神双重激励，对于在社区互动式治理过程中表现优异的社会组织，可从政策扶持、税费减免、项目补贴、社区奖金、社区资源的免费使用权等进行激励，从而引导各治理主体积极主动地参与到社区互动治理当中，最大限度提高治理效率，推动城市社区互动式治理建设发展。对于社区互动式治理过程中尽职尽责、民意测评满意度高的社区工作人员，要适时进行表彰。在动员社区多元主体参与互动时，要有鼓励性、奖励性的办法。定期举办优秀治理工作者的评选表彰活动，以提高主体参与互动的主动性。同时，还要积极宣传，选出优秀典型人物，发挥榜样作用，在社区营造良好的互动环境和积极的沟通氛围。另一方面，在城市社区互动式治理过程中，要推进社区主体互动考评常态化。从互动主体、互动过程等角度，对互动规则、互动程序和互动结果、互动反馈等环节进行评估，形成科学有效的社区多元主体互动评估体系。通过对社区居民开展民意测评，将居民对社区互动效果的满意程度纳入社区治理的考核绩效指标，激发社区多元主体的工作热情。

第四节 行动赋能：搭载社区低碳治理智慧平台

在"双碳"目标背景下构建城市社区互动式治理体系，必须通过搭建互动治理平台，来提高社区低碳治理决策效率、增强公众参与低碳治理积极性、促

第八章 低碳社区：中国城市社区互动式治理的未来图景

进社区低碳转型发展。要积极利用互联网、人工智能和大数据等科学技术来促进社区成员之间的合作与参与，以实现更高效、更民主和更具有包容性的决策和问题解决过程。因此，可以通过发挥核心引领的党建云平台、打造社区智慧信息系统、搭建主题平等互动治理平台、引入数字技术治理创新平台，来汇集社区多元主体的智慧和力量，进而推动城市社区互动式治理体系的构建。

一、发挥核心引领的党建云平台

在"双碳"目标背景下推动城市社区互动式治理的建设和发展，必须发挥党建引领社区互动式治理的工作，推进社区低碳转型。在新时代，党建引领社区治理工作已经成为必然的发展趋势，而党建云平台在这其中发挥着重大的作用，成了社区党组织引领社区工作中的一项重要利器。党建云平台是一款基于互联网技术的应用软件，它可以为组织和党员提供服务。党建云平台以"服务党员、服务群众、服务基层、服务党建"为宗旨，通过线上和线下相结合的方式，为党员提供更加便捷高效的服务。党建云平台提供了丰富的在线学习资源，包括政策理论知识、道德文化知识等内容，让党员可以随时随地学习；党建云平台还提供了志愿服务模块，通过志愿者的参与，为社区居民提供各种便捷的服务等。

党的二十大报告强调，要"人人有责、人人尽责、人人享有的社会治理共同体"。推动城市社区互动式治理建设发展，必须深入贯彻落实中央关于城市基层党建工作部署，按照关于充分发挥街道社区党组织的领导核心作用，聚焦抓党建、抓治理和抓服务的要求，运用大数据智能化理念，试点研发城市社区基层党建智慧云服务平台，坚持"技术、制度、人力"有机结合，逐步实现对社区组织、机构、人员和资源等相关信息"一张网"全覆盖智能化管理。着重优化党建云平台的服务功能，社区党组织应结合城市社区互动式治理牵头开发党建云服务平台微信公众号。微信公众号链接着城市社区党建智慧云服务平台，涵盖居民自治、公益服务、社区养老、就业服务、办事大厅和志愿服务等板块。社区居民只需要关注党建云服务平台微信公众号并实名册，足不出户，就可以在手机上办理业务、反映问题、享受服务。要通过党建云平台不断强化党建引领社区互动式治理，不断提升党组织对社区互动式治理共同体建设的引领力。

党建云平台作为强化党建引领社区治理的重要手段，将党的领导贯穿于城市社区互动式治理的全过程各方面，是提升社区组织力、厚植党的执政基础的重大举措；充分发挥基层党组织的战斗堡垒作用，不断增强党组织的影响力和凝聚力，引领多主体有序参与社区各项工作，提升社区服务精细化和社会管理扁平化水平。积极打造社区党建云平台，做深做实做细社区党建工作，统筹利用企业公司、社会组织和相关团体等力量加强社区治理共同体建设，加强党组织在企业、社会团体和各类社会组织内的建设，是推动城市社区互动式治理的建设和发展的重要举措。

二、打造社区智慧信息共享平台

城市社区治理信息的可获得性和易用性，能保证社区互动式治理的秩序和效率，必须着力打造社区智慧信息共享平台，不断研发并升级社区信息系统，建立完善、安全的智慧社区信息共享网络查询系统，实现信息共享。❶在"双碳"目标背景下建设和发展城市社区互动式治理，搭建社区多元主体信息共享平台，能够打破信息壁垒和解决信息不对称问题，保证多元治理主体可以获得具有时效性的社区治理事务信息。为此，必须做到以下几点。首先，打造智慧信息共享平台必须遵循全局性观念，建立集多方向、多功能于一身的智慧信息共享平台，使其可以在信息数据收集、问题分析和智能化决策等环节发挥

---

❶ 吴璟.智慧社区治理中的公众参与：内在逻辑与机制建构[J].南京邮电大学学报（社会科学版），2022，24（6）：39-47.

第八章　低碳社区：中国城市社区互动式治理的未来图景

作用。例如，在城市社区网格化管理中，通过智能信息化技术手段，结合社情民意采集、社区生态环境治整治和流动人口管理等多种功能，对各类问题进行及时发现、介入、跟进和反馈。其次，深化信息共享程度，系统整合与社区有关信息，提高数据的利用效率，促进数据服务有效协同。加强社区与相关政府部门信息平台互通联系，扩大信息共享应用范围，加强不同部门和不同层级间的协同，使社区居民在"少跑路"的情况下最大限度了解事、办成事，有效地提高基层干部办事效率和居民群众的认同感。最后，城市社区智慧共享信息平台可以建立"三大库"，共享需求库、共享资源库和共享人才库，共享需求库由社区公共事务需求主体发布，明确需求资源、需求时间等，便于资源提供者直观了解和提供帮助；共享资源库包含治理主体可用的社区互动式治理的一切资源，共享人才库则集合社区内各类人才信息。通过建立"三大库"，可有效提高城市社区互动式治理工作的效率。在"双碳"目标背景下建设和发展城市社区互动式治理，必须打造智慧信息共享平台，以便更好地实现社区治理事务信息的共享，为社区互动式治理赋效增能，助力社区实现互动式精准、高效治理。

三、搭建主体平等互动治理平台

《中华人民共和国城市居民委员会组织条例》规定：城市社区居民具有四大民主权利，既民主选举、民主决策、民主管理和民主监督。在"双碳"目标背景下建设和发展城市社区互动式治理，必须切实发挥社区党组织桥梁纽带作用，搭建社区多元主体平等互动协商治理平台，积极开展多方协商对话，保障社区各主体享有公平公正的知情权、参与权和监督权。因此，应通过线上和线下结合的形式来搭建社区多元主体平等互动治理平台。例如，线上可以通过智能化平台技术，扩大社区互动主体覆盖面，微信小程序可以收集不同治理主体对社区低碳转型措施的意见及评价；再结合线下社区治理沟通平台，建立通畅的信息传送渠道。这些举措能够保证社区治理部门充分掌握社情民意，让社区治理中不同主体的合理诉求得到平等和充分的表达，反映的问题得到及时和快速解决，保证社区多元主体能够平等地推动社区互动式的治理建设与发展。

建立社区多元主体平等协商治理平台，是社区互动式治理中至关重要的一项任务，具体措施如下：一方面，建立社区多元主体平等互动治理的线下平台。在社区服务中心设立社区互动式治理沟通平台，并配备专门工作人员负责收集群众的建议和诉求，鼓励和动员群众积极参与社区低碳治理中。此外，还可以通过传统方法（如举行座谈会等）获取多元治理主体的建议，建立一个理性平等的平台，让社区居民有机会平等地参与社区互动式治理，表达自己的正当需求。另一方面，建立社区多元主体平等互动治理的线上平台。网络连接千家万户，通过网络平台，使人们能够快速便捷地传递信息，提高办事效率；网络平台也成为一种重要的社会治理工具，可以帮助政府收集和分析数据，更好地满足公众的需求。应充分利用现代网络技术，建立多元治理主体平等沟通平台。可以根据社区自身情况，整合社区居民互动协商微信群、社区互动协商云平台等载体，使其变得简单和便捷。通过线上平台吸纳不同群体的平等参与，鼓励居民通过线上平台参与社区治理的各个过程，以便实现更高效的社区互动式治理，进而推进社区的绿色低碳转型。

四、引入数字技术治理创新平台

在数字技术嵌入社区治理体系的过程中，社区治理空间由物理状态转向虚实交叠相融的状态，从而实现社区情景化和智能化治理，提高社区治理弹性。❶

---

❶ 陈潭，刘璇. 制度赋权、技术赋能与社区能动治理——中国式社区治理的三元里经验及其实践逻辑 [J]. 理论与改革，2023：1-14.

第八章 低碳社区：中国城市社区互动式治理的未来图景

数字技术治理创新服务平台是数字技术的载体和平台，在实现城市社区互动式治理与多元治理主体高效对接，在处理社区公共事务和发挥各主体作用等方面，特别是在社区低碳治理过程中，有不可替代的作用。

第一，加强数字技术治理创新平台的宣传和使用。基层政府、城市社区组织和社会组织，应通过专职人员进行宣传，包括数字技术治理创新平台的使用方法、便捷高效的特性等，让多元主体通过数字技术治理创新平台，参与到城市社区互动式治理之中。数字技术治理创新平台在使用过程中，遇到任何问题都可以及时咨询相关工作人员；同时也可以利用城市社区的地缘优势，积极向社区居民发放社区数字技术治理平台的使用方法小册子、设置客服热线等。这些都能为居民参与社区低碳治理提供便利。第二，定期组织专门工作人员进行专门技术培训。在选用数字技术治理创新平台的技术工作人员时，需要严格把关，选择专业对口的技术人才，保证其能够从容应对数字技术治理创新平台运行过程中出现的各种情况。还需要定期对工作人员进行培训，保证其跟上社会发展的步伐，能积极应对数字技术治理创新平台出现的各种问题。第三，在建设数字技术治理创新平台的过程中，需要政府相关部门的积极配合。基层行政人员要保障好技术工作人员的后勤工作，充分调动技术人员工作的积极性。最后，健全数字技术治理创新平台系统。在建立数字技术平台上下功夫，准确抓住社区多元治理主体的特点，准确地反映现实需求。使用数字技术治理创新平台不能只是反映问题，处理后续的问题也非常重要。应结合数字技术治理创新平台收集到的现实情况，处理好社区居民反映的问题，维护好居民群众的切身利益。此外，还要根据反馈问题的难易程度，能处理的问题当即处理，较复杂的事务持续跟进，在一定的期限内完成，切实处理好社区群众反映的问题。

结 论

2012年新型城镇化建设推行以来,中国城镇化建设水平和城市发展取得举世瞩目的成就,但与之相伴而生的是一些问题逐步凸显。我们应该深刻认识到,目前中国正处于一场社会变革之中,中国的社会转型正处在特殊的历史节点上,而中国的现代化也具有特殊的历史地位——我们是在西方工业文明已经高度发达的背景下实现社会经济结构转型。在这种情境下,应该重视社区在城市空间里的重要地位及其促进社会发育、降低社会风险的作用。作为城市的基础单元和城市系统的基本工作细胞,社区是人们社会生活的主要空间,也是解决城市社会基层问题、协调社会经济发展、推进民生工作、供给基层公共服务的重要载体。党的十八大作出了全面深化改革的战略部署,并首次将"城乡社区治理"写进党的纲领性文件。目前,实现政府治理、社区自治和社会条件的良性互动成为我国基层社会治理体系创新的重大议题。

"双碳"目标实现是我国的重要发展战略,实现"碳达峰""碳中和"是我国向世界作出的庄严承诺,也是一场广泛而深刻的经济社会变革,绝不是轻轻松松就能实现的。城市社区作为国家治理最基本单元,既是居民生活的基本单元,又是党和政府密切联系服务群众的桥梁纽带,在基层治理中处于基础地位,对于"双碳"目标的推进具有十分重要的作用。新公共管理运动的第三次浪潮兴起的标志——互动式治理的诞生,为当下我国城市社区治理创新和现代化建设提供了全新思路。将这种理论新范式引入中国城市社区治理的理论与实践中,

结 论

要求在中国语境下探寻其理论逻辑与实践可能性，尝试建构独具中国特色的社区互动式治理机制。"双碳"战略与城市社区互动治理之间包含着相互支撑、耦合互嵌的科学逻辑。基于互动式治理视野，实现政府治理与社区治理的良性互动，有效协调城市社区中政府、市场和社会间的关系，最终达到城市社区治理的善治之态，能够为我们推进城市社区绿色低碳转型提供更多发展可能与对策建议。

本书基于治理理论和"国家—社会"理论，紧扣城市社区互动式社区治理建构这一研究对象，借助对"国家—社会"互动和"制度—规范"分析范式的超越，以及对互动式治理分析新范式进行中国语境下的继承和超越，搭建起研究中国特色城市社区互动式治理的理论分析框架——"行动者—制度—行动"分析框架。"行动者—制度—行动"分析框架是一种动态分析视角，将行动者作为研究中心，在相对微观和具体的层面把握行动者国家、社会和市场在城市社区这一特定空间内的行动逻辑、互动模式与空间张力。这是一种以行动者为中心，将静态和动态相结合的微观分析框架。它从行动者层面阐述了中国互动式治理具有不同价值取向、利益偏好、资源权力的行动者——国家行动者、社会行动者、市场行动者。在此基础上，从制度层面和行动层面分析和研究国家行动者、社会行动者和市场行动者之间的互补互嵌关系。在制度层面上，主要是从内在逻辑和外在联系两方面进行分析，关注城市社区互动式治理的顶层制度设计与社区治理政策变迁过程。在行动层面上，即行动者行动的动态行动空间，则关注行动者的行动共同目标、精神内核和互动逻辑等。

依照治理主体结构特征、社区制度和政策变迁、社区主体行动的互动逻辑为划分标准，发现我国城市社区是沿着"行政管理—全面建设—多元治理"的发展脉络不断前进。党的十八大以来，党和国家将社区治理置入国家治理现代化体系的战略高度，也为互动式治理在中国城市社区的发展提供现实可能性。同时，本书通过梳理相关文献成果，总结了当代中国城市社区治理的演进特征。

"双碳"目标下城市社区治理创新研究——基于互动式治理视角

历史经验为我们提出创新性的互动式治理模式奠定了经验性基础。本书在"行动者—制度—行动"的分析框架下,选取目前我国城市社区治理的典型案例进行分析,既能代表中国城市社区治理在现代化之路上的新探索,也能反映我国社会转型期中社区层面面临的新问题,特别是在社区绿色低碳转型方面遭遇的困境。在这样的实践逻辑中,我们必须探索更为科学化、现代化的治理手段和治理机制,破除社区治理困境,实现社区低碳治理。基于理论性、经验性和实践性维度的分析,本书尝试以"行动者—制度—行动"的分析框架,对中国互动式治理机制架构进行具有创新意味的全景展示,主要包括互动网络架构、互动规则建设、互动精神塑造和互动平台打造这四个方面。这四个方面的相互统一、协调互动:网络是基础、规则是关键、精神是动力、平台是保障,共同组成城市社区互动式治理的建构之路。同时,本书描绘未来社区低碳治理的发展之路。

纵观这一研究过程,本书共进行了四个方面的创新尝试:第一,采用一种新的研究视角。互动式治理理论是西方治理理论中方兴未艾的新范式,国内国外研究相对较少,首次在城市社区治理的领域引入互动式治理范式,具有一定创新意义。第二,对西方互动式治理理论进行了中国语境下的解读,对其进行本土化和中国化研究,寻找其适应中国社区治理土壤的可能性。第三,在对尝试搭建新的研究框架,"国家—社会"互动和"制度—规范"分析范式的超越的基础上,建构"行动者—制度—行动"分析框架,能够帮助我们深入剖析中国城市社区治理的历史沿革、案例分析,并架构起中国城市互动式治理的机制,进而提供可行性的路径建议。这个分析框架是相对微观、动态的,以行动者为中心进行的理论分析,适用我国城市社区治理的相关研究,也适用互动式治理理论的中国化。第四,从社区治理类型的差异性出发,寻找"双碳"目标下不同城市社区的新实践与反映的新问题,并对其进行解构与反思,以求为城市社区绿色低碳治理提供更多的思考。

结 论

综上所述，构建中国特色的城市社区互动式治理机制是对国家"双碳"目标实现的有力支撑；是"治理重心下移"改革方向的积极回应；是处理好社区中多元矛盾冲突的优良方案；是加快社区绿色低碳转型的强劲推力；是冲破当前治理重重桎梏的探索力量；是实现国家治理现代化和社会治理新格局的创新之路。因此，中国城市互动式治理研究在未来还具有十分广阔的发展空间。

参考文献

一、中文著作

[1] 马克思，恩格斯. 马克思恩格斯选集（第一卷）[M]. 北京：人民出版社，1995.

[2] 马克思，恩格斯. 马克思恩格斯选集（第二卷）[M]. 北京：人民出版社，2012.

[3] 毛泽东著作选读：下册[M]. 北京：人民出版社，1986.

[4] 邓小平文选（第3卷）[M]. 北京：人民出版社，1993.

[5] 习近平. 决胜全面建成小康社会夺取新时代中国特色社会主义伟大胜利——在中国共产党第十九次全国代表大会上的报告（2017年10月18日）[M]. 北京：人民出版社，2017.

[6] 中共中央 国务院. 中共中央 国务院关于加强和完善城乡社区治理的意见[M]. 北京：人民出版社，2017.

[7] 中共中央 国务院. 关于加强和改进城市基层党的建设工作的意见[M]. 北京：人民出版社，2019.

[8] 中共中央 国务院. 中共中央 国务院关于建立健全城乡融合发展体制机制和政策体系的意见[M]. 北京：人民出版社，2020.

[9] 中共中央. 中共中央关于坚持和完善中国特色社会主义制度、推进国家治理体系和治理能力现代化若干重大问题的决定[M]. 北京：人民出版社，2019.

[10] 中共中央 国务院. 中共中央 国务院关于建立更加有效的区域协调发展新机制的意见[M]. 北京：人民出版社，2018.

[11] 中共中央宣传部. 习近平新时代中国特色社会主义思想三十讲[M]. 北京：学习出版社，2018.

[12] 斐迪南·腾尼斯. 共同体与社会[M]. 林荣远，译. 北京：商务印书馆，1999.

[13] 埃哈尔．费埃德伯格．权力与规则[M]．张月，译．上海：上海人民出版社，2009．

[14] 埃莉诺·奥斯特罗姆．公共服务的制度建构——都市警察服务的制度结构[M]．宋全喜，等译．上海：上海三联书店，2000．

[15] 埃莉诺·奥斯特罗姆．公共事务的治理之道：集体行动制度的演进[M]．余逊达，译．上海：三联书店，2000．

[16] 奥尼德·赫维茨，斯坦利·瑞特．经济机制设计[M]．田国强，等译．上海：格致出版社，2009．

[17] 安东尼·吉登斯．第三条道路：社会民主主义的复兴[M]．郑戈，译．北京：北京大学出版社，2000．

[18] 查尔斯·蒂利．强制、资本和欧洲国家[M]．魏洪钟，译．上海：上海人民出版社，2007．

[19] 查尔斯·霍顿·库利．社会过程[M]．洪小良，等译．北京：华夏出版社，2008．

[20] 戴维·奥斯本，特德·盖布勒．改革政府——企业精神如何改革着公营部门[M]．周敦仁，译．上海：上海译文出版社，1996．

[21] 盖伊·彼得斯．政府未来的治理模式[M]．吴爱明，夏宏图，译．北京：中国人民大学出版社，2013．

[22] 亨利·罗伯特．罗伯特议事规则[M]．袁天鹏，孙涤，译．上海：格致出版社，2015．

[23] 拉塞尔·M．林登．无缝隙政府：公共部门再造指南[M]．汪大海，吴群芳，译．北京：中国人民大学出版社，2002．

[24] 兰德尔·柯林斯．互动仪式链[M]．林聚任，王鹏等，译．北京：商务印书馆，2019．

[25] 理查德·C．博克斯．公民治理——引领21世纪的美国社区[M]．孙柏瑛，等译．北京：中国人民大学出版社，2005．

[26] 罗伯特·罗兹．新的治理[M]．木易，译．北京：社会科学文献出版社，2000．

[27] 欧文·休斯．公共管理导论[M]．张成福，马子博，译．北京：中国人民大学出版社，2001．

[28] 帕特南．独自打保龄：美国社区的衰落与复兴[M]．刘波，等译．北京：北京大学出版社，2011．

[29] 斯蒂芬·戈登斯密斯，威廉·D．埃格斯．网络化治理：公共部门新形态[M]．孙迎春，译．北京：北京大学出版社，2008．

[30] 唐纳德·克林格勒, 约翰·纳尔班迪. 公共部门人力资源管理——系统与战略[M]. 孙柏瑛, 潘娜, 译. 北京: 中国人民大学出版社, 2001.

[31] 约翰·克莱顿·托马斯. 公共决策中的公民参与公共管理者的新技能与新策略[M]. 孙柏英, 等译. 中国人民大学出版社, 2005.

[32] 珍妮特·V.登哈特, 罗伯特·B.登哈特. 新公共服务: 服务, 而不是掌舵[M]. 丁煌, 译. 北京: 中国人民大学出版社, 2014.

[33] 陈平. 网格化城市管理新模式[M]. 北京: 北京大学出版社, 2006.

[34] 陈天翔, 等. 基层治理中的国家与社会[M]. 广州: 中山大学出版社, 2015.

[35] 陈伟东. 社区自治[M]. 北京: 中国社会科学出版社, 2004.

[36] 陈振明. 公共管理学——一种不同于传统行政学的研究途径[M]. 北京: 中国人民大学出版社, 2003.

[37] 丁茂战. 我国城市社区管理体制改革研究[M]. 北京: 中国经济出版社, 2009.

[38] 董小燕. 公共领域与城市社区自治[M]. 北京: 社会科学文献出版社, 2010.

[39] 费孝通. 乡土中国[M]. 上海: 上海人民出版社, 2004.

[40] 冯婷. 社区与社团——国家、市场与个人之间[M]. 杭州: 浙江大学出版社, 2014.

[41] 傅琼花. 国家与社会的协作共生: 新加坡居委会发展模式[M]. 上海: 复旦大学出版社, 2017.

[42] 龚鹰. 社会管理模式的创新[M]. 北京: 知识产权出版社, 2012.

[43] 顾朝曦, 王蒙徽. 社区治理现代化探索研究[M]. 北京: 人民出版社, 2015.

[44] 郭学贤. 城市社区建设与管理[M]. 北京: 北京大学出版社, 2010.

[45] 何绍辉. 陌生人社区: 整合与治理[M]. 北京: 社会科学文献出版社, 2017.

[46] 何增科. 公民社会与第三部门[M]. 北京: 社会科学文献出版社, 2000.

[47] 黄序. 城市发展中的社区建设[M]. 北京: 中国城市出版社, 2002.

[48] 贾旭东. 虚拟政府视域下的公共服务外包: 基于中国城市基层政府的扎根理论研究[M]. 北京: 中国社会科学出版社, 2016.

[49] 江曼琦. 城市空间结构优化的经济分析[M]. 北京: 人民出版社, 2001.

[50] 井敏. 构建服务型政府: 理论与实践[M]. 北京: 北京大学出版社, 2006.

[51] 雷洁琼. 转型中的城市基层社区组织—北京市基层社区组织与社区发展研究[M]. 北京:

北京大学出版社，2001.

[52] 黎熙元，陈福平，童晓颖. 社区的转型与重构：中国城市基层社会的再整合[M]. 北京：商务印书馆，2011.

[53] 黎熙元，何肇发. 现代社区概论[M]. 广州：中山大学出版社，1998.

[54] 李培林，李强，孙立平. 中国社会分层[M]. 北京：社会科学文献出版社，2004.

[55] 李强等. 协商自治·社区治理：学者参与社区实验的案例[M]. 北京：社会科学文献出版社，2017.

[56] 李雪萍. 社区参与在路上[M]. 北京：中国社会科学出版社，2015.

[57] 林尚立. 社区民主与治理[M]. 北京：社会科学出版社，2002.

[58] 刘杰，彭宗政. 社区信息化理论与实务[M]. 北京：清华大学出版社，2005.

[59] 刘娴静. 当代中国城市社区治理[M]. 北京：知识产权出版社，2019.

[60] 陆学艺. 当代中国十大阶层[M]. 北京：社会科学文献出版社，2002.

[61] 陆自荣. 文化整合与社区和谐：兼析王阳明南赣社区治理及意义[M]. 北京：中国社会科学出版社，2012.

[62] 孟翔飞. 莫地的变迁：内城贫困区整体改造与社区治理研究[M]. 北京：中国人民大学出版社，2011.

[63] 潘小娟. 中国基层社区重构——社区治理研究[M]. 北京：中国法制出版社，2004.

[64] 邱梦华. 城市社区治理[M]. 北京：北京大学出版社.2019

[65] 孙柏瑛. 当代地方治理——面向二十一世纪的挑战[M]. 北京：中国人民大学出版社，2004.

[66] 唐娟. 共有、共享、共治——城市住宅小区和谐治理的实践与理论探讨[M]. 北京：中国社会出版社，2009.

[67] 唐奕. 治理之基：中国基层治理队伍建设纵横谈[M]. 北京：中国社会科学出版社，2016.

[68] 陶希东，等. 共建共享：论社会治理[M]. 上海：上海人民出版社，2017.

[69] 王杰秀. 困难家庭社会政策支持研究. 2014[M]. 北京：中国社会出版社，2016.

[70] 王亚华. 增进公共事务治理——奥斯特罗姆学术探微与应用[M]. 北京：清华大学出版社，2017.

[71] 魏礼群，等. 社会管理创新案例选编（上册）[M]. 北京：人民出版社，2011.

[72] 魏娜. 社区管理原理与案例[M]. 北京：中国人民大学出版社，2013.

[73] 夏建中. 中国城市社区治理结构研究[M]. 北京：中国人民大学出版社，2012.

[74] 谢庆奎，商红日. 基层民主与社区治理[M]. 北京：北京大学出版社，2011.

[75] 徐雪梅. 老工业基地改造中的社区建设研究：以辽宁为个案[M]. 北京：中国社会科学出版社，2008.

[76] 徐永祥. 社区发展论[M]. 上海：华东理工大学出版社，2001.

[77] 徐勇. 中国城市社区自治[M]. 武汉：武汉出版社，2002.

[78] 颜玉凡. 大都市社区协同治理视域下的公共文化服务[M]. 北京：中国社会科学出版社，2017.

[79] 杨宏山. 转型中的城市治理[M]. 北京：中国人民大学出版社，2017.

[80] 于显洋. 社区概论[M]. 北京：中国人民大学出版社，2006.

[81] 俞可平. 走向善治[M]. 北京：中国文史出版社，2016.

[82] 张海冰，蔡小慎. 我国城市社区治理模式创新研究[M]. 北京：人民出版社，2016.

[83] 张静. 国家与社会[M]. 浙江人民出版社，1998.

[84] 张林江. 走向"社区+"时代：当代中国社区治理转型[M]. 北京：社会科学文献出版社，2015.

[85] 张晓燕. 现代城市管理学[M]. 武汉：武汉大学出版社，2012.

[86] 张永理. 社区治理[M]. 北京：北京大学出版社，2014.

[87] 周雪光. 组织社会学十讲[M]. 北京：社会科学文献出版社，2003.

二、中文期刊

[88] 曹现强，张霞飞. 刚柔并济：社区冲突视域下地方政府治理的双重逻辑——基于配建"共享小区"冲突的多案例对比研究[J]. 中国行政管理，2019（12）：58-64.

[89] 曾宇青. 双重驱动与深圳社区治理体制改革40年[J]. 特区实践与理论，2019（4）：52-58.

[90] 陈琳，黄珏，陈星，等. 上海市城镇圈空间组织模式及规划实施模拟研究[J]. 上海城市规划，2017（4）：57-64.

[91] 陈伟东，李雪萍. 社区自组织的要素与价值[J]. 江汉论坛，2004（3）：114-117.

[92] 陈毅，阚淑锦. 党建引领社区治理：三种类型的分析及其优化——基于上海市的调查[J].

探索，2019（6）：110-119.

[93] 代艳丽，付立明. 业主委员会法律地位探析[J]. 求索，2013（5）：181-183.

[94] 单菲菲，王学锋. 城市化背景下城市多民族社区认同研究——基于甘肃省合作市Z社区的调查[J]. 中南民族大学学报（人文社会科学版），2014，34（5）：27-31.

[95] 费孝通. 对上海社区建设的一点思考——在"组织与体制：上海社区发展理论研讨会"上的讲话[J]. 社会学研究，2002（4）：1-6.

[96] 顾昕. 走向互动式治理：国家治理体系创新中"国家—市场—社会关系"的变革[J]. 学术月刊，2019，51（1）：77-86.

[97] 何绍辉. 政策演进与城市社区治理70年（1949-2019）[J]. 求索，2019（3）：79-87.

[98] 何艳玲，蔡禾. 中国城市基层自治组织的"内卷化"及其成因[J]. 中山大学学报（社会科学版），2005（5）：104-109，128.

[99] 侯丽维. 农村基层互动治理的现状审视与应然面向——基于"枫桥经验"的思考[J]. 领导科学，2019（8）：30-33.

[100] 姜郛，薛永光. 供给者与购买者：我国社区公共服务中的政府转型[J]. 中国行政管理，2019（6）：26-29.

[101] 姜郛. 村民小组的挤出效应：基于村民小组长视角的生成机制与治理优化[J]. 领导科学，2022（7）：143-146.

[102] 蒋小杰，王燕玲. 县域社会治理的行动者分析与模式构建[J]. 行政论坛，2019，26（2）：110-116.

[103] 兰旭凌. 风险社会中的社区智慧治理：动因分析、价值场景和系统变革[J]. 中国行政管理，2019（1）：140-145.

[104] 李妙颜. 当代中国城市网格化管理：模式、问题及完善路径[J]. 湖北行政学院学报，2014（5）：83-87.

[105] 李强. 中国城市社会社区治理的四种模式[J]. 中国民政，2017（1）：52.

[106] 梁时. 浅谈业主委员会在物业管理中的作用[J]. 居舍，2020（8）：197.

[107] 林闽钢，尹航. 走向共治共享的中国社区建设——基于社区治理类型的分析[J]. 社会科学研究，2017（2）：91-97.

[108] 刘玉兰，彭华民. 社区抗逆力培育：流动人口聚居区治理的社会工作策略研究[J]. 人文

杂志，2019（8）：114-122.

[109] 卢艳玲. 城市网格化社会管理模式的构建与完善[J]. 中国管理信息化，2016，19（21）：204-205.

[110] 骆毅，王国华. "开放政府"理论与实践对中国的启示——基于社会协同治理机制创新的研究视角[J]. 江汉学术，2016，35（2）：113-122.

[111] 彭云，韩鑫，顾昕. 社会扶贫中多方协作的互动式治理——一个乡村创客项目的案例研究[J]. 河北学刊，2019（3）：166-177.

[112] 钱雪飞. 城市空巢老年妇女生活状况与需求的实证研究——基于江苏省南通市易家桥社区348份问卷调查[J]. 北京社会科学，2014（9）：40-49.

[113] 石发勇. 业主委员会、准派系政治与基层治理——以一个上海街区为例[J]. 社会学研究，2010，25（3）：136-158，245.

[114] 孙建军，汪凌云，丁友良. 从"管制"到"服务"：基层社会管理模式转型——基于舟山市"网格化管理、组团式服务"实践的分析[J]. 中共浙江省委党校学报，2010，30（1）：115-118.

[115] 田毅鹏，薛文龙. 城市管理"网格化"模式与社区自治关系刍议[J]. 学海，2012（3）：24-30.

[116] 田毅鹏. 转型期中国城市社会管理之痛——以社会原子化为分析视角[J]. 探索与争鸣，2012（12）：65-69.

[117] 汪习根，钱侃侃. 网格化管理背景下的制度创新研究——以全国社会管理创新试点城市宜昌为样本[J]. 湖北社会科学，2013（3）：38-43.

[118] 王德福. 业主自治的困境及其超越[J]. 求索，2019（3）：88-96.

[119] 王德福. 主辅结构与模糊化运作：城市社区的简约治理机制[J]. 北京行政学院学报，2019（3）：16-24.

[120] 王稼祺. 上海城乡接合部"过渡性社区"的福利治理研究[J]. 现代管理科学，2019（11）：66-68.

[121] 王凯，李凯，杨胜慧. 基于非户籍人口市民化意愿的社区公共空间营造研究——来自国家级新区181个社区的调查[J]. 中国人民大学学报，2020，34（2）：38-47.

[122] 王名，杨丽. 北京市网格化服务管理模式研究[J]. 中国行政管理，2012（2）：119-121.

[123] 王振坡，张安琪，王丽艳. 新时代我国转型社区治理模式创新研究[J]. 城市发展研究，2020，27（1）：89-94，101.

[124] 魏娜. 我国城市社区治理模式：发展演变与制度创新[J]. 中国人民大学学报，2003（1）：135-140.

[125] 文军. 从单一被动到多元联动——中国城市网格化社会管理模式的构建与完善[J]. 学习与探索，2012（2）：33-36.

[126] 吴晓林. 治权统合、服务下沉与选择性参与：改革开放四十年城市社区治理的"复合结构"[J]. 中国行政管理，2019（7）：54-61.

[127] 夏建中. 从社区服务到社区建设、再到社区治理——我国社区发展的三个阶段[J]. 甘肃社会科学，2019（6）：24-32.

[128] 徐道稳. 城市社区建设：市民社会的实践[J]. 学术论坛，2003（2）：125-129.

[129] 徐建宇，纪晓岚. 迈向社区规制治理：一个分析框架[J]. 新疆大学学报（哲学·人文社会科学版），2019，47（2）：24-34.

[130] 徐丽婷，陈维肖，徐辰，等. 人口老龄化背景下的社区宜老性研究——以南京市4个社区为例[J]. 中国科学院大学学报，2020，37（3）：424-431.

[131] 俞可平. 治理和善治：一种新的政治分析框架[J]. 南京社会科学，2001（9）：40-44.

[132] 郁建兴，吕明再. 治理：国家与市民社会关系理论的再出发[J]. 求是学刊，2003（4）：34-39.

[133] 张恩韶. 组织力提升视角下城市社区社会化党建模式及其改进路径探讨[J]. 理论导刊，2019（6）：4-8.

[134] 张静. 社区建设中政府、市场与社会的领域划分及其制度保证[J]. 天津社会科学，2004（5）：73-76.

[135] 张康之. 把握服务型政府研究的理论方向[J]. 人民论坛，2006（5）：10-13.

[136] 张雪霖. 通才型治理：城市社区治理现代化新方向[J]. 求索，2020（2）：104-111.

[137] 张铮，姜鄄. 困境、反思、探索：城市社区治理中政府职能的角色重构与转变创新[J]. 新华文摘，2017（10）：11-14.

[138] 竺乾威. 公共服务的流程再造：从"无缝隙政府"到"网格化管理"[J]. 公共行政评论，2012，5（2）：1-21，178.

[139] 陈亮, 李文健. 学科集群与城市高质量发展的互动关系、冲突限制与优化策略——互动式治理理论视角[J]. 高校教育管理, 2023, 17 (4): 24-37.

[140] 金晗, 刘泽琨, 张蔚文. 城市治理数字化转型中的互动式治理: 行政、市场和社群机制的互补嵌入性[J]. 电子政务, 2023 (8): 22-31.

[141] 傅利平, 陈琴, 许凯渤. 互动式治理: 社区公共服务的共同生产机制——以天津市朝阳里社区为例[J]. 福建师范大学学报（哲学社会科学版）, 2023 (3): 67-80, 169.

[142] 陈可翔. 互联网互动式治理语境下的行政程序法发展[J]. 青海社会科学, 2022 (3): 126-133.

[143] 田丹. 互动式治理及其实现路径——L县政府的扶贫工作调查分析[J]. 湖北民族大学学报（哲学社会科学版）, 2020, 38 (4): 43-50.

[144] 李迅, 白洋, 曹双全. "双碳"目标下的城市更新行动探索[J]. 城市发展研究, 2023, 30 (8): 58-67.

[145] 唐将伟, 黄燕芬, 王鹏, 等. 智慧城市建设对"双碳"目标实现的影响研究——基于中介效应的省级面板数据实证分析[J]. 价格理论与实践, 2023 (10): 174-179.

[146] 秦昌波, 吕红迪, 于雷, 等. 建设新时代美丽城市的总体思路与战略任务研究[J]. 中国环境管理, 2023, 15 (6): 40-44.

[147] 叶林, 邓睿彬. 城市绿色治理何以可能?——"双碳"目标下的城市治理转型[J]. 同济大学学报（社会科学版）, 2023, 34 (3): 79-87.

[148] 石晓冬, 杨悦, 张文雍, 等. 超大城市落实"双碳"目标的策略——以北京为例[J]. 科技导报, 2023, 41 (22): 58-66.

[149] 李友东, 闫晨丽, 赵云辉, 等. 互利共赢, 还是独善其身? "双碳"目标下绿色智慧城市建设的组态分析[J]. 系统管理学报, 2024, 33 (1): 259-274.

[150] 唐将伟, 黄燕芬, 王鹏, 等. 智慧城市建设对"双碳"目标实现的影响研究——基于中介效应的省级面板数据实证分析[J]. 价格理论与实践, 2023 (10): 174-179.

[151] 黄文娟, 葛幼松, 周权平. 低碳城市社区规划研究进展[J]. 安徽农业科学, 2010, 38 (11): 5968-5970, 5972.

[152] 李敏, 王伟, 陈党. 碳中和背景下社区低碳治理研究[J]. 建筑经济, 2023, 44 (9): 89-97.

[153] 杨志明. "双碳"目标背景下中国重点城市低碳发展格局及其驱动机制研究[J]. 贵州社

会科学，2023（2）：121-130.

[154] 易芳馨，张强，李瑶，等. 基于数字驱动的低碳社区治理体系与治理能力提升路径[J]. 城市发展研究，2023，30（6）：133-140.

三、英文著作

[155] Falck M, Falck M. Business Process Management—As a Method of Governance [M]. Berlin Heidelberg: Springer, 2002.

[156] Foster, C. The Grid: Blueprint for a new Computing Infrastructure [M]. Burlington: Morgan Kaufmann Publishers, 1998.

[157] Gilles P. Governance Through Social Learning [M]. Ottawa: University of Ottawa Press, 1999.

[158] Jacob T, Jon P, Eva S. Interactive Governance: Advancing the Paradigm [M]. New York: Oxford University Press, 2012.

[159] Robert D. Putnam. Bowling Alone: The Collapse and Revival of American Community [M]. New York:Simon& Schuster, 2000.

[160] Stephen G, William E. Governing by Network:The New Shape of Public Sector [M]. Washington:the Brooking Institution Press, 2004.

四、英文期刊

[161] Jurian E, Nienke S, Lasse G. Organizing interfaces between government institutions and interactive governance [J]. Policy Sciences, 2010(43): 73-94.

[162] Keith P. Modes of Network Governance：Structure, Management, and Effectiveness [J]. Journal of Public Administration Research and Theory, 2008(22).

[163] Ratana C. Too big to fail: An essay about SveinJentoft's engagement in small-scale fisheries research and development of the interactive governance theory [J]. Maritime Studies, 2018 (3).

[164] Svein J, Maarten B. Interactive governance for sustainable fisheries: dealing with legal pluralism [J]. Current Opinion in Environmental Sustainability, 2014, 12(11): 71-77.

[165] Timo M, Pekka S, Leena F. Towards interactive fish farming governance? a comparison of Finland and Sweden [J]. Aquaculture International, 2014(22): 711-721.

[166] Zimmer A, Freise M, Governance U M. Bringing societyback in: civil society, socialcapital, and third sector [J]. Civil Society and Governance in Europe, 2008(12).

[167] Sun J L. Evaluation of spatial agglomeration effects of urban carbon emissions based on spatial lag regression [J]. Fresenius Environmental Bulletin, 2020, 29(11): 9805-9812.

[168] Hossain M A, Chen S S. Decoupling of energy-related CO2 emissions from economic growth: a case study of Bangladesh [J]. Environmental Science and Pollution Research, 2020, 27(4): 20844-20860.

[169] Anser M K, Alharthi M, Aziz B, et al. Impact of urbanization, economic growth, and population size on residential carbon emissions in the SAARC countries [J]. Clean Technologies and Environmental Policy, 2020, 22(4): 923-936.

附 录

附录一 "双碳"目标下城市社区治理调查问卷

尊敬的先生/女士：

您好！我们是"'双碳'目标下城市社区治理创新研究"课题组，现正在进行一项关于城市社区治理的问卷调查。您的回答对于我们了解"双碳"战略的落实和执行情况，进而提出我国城市社区治理创新的对策建议非常重要。本次意味着所获取的数据仅用于学术研究，我们将对您的信息进行严格保密，请按您的实际情况如实作答，感谢您的支持和配合。

（一）基本信息

1. 您的性别：
A. 男　　B. 女

2. 您的年龄段：
_____

3. 您的政治面貌：
A. 中共党员（含预备党员）　　B. 民主党派人士
C. 无党派人士　　D. 共青团员
E. 群众

4. 您的学历：

A. 初中及以下　　　　　　B. 高中（含职高、中专）

C. 大专（含高职）　　　　D. 本科

E. 研究生及以上

（二）政策制度认知

5. 您知道什么是"双碳"吗？

A. 非常了解　　　　　　　B. 比较了解

C. 一般了解　　　　　　　D. 了解较低

E. 完全不了解

6. 您了解过"碳中和"和"碳达峰"吗？

A. 非常了解　　　　　　　B. 比较了解

C. 一般了解　　　　　　　D. 了解较低

E. 完全不了解

7. "碳中和"和"碳达峰"实现的年份：

A. 2035、2050　　　　　　B. 2030、2060

C. 2030、2050　　　　　　D. 我不知道

8. 您是从何种途径了解国家"双碳"战略的？（可多选）

A. 企业内部培训

B. 广播、电视新闻报道

C. 网络新闻、公众号或短视频

D. 报纸、杂志、海报等线下宣传

E. 其他 ＿＿＿＿＿＿＿＿

9. 您有过哪些保护环境的实践经历？

A. 参与植树、垃圾分类等线下活动

B.通过蚂蚁森林等线上渠道进行参与志愿活动

C.日常生活中有意识的行为（绿色出行、减少塑料袋的使用等）

D.没有这方面的经历

E.其他 _____

10.您建议通过什么样的方式去规范个人碳排放行为？（可多选）

A.加强"双碳"减排教育　　　　B.制定相应的法律政策

C.企业开展减碳实践活动　　　　D.其他 _____

11.您对"社区绿色低碳转型"是否了解？

A.是　　　B.否

12.您认为社区绿色低碳转型是否重要？

A.非常重要　　　　　B.比较重要　　　　　C.一般

D.不太重要　　　　　E.完全不重要

13.您认为社区绿色低碳转型的具体内容应该包括哪些？

A.积极做好降碳减排工作　　　　B.建设环境文化

C.减少资源消耗，节约能源　　　D.改变生活方式，提倡绿色出行

E.其他 _____

14.您认为社区绿色低碳发展对"双碳"战略的实施是否具有积极意义？

A.是　　　B.否

15.您所在的社区是否有低碳发展的管理制度？

A.有　　　B.无　　　C.不清楚

16.您对本社区低碳发展的了解程度：

A.非常了解　　　　　B.比较了解　　　　　C.一般了解

D.了解较低　　　　　E.完全不了解

（三）社区低碳治理

17. 你所在是否进行了绿色低碳转型的相应措施？

　　A.是　　　B.否

18. 您认为社区低碳治理的困境有哪些？（可多选）

　　A.制度供给与需求不匹配　　　　B.政府相关财政补贴激励效应不足

　　C.社区自身践履能力不足　　　　D.社区低碳意识不足

　　E.社区居民缺乏绿色低碳生活意识　　F.其他 _____

19. 当前社区在治理过程中使用数字技术进行智慧治理方面较之前：

　　A.显著下降　　　　B.略微下降　　　　C.无变化

　　D.略微增高　　　　E.显著增高

20. 您所在社区在减少能源消耗方面较之前：

　　A.显著下降　　　　B.略微下降　　　　C.无变化

　　D.略微提高　　　　E.显著提高

21. 您所在社区在绿色规划方面较之前：

　　A.显著下降　　　　B.略微下降　　　　C.无变化

　　D.略微提高　　　　E.显著提高

22. 当前社区在绿色低碳方面的措施与企业合作较之前：

　　A.显著下降　　　　B.略微下降　　　　C.无变化

　　D.略微提高　　　　E.显著提高

23. 您所在社区还有哪些践行绿色低碳的治理措施？具体有哪些？

_____

_____

（四）碳汇与碳汇交易

24. 您是否了解"碳汇"及"碳汇交易"？

A. 是　　　B. 否

25. 您是通过哪些途径了解碳汇的？

A. 社区讲座和培训　　　　　　B. 广播、电视新闻报道

C. 网络新闻、公众号或短视频　　D. 条幅、海报等线下宣传

E. 其他 _____

26. 您是否愿意为自己的碳排放行为支付一定的金额？（注：一个成年人平均每天的二氧化碳排放量约为0.9kg）

A. 是　　　B. 否

27. 您每次愿意支付多少钱？

A. <100元　　　B. 100~299元

C. 300~499元　　D. ≥500元

28. 您是否购买过碳汇？

A. 是　　　B. 否

29. 若购买森林碳汇可以抵消个人的碳排放，您愿意支付的金额为每月多少元？（注：一吨森林碳汇交易价格为15~38元）

A. 15~38元　　　B. 30~76元

C. 45~114元　　D. 114元以上

30. 您愿意购买森林碳汇的频次：

A. 每月1次　　B. 每季度1次　　　　C. 每年一次

D. 一年以上　　E. 0次

（五）教育培训与宣传

31. 您是否接受过社区进行的国家"双碳"战略方面的介绍和宣传？

　　A. 是　　　B. 否

32. 您是否参与过社区绿色低碳发展方面的讲座或培训？

　　A. 是　　　B. 否

33. 您在以后的工作生活中是否愿意践行绿色低碳生产生活方式？

　　A. 愿意　　B. 不愿意

34. 您所在社区是否将降碳减排作为绩效考核的一个方面？

　　A. 是　　　B. 否

35. 您认为环境保护与经济效益发生冲突矛盾时，应当：

　　A. 保护环境优先　　　　B. 经济效益优先

　　C. 均衡发展　　　　　　D. 无所谓

36. 您认为在宣传"双碳"战略上，应该对哪些人员进行动员？（可多选）

　　A. 社区居民　　　　　　B. 社区工作人员　　　　C. 企业

　　D. 社会组织　　　　　　E. 其他 _____

37. 在提高公众低碳意识方面，社区通过何种方式会让您更容易接受？（可多选）

　　A. 宣传降碳技术革新及成果

　　B. 组织知识竞赛、主题宣传等活动

　　C. 充分利用广播、电视、报纸和网络新媒体平台宣传

　　D. 推出一批先进集体或个人

　　E. 其他 _____

问卷调查到此结束，再次感谢您的支持和配合，祝您工作愉快！

附 录

附录二 "双碳"目标下城市社区治理访问提纲

访谈开场语：

您好！我们是"'双碳'目标下城市社区治理创新研究"课题组的成员，正在进行一项关于社区绿色低碳治理的调查。感谢您在百忙之中抽出宝贵时间参与本次访谈，您的回答对于我们了解社区"双碳"战略的落实和绿色低碳转型情况，进而提出如何更好地在城市社区层面实现"双碳"目标的对策建议具有重要意义。本次访谈主要以问答形式进行，所获取的信息仅用于学术研究，我们将对访谈内容严格保密。为保证访谈的有效性，请您真实回答每个问题。感谢您的支持与配合。

1. 请您简单介绍一下您的年龄、工作等基本情况。
2. 是否可以简要介绍一下您所在的社区？
3. 您是否参与社区治理的相关工作？一般通过什么形式参与社区活动？
4. 您了解国家的"双碳"战略吗？
5. 您所在社区在减排固碳等绿色低碳发展方面有没有制度和措施？
6. 在国家提出"双碳"战略前，您所在社区在降碳节能、绿色发展方面有没有先行做过尝试？如果有的话可否介绍一下相关内容？
7. 关于社区绿色低碳发展，所在地方省、市政策会有一些具体的行动方案，可否向我们介绍您所在社区在这些方面的实施情况？
8. 社区是否开展过低碳相关的教育和讲座，能否介绍一下时间、目的和内容效果如何？
9. 请具体介绍下您所在社区环境保护和绿色规划方面所进行的改革情况。
10. 您是否了解社区绿色低碳发展方面的资金投入？
11. 您所在社区在节约能源和降低二氧化碳排放方面主要措施有哪些？

12. 能否介绍一下您所在社区在绿色低碳转型方面取得了哪些成绩？

13. 近年来互联网、大数据、区块链、人工智能和5G等新兴数字技术在各行业投入使用取得较好的效果，您所在社区在进行低碳治理中是否也采用了相关的新型数字技术，可否介绍下在何领域具体使用了哪些技术？您认为新兴数字技术在哪些方面推进了社区低碳治理，具体作用有多大？目前在这方面的投入有多少？是否计划加大投入？

14. 社区在进行绿色低碳发展时是否与其他主体（社区、企业、社会组织等）开展过交流合作？

15. 您是否了解社区的二氧化碳等温室气体排放量的检测、统计工作？

16. 社区或者您所在城市是否有双碳相关的人才建设或引进机制？

17. 您是否了解绿色低碳情况纳入绩效管理考核的相关情况？

18. "双碳"战略的推进与低碳化发展对社区来说机会和挑战都有哪些？您认为目前社区低碳治理的主要困难或阻碍在哪些方面？

19. 您认为你所在社区推进低碳化发展的优势在哪里？

20. 请为您所在社区的绿色低碳化发展提出优化意见。

以上内容的介绍说明对我们项目研究非常重要，感谢您的配合！

附 录

附录三 党的十九大以来习近平总书记关于社区治理重要讲话

序号	时间	会议	内容
1	2020年3月10日	湖北省考察新冠疫情防控工作时的讲话	要着力完善城乡基层治理体系。这次疫情防控凸显了城乡社区的重要作用,也暴露出基层社会治理的短板和不足。要夯实社会治理基层基础,推动社会治理重心下移,构建党组织领导的共建共治共享的城乡基层治理格局
2	2020年7月22日	吉林省考察时的讲话	推进国家治理体系和治理能力现代化,社区治理只能加强、不能削弱
3	2020年9月17日	基层代表座谈会上的讲话	要加强和创新基层社会治理,坚持和完善新时代"枫桥经验",加强城乡社区建设,强化网格化管理和服务,完善社会矛盾纠纷多元预防调处化解综合机制,切实把矛盾化解在基层,维护好社会稳定
4	2021年6月7日	青海省考察时的讲话	社区治理得好不好,关键在基层党组织,在广大党员。要把基层党组织这个战斗堡垒建得更强,发挥社区党员、干部先锋模范作用,健全基层党组织领导的基层群众自治机制,把社区工作做到位,做到家
5	2022年6月28日	武汉市考察时的讲话	社区是城市治理体系的基本单元,要加强社区党组织建设,强化党组织的政治功能和组织功能,更好发挥党组织在社区治理中的领导作用,更好发挥党员先锋模范作用
6	2022年7月13日	乌鲁木齐市天山区固原巷社区党群服务中心大厅	社区工作连着千家万户,要充分发挥社区基层党组织的战斗堡垒作用
7	2022年10月16日	中国共产党第二十次全国代表大会上的讲话	健全基层党组织领导的基层群众自治机制,加强基层组织建设,增强城乡社区群众自我管理、自我服务、自我教育、自我监督的实效。拓宽基层各类群体有序参与基层治理渠道,保障人民依法管理基层公共事务和公益事业
8	2023年3月5日	十四届全国人大一次会议	要健全基层党组织领导的基层群众自治机制,加强基层组织建设,完善网格化管理、精细化服务、信息化支撑的基层治理平台,健全城乡社区治理体系,为人民群众提供家门口的优质服务和精细管理

资料来源:依据中央人民政府网站、习近平系列讲话数据库、相关文献搜集整理而成(时间截至2023年3月)。

附录四　党的十九大以来中共中央重要文献中社区治理相关论述

序号	时间	会议	内容
1	2020年10月29日	中国共产党第十九届五中全会	健全基本公共服务体系，完善共建共治共享的社会治理制度，扎实推动共同富裕，促进人的全面发展和社会全面进步。健全多层次社会保障体系，全面推进健康中国建设，实施积极应对人口老龄化国家战略，加强和创新社会治理
2	2021年1月28日	中央政治局会议	推进基层治理体系和治理能力现代化建设，是全面建设社会主义现代化国家的一项重要工作。各地区各部门要从巩固党的执政基础和维护国家政权安全的高度，深刻认识做好基层治理工作的重要性
3	2021年3月8日	十三届全国人大四次会议青海代表团的审议	要加强和创新社会治理，完善公共安全应急响应体系，及时排除各类风险隐患，确保国家安全和人民安居乐业
4	2022年10月16日	中国共产党第二十次代表大会	加强基层组织建设，完善基层直接民主制度体系和工作体系，增强城乡社区群众自我管理、自我服务、自我教育、自我监督的实效。完善志愿服务制度和工作体系。在社会基层坚持和发展新时代"枫桥经验"，完善正确处理新形势下人民内部矛盾机制，加强和改进人民信访工作，畅通和规范群众诉求表达、利益协调、权益保障通道，完善网格化管理、精细化服务、信息化支撑的基层治理平台，健全城乡社区治理体系，及时把矛盾纠纷化解在基层、化解在萌芽状态

资料来源：依据中央人民政府网站、中国共产党全国代表大会数据库、相关文献搜集整理而成（时间截至2023年3月）。

附录

附录五 党的十九大以来国务院政府工作报告社区治理相关论述

序号	时间	会议	内容
1	2020年5月22日	第十三届全国人民代表大会第三次会议	加强和创新社会治理。健全社区管理和服务机制。加强乡村治理。支持社会组织、人道救助、志愿服务、慈善事业等健康发展。完善信访制度，加强法律援助，及时解决群众合理诉求，妥善化解矛盾纠纷
2	2021年3月5日	第十三届全国人民代表大会第四次会议	加强和创新社会治理。夯实基层社会治理基础，健全城乡社区治理和服务体系，推进市域社会治理现代化试点。加强社会信用体系建设。大力发展社会工作，支持社会组织、人道救助、志愿服务、公益慈善发展
3	2022年3月5日	第十三届全国人民代表大会第五次会议	推进社会治理共建共治共享。促进人民安居乐业、社会安定有序。创新和完善基层社会治理，强化社区服务功能，加强社会动员体系建设，提升基层治理能力。健全社会信用体系。发展社会工作，支持社会组织、人道救助、志愿服务、公益慈善等健康发展。完善信访制度，加强矛盾纠纷排查化解，依法及时解决群众合理诉求。重视社会心理服务。强化公共法律服务和法律援助
4	2023年3月5日	第十四届全国人民代表大会第一次会议	加强和创新社会治理。推动市域社会治理现代化，完善基层治理，优化社区服务。支持社会组织、人道救助、社会工作、志愿服务、公益慈善等健康发展。深入推进信访积案化解。推进社会信用体系建设。完善公共法律服务体系。持续加强社会治安综合治理，严厉打击各类违法犯罪，平安中国、法治中国建设取得新进展

资料来源：依据中央人民政府网站、相关文献搜集整理而成（时间截至2023年3月）。

— 245 —

"双碳"目标下城市社区治理创新研究——基于互动式治理视角

附录六 党的十九大以来国家级重要规划中社区治理的相关论述

序号	日期	文件	内容
1	2020年10月29日	《中共中央关于制定国民经济和社会发展第十四个五年规划和二〇三五年远景目标的建议》	推进以人为核心的新型城镇化。提高城市治理水平,加强特大城市治理中的风险防控。 加强和创新社会治理。完善社会治理体系,健全党组织领导的自治、法治、德治相结合的城乡基层治理体系,完善基层民主协商制度,实现政府治理同社会调节、居民自治良性互动,建设人人有责、人人尽责、人人享有的社会治理共同体。发挥群团组织和社会组织在社会治理中的作用,畅通和规范市场主体、新社会阶层、社会工作者和志愿者等参与社会治理的途径。推动社会治理重心向基层下移,向基层放权赋能,加强城乡社区治理和服务体系建设,减轻基层特别是村级组织负担,加强基层社会治理队伍建设,构建网格化管理、精细化服务、信息化支撑、开放共享的基层管理服务平台。加强和创新市域社会治理,推进市域社会治理现代化
2	2021年12月27日	《"十四五"城乡社区服务体系建设规划》	一是压实乡镇(街道)党(工)委责任,建立健全街道党工委牵头、驻区单位党组织负责人参加的社区党建工作联席会议制度,加强党对城乡社区服务体系建设的全面领导。 二是完善多方参与格局强化政府在基本公共服务供给保障中的主体地位,优化村(社区)服务功能布局,促进服务资源高效配置和有效辐射。 三是增加城乡社区服务供给,强化为民服务、便民服务、安民服务功能。 四是提升城乡社区服务效能,优化服务设施布局,创新服务机制。 五是加快社区服务数字化建设,提高数字化政务服务效能,构筑美好服务新场景。 六是加强城乡社区服务人才队伍建设,遴选配强社区工作者队伍,加强社区服务教育培训

资料来源:依据中央人民政府网站、相关文献搜集整理而成(时间截至2023年3月)。

附录七　城市社区治理相关法律和行政法规

序号	法律名	颁布日期	修订日期
1	《城市街道办事处组织条例》	1954年12月31日	2009年6月27日废止
2	《中华人民共和国宪法》	1982年12月4日	2004年3月14日
3	《中华人民共和国城市居民委员会组织法》（前身为1954年《城市居民委员会组织条例》）	1989年12月26日	2018年12月29日
4	《城市新建住宅小区管理办法》	1994年3月23日	2007年9月18日废止
5	《城市居民住宅安全防范设施建设管理规定》	1996年1月5日	
6	《城市住宅小区物业管理服务收费暂行办法》	1996年2月9日	2004年1月1日废止
7	《社会团体登记管理条例》	1998年9月25日	2016年2月6日
8	《中华人民共和国地方各级人民代表大会和地方各级人民政府组织法》	2004年10月27日	2015年8月29日
9	《中华人民共和国物权法》	2007年3月16日	2007年3月16日
10	《中华人民共和国政府信息公开条例》	2007年4月5日	2019年4月3日
11	《物业管理条例》	2007年8月26日	2018年3月19日
12	《中国共产党党和国家机关基层组织工作条例》	2010年6月4日	2019年11月29日
13	《中华人民共和国社区矫正法》	2020年7月1日	
14	《促进个体工商户发展条例》	2022年10月1日	

资料来源：依据中央人民政府、民政部官方网站、相关文献搜集整理而成（时间截至2023年3月）。

附录八 中央及部委城市社区治理相关政策文件

序号	文件名	时间	发文字号	制发部门
1	《关于在全国推进城市社区建设的意见》	2000年11月3日	中办发〔2000〕23号	中共中央办公厅
2	《中共中央办公厅、国务院办公厅关于转发〈民政部关于在全过推进城市社区建设的意见〉的通知》	2000年11月19日	中办发〔2000〕23号	中共中央办公厅
3	《关于加快发展城市社区卫生服务的意见》	2002年8月20日	卫基妇发〔2002〕186号	卫生部
4	《关于开展社区矫正试点工作的通知》	2003年7月10日	司发〔2003〕12号	司法部
5	《物业服务收费管理办法》	2003年11月13日	发改价格〔2003〕1864号	发展和改革委员会
6	《关于开展数字社区用软件测评的通知》	2004年7月20日	建办科〔2004〕61号	住房和城乡建设部
7	《中共中央办公厅关于转发〈中共中央组织部关于进一步加强和改进街道社区党的建议〉》	2004年10月4日	中办发〔2004〕25号	中共中央办公厅
8	《商务部关于加快我国社区商业发展的指导意见》	2005年5月9日	商改发〔2005〕223号	商务部
9	《关于进一步做好社区组织的工作用房、居民公益性服务设施建设和管理工作的意见》	2005年6月2日	民发〔2005〕85号	民政部
10	《关于开展全国城市社区卫生服务发展现状调查的通知》	2005年9月8日	卫基妇社卫便函〔2005〕90号	卫生部
11	《民政部关于进一步做好新形势下社区志愿服务工作的意见》	2005年10月27日	民发〔2005〕159号	民政部
12	《物业管理师制度暂行规定》	2005年11月16日	国人部发〔2005〕95号	人事部
13	《物业管理师资格认定考试办法》	2005年11月16日	国人部发〔2005〕95号	人事部

附 录

续表

序号	文件名	时间	发文字号	制发部门
14	《关于成立国务院城市社区卫生工作领导小组的通知》	2006年2月8日	国办发〔2006〕5号	国务院办公厅
15	《关于发展城市社区卫生服务的指导意见》	2006年2月21日	国发〔2006〕10号	国务院发展研究中心
16	《国务院办公厅关于成立国务院城市社区卫生工作领导小组的通知》	2006年2月23日	国办发〔2006〕5号	国务院办公厅
17	《关于加强和改进社区服务工作的意见》	2006年4月9日	国发〔2006〕14号	国务院发展研究中心
18	《"十一五"社区服务体系发展规划》	2007年5月14日	发改社会〔2007〕975号	发展和改革委员会
19	《关于制定第一批城市社区和农村基本用药定点生产的处方药品最高零售价格的通知》	2007年10月31日	国食药监市〔2007〕308号	国家食品药品监督管理总局
20	《全国社区建设示范城基本标准》	2007年12月7日	中办发〔2000〕23号	中共中央办公厅
21	《关于进一步推进廉政文化进社区工作的指导意见》	2008年2月19日	民发〔2008〕25号	民政部
22	《国务院关于发展城市社区卫生服务的指导意见》	2008年3月28日	国发〔2006〕10号	国务院发展研究中心
23	《国务院关于加强和改进社区服务工作的意见》	2008年3月28日	国发〔2006〕14号	国务院发展研究中心
24	《国务院关于修改〈物业管理条例〉的决定》	2008年3月28日	国令第504号	国务院办公厅
25	《国务院关于加强市县政府依法行政的决定》	2008年5月12日	国发〔2008〕17号	国务院发展研究中心
26	《关于切实做好全国和谐社区建设示范单位命名表彰工作的通知》	2008年10月6日	民发〔2008〕142号	民政部

续表

序号	文件名	时间	发文字号	制发部门
27	《"中国社区建设史料展示中心"史料征集方案》	2008年12月15日	民办函〔2008〕262号	民政部
28	《关于组织开展〈城市居委会组织法〉颁布实施二十周年纪念活动的通知》	2009年1月23日	民发〔2009〕10号	民政部
29	《关于切实做好城市社区居委会换届选举工作的通知》	2009年2月2日	民函〔2009〕43号	民政部
30	《关于开展"十一五"社区服务项目督查的通知》	2009年2月18日	民办函〔2009〕38号	民政部
31	《关于推荐第三批全国综合减灾示范社区候选单位的通知》	2009年4月15日	国减办函〔2010〕20号	国家减灾委员会
32	《关于命名表彰全国和谐社区建设示范单位的决定》	2009年10月12日	民发〔2009〕143号	民政部
33	《民政部关于切实做好城市社区居民委员会换届选举工作的通知》	2009年10月27日	民函〔2009〕43号	民政部
34	《民政部关于进一步推进和谐社区建设工作的意见》	2009年11月23日	民发〔2009〕165号	民政部
35	《关于进一步推进和谐社区建设工作的意见》	2009年11月23日	民发〔2009〕165号	民政部
36	《全国综合减灾示范社区标准》	2010年5月5日	国减办发〔2010〕6号	国家减灾委员会办公室
37	《中共中央办公厅、国务院办公厅加强和改进城市社区居民委员会建设工作的意见》	2010年8月26日	中办发〔2010〕27号	中共中央办公厅
38	《国务院办公厅关于发展家庭服务业的指导意见》	2010年9月26日	国办发〔2010〕43号	国务院办公厅
39	《中共中央组织部等部门印发〈关于加强社会工作专业人才队伍建设的意见〉的通知》	2011年9月14日	中组发〔2011〕25号	中共中央组织部

附 录

续表

序号	文件名	时间	发文字号	制发部门
40	《国务院办公厅关于印发社区服务体系建设规划（2011—2015年）的通知》	2011年12月29日	国办发〔2011〕61号	国务院办公厅
41	《民政部、财政部关于政府购买社会工作服务的指导意见》	2012年11月14日	民发〔2012〕196号	民政部
42	《民政部关于加强全国社区管理和服务创新实验区工作的意见》	2013年1月15日	民发〔2013〕13号	民政部
43	《中共中央、国务院关于地方政府职能转变和机构改革的意见》	2013年9月25日	中发〔2013〕9号	中共中央办公厅
44	《国务院办公厅关于政府向社会力量购买服务的指导意见》	2013年9月26日	国办发〔2013〕96号	国务院办公厅
45	《民政部、国家发展和改革委员会、工业和信息化部、公安部、财政部关于推进社区公共服务综合信息平台建设的指导意见》	2013年10月31日	民发〔2013〕170号	民政部
46	《财政部关于做好政府购买服务工作的有关问题的通知》	2013年12月4日	财综〔2013〕111号	财政部
47	《中共中央办公厅印发〈关于加强基层服务型党组织建设的意见〉的通知》	2014年1月25日	中办发〔2014〕6号	中共中央办公厅
48	《中央文明委关于推进志愿者服务制度化的意见》	2014年2月26日	文明委〔2014〕3号	精神文明工作指导委员会
49	《中共中央办公厅关于印发〈关于完善党员干部直接联系群众制度的意见〉的通知》	2014年3月8日	中办发〔2014〕18号	中共中央办公厅
50	《中共中央组织部、中央党的群众路线教育实践活动领导小组关于在第二批党的群众路线教育实践活动中进一步加强基层党组织建设的通知》	2014年6月27日	中组发〔2014〕13号	中共中央组织部

— 251 —

续表

序号	文件名	时间	发文字号	制发部门
51	《国务院关于同意建立全国社区建设部际联席会议制度的批复》	2014年7月9日	国函〔2014〕82号	国务院
52	《民政部、中央组织部关于进一步开展社区减负工作的通知》	2015年7月13日	民发〔2015〕136号	民政部、中共中央组织部
53	《民政部办公厅关于推荐全国精神障碍社区康复专家库专家候选人的通知》	2018年4月27日	民办函〔2018〕80号	民政部
54	《民政部发展改革委财政部中国残联关于确定康复辅助器具社区租赁服务试点地区的通知》	2019年6月20日	民函〔2019〕61号	民政部
55	《国家卫生健康委关于深入学习贯彻习近平总书记重要指示精神进一步做好城乡社区疫情防控工作的通知》	2020年2月16日	民发〔2020〕13号	民政部
56	《中央应对新型冠状病毒感染肺炎疫情工作领导小组关于全面落实疫情防控一线城乡社区工作者关心关爱措施的通知》	2020年3月4日	国发明电〔2020〕8号	中央应对新型冠状病毒感染肺炎疫情工作领导小组
57	《关于印发〈关于做好易地扶贫搬迁集中安置社区治理工作的指导意见〉的通知》	2020年10月26日	民发〔2020〕110号	民政部
58	《中共中央国务院关于加强基层治理体系和治理能力现代化建设的意见》	2021年4月28日	无	中共中央办公厅
59	《民政部对"关于促进政府购买社会工作服务及社工机构发展的提案"的答复》	2021年11月9日	民函〔2021〕843号	民政部

续表

序号	文件名	时间	发文字号	制发部门
60	《民政部对"关于加快智慧养老社区建设的建议"的答复》	2021年12月2日	民函〔2021〕741号	民政部
61	《国务院办公厅关于印发"十四五"城乡社区服务体系建设规划的通知》	2021年12月27日	国办发〔2021〕56号	国务院办公厅
62	《民政部、中央政法委、中央网信办、发展改革委、工业和信息化部、公安部、财政部、住房城乡建设部、农业农村部印发〈关于深入推进智慧社区建设的意见〉的通知》	2022年5月10日	民发〔2022〕29号	民政部
63	《国务院关于加强数字政府建设的指导意见》	2022年6月6日	国发〔2022〕14号	国务院
64	《民政部关于"关于大力发展社区公益慈善事业的建议"的答复》	2022年11月8日	民函〔2022〕700号	民政部

资料来源：依据中央人民政府、民政部官方网站、相关文献搜集整理而成（时间截至2023年3月）。

后 记

本书的主题是关于城市社区互动式治理及对"双碳"目标下社区治理问题分析,这是笔者多年来研究成果的总结,凝聚了对城市社区治理未来发展图景思考与展望。在"双碳"目标下,基于中国式现代化语境,回应国家重大发展战略,笔者尝试在书中深入解读互动式治理的内涵、特点、基本要素、互动逻辑、精神内核和治理目标等内容,并试图建构起"双碳"目标下,中国特色的城市社区互动式治理的理论与机制,希望为基层治理研究学者和基层工作者提供理论和实践指导,为进一步创新中国城市社区治理提供助力。

中国城市互动式治理研究在未来还具有十分广阔的发展空间,有些重要问题还有待进一步梳理与展开。在互动式治理视野下,如何在社区架构碳减排和碳中和的具体运作机制?如何解决社区绿色低碳转型规划过程中行动者的互动难题?如何进一步助推多元社区治理主体主动参与低碳治理?如何协调好社区低碳治理中个人利益与公共利益的矛盾?目前这些问题尚未厘清,也是未来研究的主要方向,这将鞭策笔者后续在此领域进一步精耕细作与深入思考。希望有更多专家、学者们关注互动式治理理论和社区低碳治理问题,如有机会能给予指导并一起探讨。